GRAMÁTICA Y ENSEÑANZA DE ESPAÑOL
LOS ASPECTOS GRAMATICALES MÁS RELEVANTES DEL APRENDIZAJE DE ESPAÑOL

 ; puntoycoma

Autora: Carmen Aguirre
Coordinadora editorial: Clara de la Flor

Concepto original de portada: Virginia Sardón
Diseño: Clara de la Flor y Sara Calonge
Maquetación: Roxana Vásquez, Belén Fernández, Marisol Aranguez, Marta Martínez

Corrección: Rebeca Julio

Colaboradores:
Jorge Nuzhdin, "Uso del artículo" (pág. 12-19).
Claudio Lo Fiego, "Adjetivos que cambian su significado según se los combine con *ser* o *estar*" (pág. 174-175).
Esther Barros, "Las preposiciones *por* y *para*" (pág. 181-183).
Teresa Rodríguez Ramalle, "Las preposiciones *a* y *con*" (pág. 183-186).

Primera edición: mayo 2019

ISBN: 978-84-949809-3-0
Depósito legal: M-17573-2019
Impreso en Nueva Imprenta (España)

PRÓLOGO

A lo largo de más de diez años y 75 números, en la revista *Punto y Coma* hemos reflexionado sobre las mayores dificultades gramaticales con las que se encuentran los estudiantes de español. Este libro es una recopilación revisada y ordenada por temas. La particularidad de este libro es que se centra en los aspectos gramaticales que necesitan una atención especial en el aprendizaje de español.

Las explicaciones son claras, sencillas y profundas al mismo tiempo. Muchos de los conceptos gramaticales han sido simplificados en este libro para facilitar la comprensión a los estudiantes de español que no están familiarizados con la terminología gramatical.

Todos aquellos aspectos que les resultan más difíciles de dominar a la mayoría de los estudiantes son presentados aquí con todo rigor y de una manera especialmente asequible. Los usos de *ser* y *estar*, la alternancia entre el indicativo y el subjuntivo en los distintos tipos de oraciones, los verbos que rigen determinadas preposiciones, perfecto frente a imperfecto cuando hablamos del pasado y los usos de las preposiciones *por* y *para* son solo algunos de los 29 temas presentados y estructurados en seis bloques: *Las clases de palabras, Sintaxis y usos verbales, Morfología, Léxico, Normativa* y *Discurso*.

Las personas a las que se dirige esta gramática son estudiantes de nivel intermedio y avanzado de español, es decir, aquellos que ya han superado el nivel A2 y que están en el nivel B; incluso estudiantes que tienen un nivel C, pero continúan teniendo problemas en algunos de estos aspectos. Por eso, los destinatarios coinciden con el nivel de los lectores de *Punto y Coma*: niveles B1-B2 y C1-C2. A todos ellos les resultará un libro útil, claro y fácil de manejar.

En todos los temas que se tratan damos primeramente una explicación de los aspectos más generales y habituales para pasar después a los aspectos menos habituales y más complejos. Esto permite a cada estudiante fijarse especialmente en aquellas cuestiones que más se ajustan a su nivel. El estudiante puede detenerse o continuar hasta profundizar al máximo en cada uno de los apartados.

Somos conscientes de que en los aspectos gramaticales no basta con entender y asimilar las explicaciones. Es necesario fijar su uso practicando una y otra vez. Por eso, cada apartado va acompañado de una serie de actividades que ayudan a consolidar lo aprendido. Al final del libro, se presentan las soluciones para poder trabajar de una manera autodidacta.

Por último, recomendamos este libro a los profesores de ELE. Queremos ayudarles en sus clases proporcionándoles un material extraordinario para reforzar aquellos aspectos gramaticales que se convierten en verdaderos escollos para los estudiantes de español.

Carmen Aguirre

ÍNDICE

I
LAS CLASES
DE PALABRAS

1. USO DEL ARTÍCULO

1. El artículo determinado *el/la/los/las*

Significado general del artículo determinado

En cada oración puede haber información nueva e información ya conocida. Pues bien, el artículo determinado marca la información ya conocida. Cuando hablamos, solemos empezar por lo que sabemos, por eso los sustantivos antes del verbo normalmente van marcados con el artículo determinado:

▲ *La física es una ciencia.*
▲ *Los españoles somos muy abiertos.*
▲ *El coche, lo he dejado en el garaje.*
▲ *Encima de la mesa hay una carta para ti.*

Fijaos en los primeros ejemplos. En muchas lenguas el sujeto de una frase puede ir sin artículo, en cambio, en español no.

Los verbos de sentimiento (*gustar, encantar, molestar, odiar, interesar…*) siempre rigen un artículo determinado, aunque el sustantivo vaya después del verbo:

▲ *Me encanta la última película de Guillermo del Toro.*

El artículo determinado en singular

El artículo determinado en singular se refiere a objetos únicos o únicamente determinables. Por ejemplo:

▲ *Ha salido el sol.* (El sol es un objeto único).
▲ *La mujer de Juan está de vacaciones.* (Juan tiene una única mujer).
▲ *¿Has comprado el jersey que te probaste ayer?* (Hay muchos jerséis, pero ayer te probaste solo uno).

De hecho, si un hablante de español oye la siguiente frase:

▲ *Jaime ha venido a mi pueblo, pero se ha quedado en el hotel.*

Enseguida supone que en este pueblo solo hay un hotel. Si en este pueblo hubiera más hoteles, lo correcto sería decir:

▲ *Jaime ha venido a mi pueblo, pero se ha quedado en* **un** *hotel.*

El artículo determinado marca la información que comparten tanto el hablante como el oyente. Por ejemplo, si quiero contaros que tengo un coche, para mí este coche no es una información nueva, pero para vosotros sí. Por ello, es incorrecta la frase:

▲ **Tengo* **el** *coche.*

Lo correcto es:

▲ *Tengo* **un** *coche.*

A veces usamos el artículo determinado para indicar una categoría de objetos, no un objeto concreto:

▲ *Mañana me voy a* **la** *playa.*

Aquí no pretendemos nombrar ninguna playa en particular, estamos hablando de la categoría de las playas.

El artículo determinado en plural

El artículo determinado en plural indica que estamos hablando de la totalidad de objetos de una categoría:

▲ ***Los*** *perros son animales de compañía.* (Todos los perros son animales de compañía).
▲ *¿Has traído* **los** *libros?* (¿Me has traído todos los libros que tenías que traer?).

Muchos alumnos de español abusan del artículo determinado en plural. Los siguientes ejemplos son incorrectos:

▲ **Leo* **los** *libros.* (Es incorrecto porque no leo *todos los libros del mundo*).
▲ **En la reunión he visto a* **las** *madres de* **los** *alumnos.* (Es incorrecto si no he visto a **todas** las madres de **todos** los alumnos. Sí sería correcto si hubiese visto a todas las madres).
▲ **Doy las clases de español.* (Es incorrecto si estoy hablando en general, explicando a qué me dedico. Solo sería correcto en el contexto de un colegio en el que yo soy la única profesora que da clases de español y doy todas esas clases).

2. El artículo indeterminado *un/una/unos/unas*

El artículo indeterminado, en general, introduce una información nueva y, por tanto, suele aparecer después del verbo.

El artículo indeterminado en singular

En singular el artículo indeterminado indica un objeto entre muchos posibles:

▲ *La física es* **una** *ciencia.* (Un tipo de ciencia, una ciencia entre muchas posibles).
▲ *Me he quedado en* **un** *hotel.* (Un hotel entre muchos posibles).
▲ *Me he comprado* **un** *libro de historia.* (Un libro entre muchos posibles).

Como ya hemos dicho, la información tiene que ser nueva para el oyente, no para el que habla. Cuando digo la frase que aparece a continuación, yo, por supuesto, conozco perfectamente a mi propio hijo, sin embargo para vosotros es una información nueva:

▲ *Tengo* **un** *hijo.*

Como regla general, el artículo indeterminado no aparece con objetos abstractos y no contables:

▲ *Le he cogido Ø cariño.*
▲ *Sale Ø agua del grifo.*
▲ *Tomo Ø café.*

Sin embargo, hay dos modificaciones importantes de esta regla. Cuando un nombre lleva un adjetivo o un complemento del nombre, siempre aparece un artículo, normalmente indeterminado.

▲ *Le he cogido* **un** *cariño enorme.* (Es un tipo de cariño entre muchos posibles: un cariño grande, un cariño especial…).
▲ *Ha salido* **una** *luna roja y grande.* (Es un estado de la luna entre muchos posibles). (En el segundo caso, el artículo indeterminado indica una ración o porción).
▲ *Voy a tomarme* **un** *café .* (Voy a tomar una taza de café).

El artículo indeterminado en plural

Algunas gramáticas prefieren hablar de las formas *unos, unas* como de pronombres indefinidos. Sin embargo, aparecen en los mismos casos en los que aparece el artículo indeterminado en singular, es decir, después del verbo para introducir una información nueva:

▲ *El perro es **un** animal muy fiel.* (Un animal fiel entre muchos posibles).
▲ *Los perros son **unos** animales muy fieles.* (Unos animales fieles entre muchos posibles).
▲ *Ha venido **un** señor.* (Una persona desconocida).
▲ *Han venido **unos** señores.* (Varias personas desconocidas).

En plural, el artículo indeterminado indica una pequeña cantidad de objetos. En estos casos es equivalente a los indefinidos:

▲ *Me he comprado **unos** libros.* (Unos **pocos** libros).
▲ *Estas son **unas** excepciones de la regla general.* (**Algunas** excepciones).

El artículo con los verbos *haber* y *estar*

Con el verbo *haber* se usa el artículo indeterminado si se trata de un objeto contable, y no se usa ningún artículo con nombres no contables:

▲ *En la nevera hay Ø agua y **unas** cervezas.*

Con el verbo *estar* se usa el artículo determinado:

▲ *El agua está en la nevera.*

3. El artículo *lo*

El artículo *lo* es un raro ejemplo de conservación del género neutro en español, lo mismo que los demostrativos *esto, eso* y *aquello*. Tanto el artículo *lo* como los demostrativos *esto, eso* y *aquello* **nunca** se usan con nombres.

Sin embargo, la construcción del adjetivo con el artículo *lo* funciona como un nombre. Decimos que el artículo *lo* sustantiva al adjetivo, lo convierte en un nombre.

Lo con adjetivos

En estas construcciones *lo* focaliza el adjetivo, lo destaca y lo pone en el primer plano:

▲ *Lo raro es que no ha venido.* (La parte rara del asunto es que no ha venido).

Aquí destacamos de la situación que es rara, sin importarnos mucho el hecho de que no ha venido. Vamos a comparar estas dos frases:

▲ *En España lo normal es darse dos besos.*
▲ *En España es normal darse dos besos.*

En la segunda frase hablamos de la costumbre de darse dos besos y afirmamos que es normal. En cambio, en la primera hablamos de lo que es normal en España; es decir, focalizamos el adjetivo, nos fijamos especialmente en él.

Lo + grado superlativo relativo del adjetivo

Este uso del *lo* es el más frecuente. Equivale a "la característica, el rasgo, la parte, la situación" u otro sustantivo no nombrado, pero deducible del contexto:

▲ *Lo más divertido de Javier es su risa.* (El rasgo más divertido de Javier es su risa).
▲ *Lo más bonito de Barcelona es la Sagrada Familia.* (La parte más bonita de Barcelona, el edificio más bonito de Barcelona…).
▲ *Lo mejor de los Beatles está en su última etapa.* (Las mejores canciones de los Beatles…).

Lo de + sustantivo o subordinada

Estas construcciones también forman sintagmas nominales cuyo referente son situaciones enteras. Para entenderlo mejor, imaginaos que una chica llamada Paula deja a su marido y a sus hijos, se va de casa, contrae muchas deudas y acaba perdiendo su trabajo. Si nosotros ya conocemos su historia, para mencionarla, sencillamente recurrimos a la fórmula *lo de Paula*. Esta fórmula encierra de manera resumida todos los hechos que mencionamos:

▲ *Lo de Paula es muy triste.* (El hecho de que Paula dejara a su familia, contrajera muchas deudas y perdiera su trabajo es muy triste).
▲ *Me ha sorprendido mucho lo de Paula.* (Me ha sorprendido que Paula dejara a su familia, etc.).

De la misma manera se comportan las expresiones *lo de tu tío, lo de la profesora de inglés* y también **lo** + **pronombre posesivo**: *lo mío, lo tuyo...* Aquí también *lo* equivale a "la situación":

▲ **Lo tuyo** *es muy triste.* (Tu situación es muy triste).

Sin embargo, si queremos mencionar en nuestra frase algún hecho más concreto, podemos hacerlo usando *lo de que* + subordinada:

▲ **Lo de que** *Paula ha dejado a sus hijos es muy fuerte.* (El hecho de que Paula ha dejado a sus hijos es emocionalmente muy fuerte).

4. La omisión del artículo

En los complementos del nombre: función clasificadora (con preposiciones)

En español es muy frecuente que el complemento del nombre sea otro nombre precedido de una preposición:

NOMBRE 1 + *DE/CON/PARA/EN* + NOMBRE 2
¿En qué casos hay que utilizar el artículo con el segundo nombre? Mira estos ejemplos:

▲ *El coche de* **la** *profesora.* (Pertenencia). / *El coche de moda.* (Clasificación).
▲ *El libro en* **la** *mesa.* (Localización). / *El viaje en tren.* (Clasificación).
▲ *El regalo para* **la** *abuela.* (Destinatario). / *El concierto para flauta.* (Clasificación).
▲ *La comida con* **los** *tíos.* (Compañía). / *Comer con apetito.* (Clasificación).

Como vemos, el artículo se usa si la preposición no pierde su sentido: el coche de *la* profesora es un coche que *pertenece* a la profesora; un libro en *la* mesa es un libro *localizado* encima de la mesa, etc.

En cambio, en los ejemplos de la derecha el coche *no pertenece* a la moda, el viaje *no se encuentra* dentro del tren, el concierto *no está destinado* a la flauta, sino al público, y el apetito *no nos hace compañía* mientras comemos. En realidad, todos los ejemplos de la derecha son tipos, categorías de coches, viajes, conciertos y formas de comer.

Por tanto, si la preposición + nombre tiene una función clasificadora, el artículo se omite.

Con el verbo *ser*

En la construcción *ser* + profesión/nacionalidad no se usa ningún artículo:

▲ *Soy profesora.*
▲ *Ana es española.*

Sin embargo, al añadir un adjetivo a la profesión, aparece el artículo indeterminado:

▲ *Ana es **una** profesora estupenda.*

Con el verbo *tener*

Cuando preguntamos por la existencia de objetos que son únicos, el artículo se omite:

▲ *¿Tienes coche?*
▲ *¿Tienes novio?*

Normalmente la gente tiene un solo coche y un solo novio.

▲ *¿Me puedes prestar **una** novela interesante?* (La gente suele tener varias novelas).

5. La sustantivación

En español basta añadir el artículo masculino para convertir en nombre una categoría gramatical o incluso una expresión. Sin embargo, este procedimiento no funciona siempre, y se da, sobre todo, en el lenguaje literario:

▲ *No busques **el mañana**, vive **el ahora**.* (No busques el futuro, vive el momento presente).
▲ *No entiendo **el porqué** de su actitud.* (No entiendo la razón de su actitud).
▲ *Se despidió con **un hasta luego**.* (Se despidió diciendo *hasta luego*).

6. Casos especiales

Con nombres propios
Los nombres y apellidos de las personas se usan sin artículo. Sin embargo, en algunas regiones de España, como Cataluña, y en pueblos pequeños puede aparecer el artículo con nombres de personas conocidas:

▲ *¿Has visto a **la** Paquita?*

También se usa el artículo con apodos:

▲ *Ayer vino **el** Gordo.*

Los nombres de objetos inanimados y las marcas en general suelen llevar el artículo correspondiente al sustantivo que se omite:

▲ *Voy a coger **un** (tren) AVE.*
▲ *Tienes que ir a**l** (banco) Santander.*
▲ *Tiene **un** (coche) Mercedes.*

Los nombres propios que corresponden a países, ciudades, continentes se usan, normalmente, sin artículo:

▲ *Está en Londres.*
▲ *Me voy a Australia.*

Sin embargo, los nombres propios de los accidentes geográficos (mares, ríos, lagos, océanos, desiertos, picos, montañas, etc.) sí llevan el artículo determinado:

▲ ***El** Titicaca es el lago más alto del mundo.*
▲ Me bañé en ***el*** *Atlántico.*
▲ ***El** Teide es el pico más alto de España.*

Con días, meses, estaciones y años
Los días de la semana y las estaciones funcionan como nombres comunes, por lo que normalmente llevan el artículo:

▲ ***La** primavera es mi estación favorita.*
▲ ***El** martes es un día malo para los españoles.*

En cambio, los meses funcionan como nombres propios (aunque se escriben con minúscula), es decir, nunca llevan artículo. Además, las estaciones con la preposición *en* también pierden el artículo:

▲ ***Junio*** *es mi mes favorito.*
▲ *En primavera.*

Los años del 1 al 1000 (y los anteriores) sí llevan artículos y los años a partir del 2000 también. Desde 1001 a 1999, los años no llevan artículo. No obstante, si para abreviar omitimos los primeros dos dígitos, hay que usar el artículo. Lo mismo ocurre cuando hablamos de décadas:

▲ *En **el** 50 a. C.*
▲ *En **el** año 711 los árabes llegaron a la península ibérica.*
▲ *En 1492 Cristóbal Colón llegó a América.*
▲ *En **el** 2000 yo tenía 23 años.*
▲ *Nací en **el** 98.*
▲ ***Los*** *noventa fueron una época muy interesante.*

Con números

Los números cardinales normalmente se usan sin artículo; sin embargo, si se trata del conjunto completo de objetos (todos los objetos de esta categoría), aparece el artículo determinado:

▲ *Está abierto solo seis horas al día.*
▲ *Está abierto **las** veinticuatro horas al día.*

Los ordinales suelen emplearse con artículo. En cambio, cuando se trata de cursos académicos el artículo siempre se omite:

▲ *En **el** primer piso vive una señora italiana.*
▲ *Es **la** segunda vez que veo esta película.*
▲ *Mi hijo está en tercero de carrera.*
▲ *Los alumnos de segundo son listísimos.*

Para indicar un intervalo horario dentro de un día se suele usar la construcción *de... a...* (sin artículo). Sin embargo, usando las preposiciones *desde... hasta...*, hay que poner el artículo:

▲ *Trabajo de nueve a seis.*
▲ *Voy a estar en casa desde **las** seis hasta **las** ocho.*

¡Atención! Existen casos sin mucha lógica que debemos memorizar, comparad:

▲ *La puesta **de** sol.*
▲ *La salida **del** sol.*

Actividades

A) Rellena los huecos colocando el artículo determinado o indeterminado si hace falta.
1. Esta es mi casa: .... cocina, ... dormitorio, otro dormitorio...
2. En ...... estantería hay ...... libro para ti.
3. Tengo ...... películas sobre España que te pueden interesar.
4. ...... españoles hablan muy alto.
5. –¿Te gustan ...... asignaturas que damos?
    –Sí, mucho, sobre todo, me interesa ...... Lingüística.
6. –¡Me he comprado ...... coche!
    –Anda, ¿qué coche es?
7. ¡Tengo ...... miedo! ¡Tengo .... preocupación terrible!
8. Normalmente no tomo .... té, pero hoy me voy a tomar ...... té con limón.
9. Por la noche siempre veo ...... películas.

B) Rellena los huecos colocando un artículo donde haga falta.
1. Tenemos cinco canales de ...... televisión.
2. Después de la crisis, crece la demanda de ...... coches.
3. He comprado una lata de sardinas en ...... vinagre.
4. Esta obra para ...... guitarra la compuso para ...... alumna suya.
5. Tengo tres amigos, ... tres han estudiado conmigo.
6. Están abiertos de ...... 9:00 a ...... 14:00.
7. En este edificio solo viven estudiantes: en ...... quinto hay una chica que está en ...... segundo y está enamorada de mí.
8. Juan nació en ...... años ochenta, creo que en ...... 82.
9. En junio fuimos a .... Asia, estuvimos en ...... lago Baikal y subimos ...... Everest.
10. Nos gustó mucho el viaje, ... más divertido fue esquiar en ...... verano.
11. Me preocupa ...... de Juan, ... de que no ha aprobado ningún examen.

2. USOS DEL PRONOMBRE PERSONAL

Como todos sabemos, el español es una lengua en la que no es obligatorio que el pronombre sujeto aparezca acompañando al verbo. La forma del verbo indica claramente quién es el sujeto en el caso de la primera y la segunda persona del singular y del plural (yo, tú, nosotros/as, vosotros/as). En el caso de la tercera persona del singular o del plural (él, ella, ellos, ellas) necesitamos, además, que el contexto deje claro quién es el sujeto para no decirlo.

Podríamos decir que es una decisión del hablante colocar o no el pronombre personal sujeto. Sin embargo, esto no es del todo cierto. Ningún hablante nativo diría lo siguiente:

▲ *Julia ha cambiado de trabajo. Ahora **ella** trabaja en una oficina. **Ella** está muy feliz porque va a ganar más dinero y **ella** me ha dicho que el trabajo es también más cómodo.*

Una vez que hemos usado el nombre *Julia* y el contexto deja claro que las oraciones que aparecen a continuación se refieren a la misma persona, no tenemos que seguir usando el pronombre. Podemos admitir que aparezca en la primera de las oraciones (*Ahora **ella** trabaja en una oficina*); pero el uso de **ella** en las otras dos oraciones podríamos considerarlo extraño e, incluso, incorrecto.

Es más apropiado decir que en español no se pone el pronombre personal sujeto a no ser que haya alguna razón que justifique o haga necesaria su presencia. Veamos en qué casos debemos colocar el pronombre personal sujeto.

1. Contextos de uso de los pronombres personales sujeto

Como norma general usaremos el pronombre sujeto siempre que sea necesario para identificar a la persona sujeto. Esto sucede en determinados tiempos verbales en los que coinciden la primera y la tercera persona del singular (pretérito imperfecto y pretérito pluscuamperfecto de indicativo y subjuntivo, presente y pretérito perfecto de subjuntivo, condicional simple y compuesto), y siempre que el contexto no deje claro a quién nos referimos. Esta imposibilidad para identificar al sujeto se puede dar también cuando este se encuentra dentro de un grupo. Por ejemplo, estamos en una fiesta en la que hay mucha gente y cuando nos queremos ir decimos:

▲ *Juan y yo nos vamos ya.*

Si hubiéramos dicho simplemente *nos vamos ya*, no se sabría exactamente qué personas son las que se van.

Cuando el sujeto es el foco de la oración

Un caso muy típico de esta situación se da cuando alguien pregunta quién ha hecho algo. Por ejemplo:

▲ *–¿Quién ha sido?*
　*–**Yo** no he sido.* / *–No he sido **yo**.* / *–Ha sido **él**.* / *–He sido **yo**.*

En todos estos casos el sujeto es obligado. A pesar de que *he sido* está indicando que el sujeto es la primera persona (*yo*), tenemos que decir el pronombre de manera obligatoria.

Cuando queremos enfatizar

En estos casos la oración podría construirse sin pronombre, pero su utilización enfatiza la persona del sujeto:

▲ ***Tú** lo sabías y no me lo quisiste decir.*
▲ ***Yo** opino que no tienes razón.*

La aparición del pronombre es muy habitual en la respuesta a una propuesta:

▲ *–¿Quieres que vayamos al cine?*
　*–Como **tú** quieras.*

Cuando omitimos el verbo

En las ocasiones en que se omite el verbo y lo sustituimos por *también*:

▲ *Juan ha suspendido el examen, y **tú** también.*
▲ *–Me voy a leer el* Quijote.
　*–Y **yo** también.*

Cuando hacemos un contraste o una individualización

Son casos en los que se contrasta con los pronombres de 1ª persona (*yo, nosotros, nosotras*), 2ª persona (*tú, vosotros, vosotras*) o 3ª persona (*él, ella, ellos, ellas*):

▲ *Tú quieres ir al cine, pero yo prefiero quedarme en casa.*
▲ *Nosotros somos periodistas. Yo escribo para* La Vanguardia *y él para* El País.

Una situación muy típica en estos contrastes se da cuando hacemos un reparto de tareas:

▲ *Yo hago la cena, tú recoges la cocina y ellos friegan los platos.*

Un contraste de este tipo, pero con el verbo *estar* omitido, es el que se da en la poesía de las *Nanas de la cebolla,* en los últimos versos, cuando Miguel Hernández se dirige a su hijo, y, refiriéndose al pecho de su madre, le dice:

▲ *Él, triste de cebolla.* (Él está triste de cebolla).
▲ *Tú, satisfecho.* (Tú estás satisfecho).

Actividades

A) Coloca el pronombre personal sujeto (*yo, tú, él...*) cuando sea necesario.
1. ..... me estás ocultando la verdad. Por favor, ... no me digas más mentiras.
2. María le dice a su amiga:
　　–Hace mucho calor, ... voy a darme un baño.
　　–¡Qué buena idea! ..... también voy.
3. Miguel Hernández fue un poeta comprometido con su época. Cuando empezó la Guerra Civil ..... se fue al frente y ..... luchó para defender la República.
4. –¿Alguno de vosotros va a ir a estudiar español a Guatemala?
　　– Sí, ... voy.
5. Juan le dice a su amigo Pedro: "..... organizo el viaje, pero ..... busca a dos amigas que nos quieran acompañar".
6. –¿Nos vamos ..... de vacaciones a la playa o a la montaña?
　　–Lo que ..... quieras.
7. Tu hermano no para de trabajar y, mientras, ... estás haciendo el vago.
8. Rosalía es una cantante que ..... está llena de creatividad. .... funde como nadie tradición y modernidad.

3. LOS NOMBRES: EL GÉNERO Y EL CAMBIO DE SIGNIFICADO

Todos sabemos que en español los nombres que se refieren a seres inanimados tienen un solo género, masculino o femenino. El género se reconoce por el artículo que acompaña al nombre. Cuando se hace acompañar del artículo masculino *el*, estamos ante un nombre masculino y cuando es el artículo *la*, el nombre es femenino.

Esta es la mejor manera de reconocer el género de los nombres, porque la terminación *o* para el masculino y *a* para el femenino falla en muchas ocasiones. Hay nombres que pertenecen al género masculino y acaban en *a*, como *el mapa, el poeta, el atleta...*, y también hay alguno que acaba en *o* y, sin embargo, es femenino, como *la mano*.

Los nombres que se refieren a seres animados tienen en muchas ocasiones dos formas, que se corresponden con el sexo: una para el género masculino (*el niño, el perro*) y otra para el género femenino (*la niña, la perra*). Los nombres que representan seres inanimados no tienen alternancia de género, ya que no hay motivación de sexo que justifique esta alternancia: unos son masculinos y otros femeninos. La mayor parte de los nombres del español tienen el género que han heredado del latín.

Sin embargo, encontramos algunos nombres de seres inanimados que pueden aparecer en masculino con un significado y en femenino con otro. En estos casos el género se utiliza justamente para diferenciar significados.

Palabras que utilizan el género para distinguir significados

Son muchas las palabras que tienen un significado en masculino y otro en femenino. En muchas ocasiones hay una relación entre un significado y otro, aunque también encontramos casos con significados muy diferentes. En primer lugar, vamos a ver algunas parejas de palabras en las que encontramos una relación clara en los significados.

▲ *el gorro: prenda de lana o tela para cubrir y abrigar la cabeza.*
▲ *la gorra: prenda de tela para cubrir la cabeza y que lleva una visera que protege del sol.*

▲ **el cochero:** *persona que conduce un coche, normalmente de caballos.*
▲ **la cochera:** *lugar en el que se guardan los coches.*

▲ **el punto:** *señal circular de dimensiones pequeñas.*
▲ **la punta:** *extremo agudo de un instrumento cilíndrico (un lápiz, por ejemplo) o un arma blanca.*

▲ **el político:** *persona que se dedica a la política.*
▲ **la política:** *la doctrina u opinión relacionada con el gobierno de los Estados.*

▲ **el granizado:** *bebida que contiene trocitos muy pequeñitos congelados.*
▲ **la granizada:** *fenómeno meteorológico que consiste en que caen trocitos de hielo mezclados con la lluvia.*

▲ **el fruto:** *producto que se desarrolla a partir de la flor fecundada y que contiene las semillas.*
▲ **la fruta:** *fruto carnoso, jugoso y comestible.*

▲ **el río:** *corriente de agua más o menos abundante que desemboca en el mar, en otro río o en un lago.*
▲ **la ría:** *penetración del mar en la tierra en la desembocadura de un río.*

▲ **el lomo:** *parte inferior y central de la espalda.*
▲ **la loma:** *pequeña elevación del terreno, colina.*

▲ **el anillo:** *aro de metal en el que se introduce el dedo para adornarlo.*
▲ **la anilla:** *aro de metal o plástico utilizado para diferentes usos; por ejemplo, para colgar las cortinas, para hacer gimnasia.*

▲ **el bolso:** *objeto de cuero u otro material que consiste en un recipiente con asas en el que se guardan documentos, dinero, pequeños objetos personales...*
▲ **la bolsa:** *saco pequeño, antes normalmente de tela y ahora de plástico, en el que se guardan cosas; muy a menudo cosas que se compran.*

▲ **el barco:** *construcción grande de madera, hierro u otro material que flota en el agua y sirve como medio de transporte.*
▲ **la barca:** *un barco pequeño que sirve para pescar o hacer pequeños trayectos.*

En algunos nombres de árboles, el masculino designa el árbol y el femenino el fruto: *el manzano* (árbol frutal) y *la manzana* (la fruta que da el manzano), *el cerezo* (árbol frutal) y *la cereza* (la fruta que da el cerezo), *el granado* (árbol frutal) y *la granada* (la fruta que da el granado).

En otros casos el masculino designa el árbol y el femenino la flor: *el magnolio* (árbol) y *la magnolia* (la flor del magnolio), *el lilo* (árbol) y *la lila* (la flor del lilo), *el tilo* (árbol) y *la tila* (la flor del tilo, con la que se hace una infusión que se utiliza como bebida relajante).

Ahora nos vamos a centrar en aquellos cambios en el género que conllevan una gran diferencia en los significados.

▲ **el garito:** *lugar de juego o diversión, normalmente de mala fama.*
▲ **la garita:** *casilla pequeña desde la que vigilan los centinelas, guardias o militares.*

▲ **el palo:** *trozo largo y fino de madera.*
▲ **la pala:** *utensilio que consta de una plancha de hierro de forma rectangular o redondeada que va unida a un mango más o menos largo. Se usa habitualmente en la construcción para recoger tierra o piedrecitas del suelo.*

▲ **el rayo:** *fenómeno meteorológico que se da en las tormentas y que consiste en una gran descarga eléctrica que se produce entre las nubes y la tierra.*
▲ **la raya:** *línea o señal larga y estrecha.*

▲ **el pato:** *ave acuática de tamaño mediano que vive en los ríos y lagos.*
▲ **la pata:** *la pierna o extremidad inferior de los animales.*

▲ **el cuadro:** *pintura de forma rectangular o cuadrada que se cuelga en la pared.*
▲ **la cuadra:** *lugar en el que se recogen para dormir y descansar animales domésticos, como burros, caballos o vacas.*

▲ **el libro:** *objeto que consiste en una serie de hojas escritas, agrupadas y protegidas por una tapa más dura.*
▲ **la libra:** *moneda del Reino Unido; unidad de peso.*

▲ **el paje:** *criado que acompañaba a los señores y los caballeros antiguamente.*
▲ **la paja:** *parte que queda de la espiga de trigo después de separar el grano.*

▲ **el medio:** *lugar central.*
▲ **la media:** *prenda de lana, algodón o seda que cubre la pierna.*

▲ **el rato:** *espacio o intervalo corto de tiempo.*
▲ **la rata:** *animal mamífero roedor.*

▲ **el caso:** *suceso, acontecimiento, situación.*
▲ **la casa:** *hogar, construcción en la que viven las personas.*

▲ **el barro:** *masa que resulta de la mezcla de agua y tierra. Suele formarse en el suelo cuando llueve.*
▲ **la barra:** *pieza larga y estrecha de metal.*

▲ **el puerto:** *lugar abrigado en el que atracan los barcos.*
▲ **la puerta:** *agujero o abertura que se practica en un muro o pared para poder entrar y salir. También recibe el mismo nombre la plancha de madera o metal que cierra el hueco.*

▲ **el foco:** *punto en el que se reúnen los rayos de luz.*
▲ **la foca:** *animal mamífero marino que vive en lugares fríos, especialmente en los polos.*

▲ **el velo:** *pedazo de tela con el que las mujeres se cubren la cabeza con un sentido religioso.*
▲ **la vela:** *cilindro de cera que se enciende para dar luz y adornar.*

▲ **el plato:** *utensilio, normalmente redondo, en el que se pone la comida.*
▲ **la plata:** *metal precioso de color blanco brillante.*

▲ **el lecho:** *cama.*
▲ **la leche:** *líquido blanco que producen los mamíferos para alimentar a sus crías.*

▲ **el cero:** *número, cifra.*
▲ **la cera:** *sustancia sólida que segregan las abejas para hacer los paneles y que se emplea para hacer velas.*

Actividades

A) Completa las palabras utilizando la forma correcta de masculino o femenino en cada caso.

1. Comer much_ frut_ es muy saludable.
2. Yo todas las noches me tomo un_ til_ calentit_ para relajarme.
3. En Berlín hay una famosa avenida que traduciríamos al español como *bajo l_s til_s*.
4. Siempre sueño que voy montada a lom_s de un caballo blanco.
5. Se me ha roto l_ punt_ del lápiz. ¿Tienes un sacapunt_s?
6. En los países democráticos es frecuente ver a gente que se interesa muy poco por l_ polític_; por eso no es fácil encontrar buen_s polític_s.
7. Los emigrantes africanos llegan a España en patera, que es un tipo de barc_.
8. Es muy raro ver a una mujer mayor sin bols_.
9. L_s lil_s florecen en primavera.
10. A algunas aves les colocan un_ anill_ en la pata para identificarlas.
11. En muchas culturas la mujer y el hombre se intercambian anill_s cuando se casan.

B) Completa las palabras utilizando la forma correcta de masculino o femenino en cada caso.

1. "Esta noche ha llovido, mañana hay barr_", dice una canción tradicional española.
2. Antiguamente, las casas de los pueblos tenían cuadr_s para que durmieran los animales.
3. El jueves es el día de la semana que está en _l_ medi_.
4. Hace años, las mujeres se cubrían la cabeza con _n_ vel_ cuando entraban a la iglesia.
5. A los niños pequeños les gusta jugar en la arena de la playa con cubos y pal_s de juguete.
6. Las tormentas se caracterizan por una fuerte lluvia y la parición de ray_s.
7. En Marbella hay _n_ bonit_ puert_ deportiv_.
8. Hace much_ rat_ que te estoy esperando.
9. Las vacas comen paj_ en invierno.
10. Dicen que el tango surgió en l_s garit_s de Buenos Aires.
11. Las mujeres llevan medi_s de seda.
12. _l_ foc_ es un animal muy inteligente.

4. LOS VERBOS PRONOMINALES

Llamamos verbos pronominales a los que se conjugan de manera obligatoria con un pronombre personal.

1. Verbos que se usan en su forma pronominal

Algunos de estos verbos solo pueden aparecer en su forma pronominal; es decir, no pueden conjugarse si no es con el correspondiente pronombre personal. Por ejemplo, el verbo *arrepentirse* solo existe en su forma pronominal (*yo me arrepiento, tú te arrepientes, él se arrepiente...*), no existe el verbo *arrepentir* usado sin el pronombre. No podemos decir: **yo arrepiento*; es decir, no podemos usarlo sin pronombre en ninguna de sus formas.

Este grupo de verbos no es muy numeroso y en muchos casos se usan siempre acompañados de una determinada preposición. Muchos de estos verbos indican procesos que tienen lugar en el interior del individuo y que se muestran a través de una forma de ser o de comportarse: *arrepentirse, antojarse, obstinarse, ensimismarse, enfrascarse, desentenderse, desvivirse, esforzarse, rebelarse, resentirse...*

Veamos los más frecuentes y las preposiciones con las que se construyen:

Abalanzarse sobre: *echarse con violencia encima de algo.*
▲ *La multitud desesperada **se abalanzó sobre** las barcas de salvamento.*

Abstenerse de: *no hacer algo, privarse de algo.*
▲ *Durante toda la cuaresma los católicos **se abstenían de** comer carne.*

Aburguesarse: *convertirse en un burgués, acostumbrarse a una vida con más lujos y comodidades. (Este verbo también puede usarse de forma no pronominal.*
▲ *Cuando la gente llega a los cuarenta **se aburguesa**.*

Acurrucarse: *colocarse una persona en un lugar con el cuerpo muy encogido, en posición fetal.*
▲ *Los niños pequeños **se acurrucan** en los brazos de sus padres.*

Adentrarse en: entrar en un lugar de manera física o metafórica.
▲ Lope de Aguirre **se adentró en** la selva amazónica buscando El Dorado.

Antojarse: querer algo y, normalmente, pedirlo con mucha insistencia y sin motivo.
▲ Nos vamos a Cuba de vacaciones porque a mi novio **se le ha antojado** ir allí.

Arrepentirse de: sentir que hemos hecho o dicho algo que no deberíamos, o viceversa.
▲ No **me arrepiento de** nada de lo que le he dicho, porque era lo que pensaba.

Atreverse a: tener voluntad y decisión para hacer algo peligroso o difícil.
▲ Hay que tener mucho valor para **atreverse a** ser bombero.

Desentenderse de: no querer saber nada de algo.
▲ Hay algunos padres que **se desentienden del** cuidado de sus hijos.

Desvivirse por: ocuparse muchísimo de algo.
▲ Mi amiga Julia **se desvive por** sus alumnos.

Dignarse: el significado original es 'conceder una petición a un inferior'; sin embargo, el uso habitual y coloquial es de tipo irónico, y se utiliza en situaciones en las que una persona falta a una reunión o a un compromiso.
▲ Juan no **se ha dignado** venir a la reunión, a pesar de que íbamos a tratar su problema.

Endeudarse: llenarse de deudas; tener la obligación de devolver un dinero prestado.
▲ Los españoles **se endeudan** durante muchos años para poder comprarse una casa.

Enfrascarse en: estar completamente concentrado en una actividad.
▲ Mi hermano **se enfrasca en** la lectura y no se entera de nada de lo que pasa a su alrededor.

Enfurruñarse: enfadarse un poco y mostrarlo con el gesto. Equivale a la expresión coloquial estar de morros.
▲ Mi novio es capaz de pasarse una semana **enfurruñado** si algo le molesta.

Ensañarse con: causar un dolor desmesurado a alguien que no es capaz de defenderse, sintiendo una especie de placer en ello.

▲ *Los policías detuvieron a un joven que estaba robando y* **se ensañaron con** *él, dándole una enorme paliza.*

Ensimismarse: *viene de en sí mismo; quedarse concentrado y absorto en los propios pensamientos.*
▲ *Mi hermano* **se ensimisma** *con tanta facilidad que no te escucha cuando le llamas.*

Esforzarse: *hacer un esfuerzo para conseguir algo.*
▲ *La mayor parte de los profesores se quejan de que sus alumnos no son capaces de* **esforzarse**.

Fugarse: *escapar, huir.*
▲ *El Lute, el preso más conocido de la época del franquismo, se hizo famoso por la cantidad de veces que* **se fugó**.

Inmiscuirse en: *entrar alguien en problemas o asuntos que no le corresponden.*
▲ *No aguanto a mi jefe porque siempre* **se inmiscuye en** *cuestiones de mi vida personal que no tienen nada que ver con el trabajo.*

Obstinarse en/con: *empeñarse en hacer algo, aunque no sea razonable, o no merezca la pena el esfuerzo.*
▲ *Cuando María* **se obstina con** *algo, no hay manera de razonar con ella.*

Rebelarse contra: *oponerse a algo con fuerza, incluso con violencia.*
▲ *El exceso de violencia en el poder puede llevar al pueblo a* **rebelarse contra** *el opresor.*

Resentirse de: *tener un dolor o padecimiento después de mucho tiempo de producirse la causa de ese dolor.*
▲ *Hace más de 20 años que le detuvieron y le torturaron, y todavía* **se resiente de** *dolores en los riñones.*

Sincerarse con: *contarle la verdad a alguien, ser sincero con él.*
▲ *Finalmente, el niño* **se sinceró con** *su profesor y se supo toda la verdad.*

Suicidarse: *quitarse la vida de manera voluntaria.*
▲ *Son muchos los artistas que terminan* **suicidándose**.

2. Verbos que pueden alternar la forma pronominal con la forma no pronominal

Se trata de verbos de acción en su forma no pronominal, frente a proceso interno o cambios de estado en su forma pronominal.

Son muchos los verbos transitivos que alternan con variantes pronominales no transitivas. La variante no pronominal transitiva señala una acción, provocada por un agente, que recae sobre un ser que resulta afectado; mientras que la forma reflexiva o pronominal convierte esa acción en un proceso interno al objeto o ser que la sufre, o señala un cambio de estado en dicho ser.

Veamos el siguiente ejemplo:

▲ *El payaso **asusta** a los niños.*
▲ *Los niños **se asustan**.*

En el primer caso, *asustar,* el payaso realiza la acción que recae sobre los niños, que se ven afectados. El verbo señala una acción realizada por alguien. Se centra en el ser que realiza esa acción.

Al convertirse el verbo en pronominal, *asustarse,* el verbo deja de señalar una acción que realiza alguien para centrarse en el proceso interno del ser que sufre esa acción; en este caso, los niños. Lo que de verdad importa es el proceso y el ser que lo experimenta.

En otros casos, lo que se produce es un cambio de estado.

▲ *La enfermera **cura** la herida.*
▲ *La herida **se cura**.*

La zona afectada por la herida se convierte en zona normal, sin herida, cuando esta se cura. Ha habido, pues, un cambio de estado.

Veamos otros verbos con estas mismas características:

▲ *Pedro **abre** la puerta. / La puerta **se abre**.*
▲ *Los piratas **hunden** el barco. / El barco **se hunde**.*
▲ *Mi madre **seca** la ropa en la secadora. / La ropa **se seca** al sol.*
▲ *La cocinera **fríe** las patatas con aceite. / Las patatas **se fríen** con aceite.*

En algunos casos encontramos verbos intransitivos en los que la alternancia pronominal/no pronominal refleja un cambio de estado o de lugar. Por ejemplo, el verbo *ir* indica trayectoria hacia otro lugar. Por eso es obligado el complemento de lugar que aparece con este verbo (***Voy** a la estación*). Sin embargo, en su forma pronominal (*irse*) no importa el lugar al que se va, lo que importa es que se abandona el lugar en el que se está: *Juan **se va** porque se le hace tarde.*

3. Verbos en los que la alternancia pronominal/no pronominal conlleva un cambio de significado

Hay un grupo de verbos que tienen un significado en su forma no pronominal y otro significado diferente en su forma pronominal. En algunos casos, ambos significados no tienen ninguna relación. Veamos algunos de estos verbos:

Conformar: dar forma.
Conformarse (con): aceptar, sentirse satisfecho con algo.

▲ *Las unidades que **conforman** las palabras son los lexemas y los afijos.*
▲ *Mi hermano lo quiere todo, no **se conforma con** nada.*

Rendir: hacer o dar, en las expresiones rendir homenaje, rendir cuentas *y* rendir tributo.
Rendirse: admitir o aceptar una derrota.

▲ *A la muerte de Delibes, sus lectores le **rindieron** un sentido homenaje.*
▲ *Si quieres algo de verdad, no **te rindas** ante la primera dificultad.*

Poner: colocar algo en alguna parte.
Ponerse (a): empezar a hacer algo.

▲ *No sé dónde **poner** el ramo de flores que me han traído.*
▲ *Tenemos mucha prisa, vamos a **ponernos a** trabajar ahora mismo.*

Llamar: decir el nombre de alguien en voz alta para que venga.
Llamarse: tener por nombre.

▲ *Hay tanto ruido que no se oye a qué persona **llaman**.*
▲ *En España hay muchas mujeres que **se llaman** Carmen.*

Ocupar: *llenar un espacio o lugar; tomar posesión de él.*
Ocuparse (de): *emplearse y asumir la responsabilidad de un trabajo o actividad.*

▲ *Este mueble es precioso, pero va a* **ocupar** *demasiado en mi salón.*
▲ *Mi compañero Javier no* **se ocupa de** *nada; estoy empezando a enfadarme.*

Abandonar: *dejar un lugar, una persona, una idea... de manera real o figurada.*
Abandonarse: *dejarse de preocupar de uno mismo, especialmente del aspecto físico.*

▲ *No hay que* **abandonar** *a los amigos cuando tienen problemas.*
▲ *Juan* **se ha abandonado** *desde que le echaron del trabajo.*

Tener: *poseer.*
Tenerse: *sujetarse de pie. Se usa sobre todo referido a las personas en la expresión* no tenerse en pie *cuando uno está muy cansado.*

▲ *Esta silla solo* **tiene** *tres patas.*
▲ *¡Tengo tanto sueño que no* **me tengo** *en pie!*

Sobreponer: *poner por encima.*
Sobreponerse: *superar con buen ánimo las dificultades, las desgracias o los problemas.*

▲ *Con el programa Photoshop se puede* **sobreponer** *una foto encima de otra.*
▲ *Tenemos que llamar a Jaime para que venga al cine con nosotras. Desde que le ha dejado su pareja no es capaz de* **sobreponerse***.*

Valer: *costar.*
Valerse: *ser capaz de hacer algo sin ayuda.*

▲ *La entrada* **vale** *seis euros.*
▲ *Hay que enseñar a los jóvenes a* **valerse** *por sí mismos en la vida.*

Actividades

A) Coloca el verbo pronominal que corresponda en su forma adecuada.

1. Mi amiga Paula está muy deprimida. Intento ayudarla, pero no puedo porque ella no es capaz de .... conmigo.

2. La mayor parte de los jóvenes *hippies* de los años setenta tienen ahora un buen trabajo y están completamente ....

3. A mí por las noches me gusta .... debajo de un buen edredón y dormir muy calentita.

4. Los torturadores tienen que tener un fuerte componente sádico. Seguro que sienten un gran placer y por eso .... con la víctima.

5. Las cárceles de máxima seguridad están preparadas para que sea prácticamente imposible que los presos ....

6. Hay que tener mucha vocación y mucho valor para .... a ir a Afganistán para trabajar en Médicos Sin Fronteras.

7. No vas a terminar tus estudios si no .... lo suficiente.

8. A los niños pequeños siempre .... todo, pero hay que aprender a decirles que no.

B) Coloca el verbo que corresponda en su forma adecuada: pronominal o no pronominal.

1. Un famoso refrán español dice que "el saber no (**ocupar/ocuparse**) .... lugar".

2. Según Cendón, los piratas somalíes suelen (**conformar/conformarse**) .... con el rescate que piden y no hacen un daño innecesario a los rehenes.

3. En España, los alimentos (**freír/freírse**) .... con aceite de oliva.

4. Los pueblos que se encontraban en el Camino de Santiago (**llenar/llenarse**) .... de iglesias y hospitales para atender a los peregrinos.

5. Fernando Alonso (**reunir/reunirse**) .... a su equipo una vez a la semana para hablar de la carrera.

6. Recientemente, los médicos del Hospital Provincial (**contagiar/contagiarse**) .... de manera involuntaria a más de cien pacientes con el virus de la hepatitis B.

7. Fernando León (**preocupar/preocuparse**) .... en su cine de las personas que sufren en la sociedad.

8. Es bueno que los niños pequeños coman y se vistan solos; así aprenden a (**valer/valerse**) .... por sí mismos.

5. ME, TE, SE... CON *IR, VENIR* Y OTROS VERBOS DE MOVIMIENTO

Los verbos *ir* y *venir* y otros verbos de movimiento, como *caer* o *marchar*, se usan unas veces como pronominales (*irse, venirse*) y otras veces sin pronombre personal (*ir, venir*). Vamos a aclarar en qué situaciones hay que poner o no hay que poner el pronombre.

1. *Ir*

El verbo *ir* señala el destino y se construye con la preposición *a*.

▲ *Este fin de semana voy a Cádiz con unos amigos.*

Sin embargo, en muchas ocasiones aparece con el pronombre personal reflexivo (*me, te, se...*).

▲ *Este fin de semana me voy a Cádiz con unos amigos.*

Las dos oraciones son igualmente correctas, aunque la segunda suena más natural. Pero, si estamos en un lugar y simplemente señalamos que abandonamos ese lugar sin especificar dónde vamos, entonces no ponemos la preposición *a* y el uso del pronombre es obligado.

▲ *Me voy, que es muy tarde.* (Correcto).
▲ **Voy, que es muy tarde.* (Incorrecto).

2. *Venir*

El verbo *venir* se comporta de manera muy similar a *ir*. Cuando señalamos el origen, podemos construirlo de las dos maneras, con o sin pronombre, pero cuando usamos la forma pronominal, el significado cambia. Fíjate en estos ejemplos:

▲ Juan **vino** de Alemania esta mañana. (Juan llegó esta mañana de Alemania).
▲ Juan **se vino** de Alemania. (Juan ha dejado Alemania definitivamente. Ya no va a vivir más allí).

3. Otros verbos de movimiento

Algunos verbos de movimiento, en español, se usan normalmente con los pronombres reflexivos: *caerse, levantarse, resbalarse, deslizarse, marcharse.*

▲ **Me he resbalado** y **me he caído**.
▲ **¿Os marcháis** ya?
▲ Los esquiadores **se deslizan** por la nieve.

Actividad

Mira las siguientes frases y escoge las opciones correctas. Puedes escoger solo una o las dos, si crees que las dos son correctas.

1. a) Me he caído y me he hecho mucho daño.
   b) He caído y me he hecho mucho daño.

2. a) Luis ha venido de Barcelona. Le han echado del trabajo y ya no va a vivir más allí.
   b) Luis se ha venido de Barcelona. Le han echado del trabajo y ya no va a vivir más allí.

3. a) Me voy de vacaciones al círculo polar.
   b) Voy de vacaciones al círculo polar.

4. a) ¿Te vas tan pronto? Estate un poquito más.
   b) ¿Vas tan pronto? Estate un poquito más.

5. a) María se vino de Londres el viernes, pero tiene que volver el lunes a trabajar.
   b) María vino de Londres el viernes, pero tiene que volver el lunes a trabajar.

6. a) Mi hermano ha escurrido por la calle y se ha roto un tobillo.
   b) Mi hermano se ha escurrido por la calle y se ha roto un tobillo.

6. VARIACIONES DE SIGNIFICADO ENTRE EL VERBO *QUEDAR* Y *QUEDARSE*

Algo tan sencillo como aprender el significado de las palabras puede convertirse, a veces, en algo muy complicado. Hay palabras que pueden significar cosas muy diferentes según el contexto en el que las usemos.

En el caso del verbo *quedar*, el significado puede variar mucho si utilizamos el verbo en su forma normal de infinitivo (*quedar*) o si utilizamos ese mismo verbo en su forma pronominal (*quedarse*). Vamos a presentar los muchos significados del verbo *quedar* tanto en su utilización normal de infinitivo como en su uso pronominal. Este verbo es muy habitual en español y aparece con significados muy diferentes. Tendremos que ver cuál es el que corresponde en cada momento fijándonos en la situación y las palabras que lo acompañan.

1. *Quedar*

Quedar en las citas

Es muy normal utilizar este verbo para las citas. Cuando queremos encontrarnos con alguien en algún lugar determinado a una hora determinada *quedamos con esa persona*. Por eso, si queremos ver a una persona, le podemos decir, *¿por qué no quedamos?* También son frecuentes preguntas como, *¿a qué hora quedamos?*, *¿dónde quedamos?*

Quedar como sinónimo de *acordar*

El verbo *acordar* es quizá demasiado formal. Por eso utilizamos con más frecuencia *quedar* seguido de la preposición *en*. Veamos el siguiente ejemplo en el que alguien se queja de un acuerdo que no se está cumpliendo.

▲ ***Quedamos en*** *que yo me ocupaba de hacer la comida y tú de lo demás, pero la verdad es que yo soy la que estoy haciendo todo.*

Con un significado similar tenemos la expresión *¡en qué quedamos!*, con la que se pide a alguien que aclare su propuesta o su postura.

Quedar para señalar el resultado de una acción o situación

En estos casos el verbo *quedar* suele ir acompañado de un adverbio de modo o un adjetivo que señala la cualidad del resultado.

▲ *El trabajo **ha quedado** genial.*
▲ *El libro **quedó** perfecto.*
▲ *Rafael Nadal **ha quedado** agotado en el partido de esta mañana.*

Con este mismo significado lo encontramos muy a menudo refiriéndose a las personas: a su comportamiento o a su participación en algún hecho.

▲ *Óscar **quedó** como un imbécil en las cartas que le escribía a Bea.*
▲ *Tras las medidas tomadas, el director de la compañía eléctrica **ha quedado** muy bien con todos sus empleados.*

Quedar para señalar algo que sobra después de haber realizado una acción; lo que se tiene en un momento del proceso

▲ *En el estreno de la película **quedaron** doscientas entradas sin vender.*
▲ *Me **quedan** solo cien euros para terminar el mes.*
▲ *No **queda** nada de agua.*

Quedar, en situaciones relacionadas con el tiempo, señala el tiempo que falta para llegar a un destino o para que termine una acción

▲ *Solo **quedan** dos horas para llegar a Santander.*
▲ *Aún **quedan** veinte minutos para que termine la película.*

2. *Quedarse*

Quedarse como sinónimo de *permanecer*

Es el significado más habitual en su uso pronominal. Lo empleamos continuamente para expresar el lugar en el que estamos, en el que nos alojamos.

▲ *En el viaje de vacaciones* **nos quedamos** *diez días en Formentera.*
▲ *Cuando vaya a Nueva York,* **me quedaré** *en casa de unos amigos.*

En muchos contextos señala que no nos movemos del lugar, que no salimos para ir a otra parte.

▲ *Los viernes por la noche siempre* **me quedo** *en casa porque estoy muy cansado. Solo salgo los sábados.*

Quedarse para señalar un cambio de situación

▲ *El niño* **se ha quedado** *dormido.*
▲ *Mi padre* **se ha quedado** *delgadísimo.*
▲ *La casa* **se ha quedado** *muy desordenada.*

En alguna ocasión puede alternar el uso pronominal y no pronominal con el mismo significado. Por ejemplo:

▲ *El coche* **se ha quedado** *muy limpio.*
▲ *El coche* **ha quedado** *muy limpio.*

Quedarse para expresar que retenemos algo, que no lo damos

▲ **Se ha quedado** *con todos mis libros y no me los quiere devolver.*

Quedarse como sinónimo de *adquirir* o *comprar*

▲ *Ya me he decidido,* **me quedo** *con el vestido rojo.*

3. Expresiones típicas y frases hechas con el verbo *quedar*

Este verbo aparece con frecuencia en frases hechas. Estas son algunas de ellas:

▲ *Quedarse para vestir santos* significa *quedarse soltero.*
▲ *Quedarse a dos velas* quiere decir *quedarse sin nada.*
▲ *Quedarse en blanco* significa *no saber qué decir.* El cerebro se queda sin información, normalmente por una situación de tensión, y uno no puede decir nada.

▲ *Quedarse de piedra, quedarse de una pieza, quedarse helado, quedarse sin sangre en las venas, quedarse a cuadros.* Todas estas expresiones significan *quedarse paralizado por el asombro por ver u oír algo inesperado.*

Actividad

Completa con la forma adecuada del verbo *quedar* o *quedarse.*
1. Cuando (nosotros) .... en cuáles son mis obligaciones, podré ponerme a trabajar.
2. Es evidente que tu jefe (**a**)........................... muy satisfecho esta mañana con tu actuación. Pero yo (**b**)............. de piedra, porque no me lo esperaba.
3. Desde que (nosotros)................ sin dinero salimos muy poco de casa.
4. Cómprale un abrigo que le .... bien de verdad, aunque cueste caro.
5. Si tu hermana sigue sin (**a**)................ con ningún hombre, va a (**b**)................... para vestir santos.
6. Es muy probable que .... en casa. Me duele mucho la cabeza para ir al cine.
7. Creo que (**a**)............ como un tonto intentando (**b**)............ con Marta. Ella no me hace ningún caso.
8. Sabes cuánto .... para llegar a Madrid.

7. EL VERBO *TIRAR*

1. Significados del verbo *tirar* y *tirarse*

El verbo *tirar* se usa muchísimo y tiene varios significados:

1. Lanzar algo con la mano.
▲ *Tirar la pelota.*

2. Deshacernos de algo que ya no queremos.
▲ *Tirar algo a la basura.*

3. Con la preposición *de,* acercar algo hacia nosotros con la mano.
▲ *Tirar de la puerta para abrirla.*

4. En su forma pronominal significa 'tumbarse'.
▲ *Tirarse al suelo.*

2. Frases hechas y expresiones con el verbo *tirar*

En español, el verbo *tirar* aparece en un numeroso grupo de frases hechas y expresiones coloquiales. Aquí te presentamos algunas.

Tirar de alguien*: tener que estar siempre ayudando y animando a alguien para que se ponga en actividad o haga lo que tiene que hacer.*
▲ *Mi novio hace gimnasia, pero porque yo **tiro de** él.*

Tirar los tejos*: cortejar a alguien que nos gusta, decirle cosas bonitas para que se enamore. Es una frase coloquial.*
▲ *Mónica le **está tirando los tejos** a Luis. No para de decirle cosas bonitas.*

Tirar piedras contra (mi, tu, su...) propio tejado*: hacer algo que te perjudica.*
▲ *Critica al jefe delante de todos. Al final le van a echar del trabajo. Está **tirando piedras contra su propio tejado**.*

Tirar por lo alto: *hacer una estimación en la que exageramos el gasto o el beneficio.*
▲ ***Tirando por lo alto***, *creo que el viaje nos va a costar 2000 euros.*

Tirar millas: *tiene el significado de 'marcharse o seguir adelante', tanto en sentido literal como en sentido figurado. Es una frase muy coloquial.*
▲ *Venga, ponte el casco, coge la bicicleta y **tira millas**.*
▲ *El equipo de fútbol es muy bueno. Hay equipo para **tirar millas**.*

Tirarse los trastos a la cabeza: *enfadarse muchísimo con alguien, tener una pelea. Normalmente se usa en sentido figurado.*
▲ *Mónica y Luis han tenido una discusión terrible; **se han tirado los trastos a la cabeza** y no se irán de vacaciones juntos.*

Tirar algo por la borda: *hacer algo que provoca que se estropee de repente un trabajo, una relación, unos estudios… que se estaban desarrollando normalmente.*
▲ *Mi hermano ha dejado los estudios en su último año de carrera. No sé cómo ha podido **tirar por la borda** un esfuerzo de tantos años.*

Tirar la casa por la ventana: *gastar dinero de manera alocada, sin mirar el precio de lo que se compra.*
▲ *No te gastes tanto dinero. Estás tirando la casa por la ventana.*

Actividad

Rellena los huecos utilizando algunas de las frases hechas presentadas. Recuerda que si hay un verbo, tienes que ponerlo en el tiempo y modo adecuados.

1. En la reforma de la casa, ..., nos gastaremos unos 50 000 euros.
2. ¡Qué mal se llevan Iván y Laura! No paran de ....
3. Mi hermano tenía un puesto estupendo en una multinacional. Pero, de repente, ha dicho que no aguantaba el trabajo. No sé cómo ha podido ....
.... el esfuerzo de tantos años.
4. No sabes cuánto me gusta Pilar. Estoy ...., pero ella no me hace ni caso.
5. A mi madre le han tocado 20 000 euros en la lotería y está ....
No para de gastar dinero.

8. LAS PERÍFRASIS VERBALES

Las lenguas tienen distintas maneras de presentar las acciones que señalan los verbos: como acciones en transcurso, abiertas y sin límites; o bien como acciones terminadas, y por tanto cerradas y con límites. Este "tiempo interno" de los verbos es lo que los gramáticos llaman *aspecto*. En español, la conjugación verbal presenta un contraste regular entre tiempos de aspecto perfecto, que indican una acción finalizada, frente a tiempos de aspecto imperfecto, que presentan la acción en transcurso. Pero, además, hay todo un grupo de perífrasis verbales que recojen toda una serie de matices dentro del aspecto perfectivo y dentro del aspecto imperfectivo.

Una *perífrasis verbal* es la unión de dos o más formas verbales que funcionan conjuntamente como una unidad. Están generalmente compuestas por un verbo auxiliar conjugado, un elemento de enlace (*que, de, a,...*) y un verbo en forma no personal (infinitivo, gerundio o participio), que aporta el significado léxico:

▲ *Vamos a estudiar* psicología.
▲ *Debes esforzarte* más.
▲ *Estoy trabajando* mucho.
▲ *Tengo que* madrugar mañana.

1. Las perífrasis aspectuales

Como ya señalamos antes, el aspecto imperfectivo muestra la acción sin ningún tipo de límites: no le preocupa al hablante indicar si la acción ha comenzado en algún momento, si va a terminar o si ya ha terminado. Lo único que le importa es ver la acción en su propia duración, como vista desde dentro; por el contrario, el aspecto perfectivo marca claramente algún límite en la acción.

Las perífrasis aspectuales sirven para añadir toda una serie de circunstancias y matices relacionados con el aspecto perfectivo o el aspecto imperfectivo. Ellas nos muestran si la acción ha comenzado en un momento concreto, si está a punto de comenzar, si está a punto de acabar, si se está desarrollando en este instante, etc.

▲ *Sigo viviendo* en casa de mis padres.

▲ *He **dejado de ir** al gimansio por falta de tiempo.*
▲ *Voy **aprendiendo** más sobre los españoles.*

Perífrasis aspectuales de infinitivo

Ir a + **infinitivo:** expresa planes o intenciones; acciones que pensamos realizar en un futuro que sentimos como próximo.

▲ *Voy a ir al cine mañana por la noche.*
▲ *Van a cambiar de trabajo muy pronto.*

Echarse a/romper a + **infinitivo:** indican el comienzo de una acción de forma inesperada o repentina.

▲ *Parecía tener superada la ruptura con su marido, pero nada más preguntarle **rompió a llorar**.*
▲ *Parecía muy seria, pero en medio de la discusión **se echó a reír** y todos nos quedamos sin palabras.*

Dejar de + **infinitivo:** expresa una acción que ya no está en curso, que el hablante no realiza. Implica que la acción se ha desarrollado con anterioridad, pero que ya ha terminado.

▲ *Ha **dejado de llover**.*
▲ *He **dejado de ir** de vacaciones a Cantabria porque siempre estaba nublado.*

Llegar a + **infinitivo:** expresa el final de un proceso al cabo del cual conseguimos algo.

▲ *Después de muchos años, **llegó a ser** el director de su empresa.*

Volver a + **infinitivo:** expresa una acción que se retoma o comienza de nuevo.

▲ *Ha **vuelto a ser** feliz después de su larga enfermedad.*

Meterse a + **infinitivo:** expresa la idea de emprender una actividad para la que no se está capacitado.

▲ *Se **metió a** preparar la cena sin saber cocinar.*

Acabar de + **infinitivo:** expresa una acción que ha ocurrido en un pasado muy reciente, que ha tenido lugar momentos antes de que el hablante la exprese.

▲ *Acabo de llegar a casa.*
▲ *Acaban de comunicarme que he ganado un viaje para dos personas al Caribe.*

Perífrasis aspectuales de gerundio

Ir + **gerundio:** indica el desarrollo progresivo de una acción. Suele utilizarse en circunstancias y contextos que implican un cambio que se va produciendo poco a poco.

▲ *Va mejorando en Matemáticas, pero todavía tiene problemas.*
▲ *Va caminando cada vez mejor después de su accidente.*

Seguir + **gerundio:** expresa la idea de continuidad. Enfatiza que, algo que se estaba haciendo, se continúa haciendo.

▲ *Sigo yendo a los mismos bares de siempre.*

Andar + **gerundio:** indica una acción en proceso o una situación que se prolonga en el tiempo. Aporta la idea de dedicar tiempo y esfuerzo a la acción que se presenta, y en algunos contextos puede añadir también un valor despectivo y recriminativo.

▲ *Mi cuñado anda metido en asuntos turbios; me preocupa.*
▲ *Anda buscando novia desesperadamente.*

Acabar + **gerundio:** indica el final de un proceso y el inicio de una nueva acción o situación que a veces no es la esperada.

▲ *Estudió filosofía, pero acabó trabajando de camarero.*
▲ *Era muy feo, pero acabó casándose con la chica más guapa de su facultad.*

Llevar + **gerundio:** expresa una acción que comenzó en el pasado y tiene continuidad en el presente.

▲ *Llevo viviendo en Barcelona cuatro años.*

Venir **+ gerundio:** presenta un proceso en su transcurso, pero incidiendo en su duración; ya que se trata de algo que también se estaba produciendo en el pasado.

▲ *Venimos sufriendo estos ruidos desde hace meses.*

Perífrasis aspectuales de participio

Llevar **+ participio:** expresa el resultado parcial de una acción en curso. No puede utilizarse cuando la acción ya ha terminado.

▲ *Llevo estudiadas veinte unidades del temario de las oposiciones.*

Tener **+ participio:** expresa el resultado de un proceso. El significado es muy parecido al de la perífrasis anterior, pero en este caso el resultado no se entiende como parcial, como una etapa. La acción o el proceso puede estar terminado o no.

▲ *Tiene sobornadas a las autoridades, por eso no le ponen ninguna multa.*
▲ *Tiene enamoradas a la mayoría de las mujeres de la oficina.*

2. Las perífrasis modales: la expresión de la obligación, la posibilidad y la probabilidad

Ahora nos vamos a centrar en otro importante grupo de perífrasis que sirven para transmitir distintos significados de obligación, posibilidad y probabilidad: las perífrasis modales.

Recordemos que la perífrasis verbal constituye una unidad en la que la forma no personal aporta el significado léxico y el auxiliar, los significados más gramaticales, como el tiempo, la persona, la modalidad y el aspecto. Por eso, cuando un verbo como *deber* o *tener* forma parte de una perífrasis, pierde completamente su significado habitual. Veamos las diferencias de significado que encontramos en el verbo, según se encuentre o no en una perífrasis:

▲ *Me **debes** cincuenta euros y necesito que me los pagues ya.*
▲ *Juan **debe de estar** enfermo, porque no ha venido.*
▲ ***Tengo** una casa en la playa.*
▲ ***Tengo que cogerme** unas vacaciones.*

En el primer ejemplo, *deber* tiene su significado normal de 'obligación de pagar una deuda'. Sin embargo, en el segundo ejemplo ha perdido este significado para añadir en la perífrasis el matiz de posibilidad (es posible que Juan esté enfermo). Lo mismo sucede en el tercer ejemplo, en el que *tener* significa 'poseer'; mientras que en el cuarto lo que está aportando a la perífrasis es el significado de obligación.

Perífrasis modales de obligación

Indican que el hablante percibe la acción, presentada normalmente por un infinitivo, como una obligación.

Deber + **infinitivo:** expresa la obligación, pero suele utilizarse para dar consejos y por tanto no conlleva un mandato por parte del que habla.

▲ *Su hijo **debe estudiar** mucho si quiere ir a la Universidad.*
▲ *Los Gobiernos **deben luchar** contra el cambio climático.*

Tener que + **infinitivo:** con verbos de acción expresa obligación (necesidad imperiosa de hacer lo expresado por el verbo en infinitivo).

▲ ***Tienes que escucharme**; yo sé muy bien lo que pasó.*
▲ ***Tengo que darme prisa** o perderé el tren.*

Cuando el infinitivo no es un verbo de acción, puede expresar probabilidad o seguridad total en lo que se afirma, y puede alternar con la perífrasis *deber de* + infinitivo.

▲ *Tus llaves **tienen que estar** encima de la mesa, yo misma las dejé allí.*
▲ ***Tiene que haber sucedido** algo muy importante, porque hay mucha gente.*

Haber de + **infinitivo:** esta expresión tiene el mismo significado que *tener que* + infinitivo y *deber* + infinitivo. Hoy en día se usa menos que las anteriores.

▲ ***Has de ayudarla** mucho porque está pasando por un mal momento.*

También con ella podemos expresar seguridad absoluta con verbos que no son de acción.

▲ ***Ha de estar** muy cansado para haberse metido en la cama.*

Haber que + **infinitivo:** esta perífrasis de obligación se construye con las formas impersonales (*hay, había, habrá, hubo...*).

▲ *Hay que decírselo* ya, hace tiempo que deberían saberlo.

Perífrasis modales de probabilidad

Deber de + **infinitivo:** indica que el hablante percibe la acción como probable.

▲ *Deben de ser* las ocho, porque ya están cerrando las tiendas.
▲ *Tus llaves deben de estar* encima de la mesa, yo misma las dejé allí.

En español coloquial es frecuente que se confundan estas dos construcciones: *deber* + infinitivo y *deber de* + infinitivo. Por un lado, son muy similares, y por el otro, hay siempre una gran proximidad entre la obligación y la probabilidad. Los ejemplos anteriores indican probabilidad, pero hay también una "obligación" implícita. Si las tiendas cierran normalmente a las ocho y ya están cerrando, es obligado que sean ya las ocho, porque, si no, las tiendas estarían abiertas. Lo mismo sucede con las llaves, que estarían con toda seguridad en la mesa si nadie las hubiera cogido.

Perífrasis modales de posibilidad

Poder + **infinitivo:** indica que el hablante contempla la acción como algo posible.

▲ *Puede hacer* buen tiempo o *puede llover*, quién sabe.

Esta construcción se usa con frecuencia con valor de "permiso":

▲ *¿Puedo pasar?*

También es habitual el valor de "capacidad":

▲ No *puedes conducir*, has bebido demasiado.

Actividades

A) Completa las siguientes oraciones con la perífrasis correcta en el tiempo adecuado.

1. Laura y Pedro .... ser amigos después de muchos años sin hablarse.

2. (Yo) .... viviendo en la misma ciudad de siempre.

3. Después de mucho esfuerzo .... doctorarse y ahora trabaja en la Universidad.

4. María .... saliendo cuatro años con un chico polaco.

5. De forma inesperada (ella) .... llorar y me contó que su padre estaba muy enfermo.

6. A causa de la crisis económica, Pepe .... perdiéndolo todo.

7. Ha tardado mucho tiempo en .... fumar, pero por fin lo ha logrado.

8. Cuando Mario y Juana se conocieron, ella .... mudarse a Valencia.

9. (Yo) .... revisados diez exámenes del curso; ya me queda menos para terminar.

10. (Nosotros) .... a reformar la casa el año que viene.

11. (Yo) .... llegar ahora mismo. Aún no he tenido tiempo de hacer nada.

12. –¿Cómo te encuentras?

–Poco a poco ....sintiéndome mejor.

B) Completa las siguientes oraciones con la perífrasis correcta en el tiempo adecuado.

1. .... ser más de las seis cuando volvimos a casa, porque ya había amanecido.

2. Haz lo que quieras, pero no .... bañarte en el mar si no sabes nadar.

3. Para saber si habían hablado del presupuesto para nuestro proyecto (nosotros) .... llamar todos los viernes al secretario del ministro.

4. Nuestro presupuesto .... estar olvidado entre muchos otros asuntos.

5. En los años cincuenta un grupo de cubanos pensó que .... hacer algo para acabar con una situación de injusticia.

6. Los jóvenes que tienen suerte .... llegar a ganar alrededor de mil euros al mes, pero con esa cantidad es difícil independizarse.

9. EL TIEMPO

1. El pasado: perfecto frente a imperfecto

Una de las mayores dificultades con las que se encuentra el estudiante de español cuando habla en pasado es la de saber cuándo debe utilizar correctamente el pasado imperfecto (*compraba*) y cuándo el pasado perfecto (*compré*).

El tiempo del verbo, pasado, presente o futuro, señala el momento en el que se realiza la acción. Nos sitúa dicha acción en relación al momento del habla. Si hablamos de un tiempo anterior, usaremos un pasado.

La elección de un tiempo perfecto o imperfecto en el pasado depende de lo que se llama el aspecto verbal, que es algo así como el "tiempo interno", el tiempo dentro de la misma acción. Si queremos presentar la acción o situación "abierta" en el tiempo, sin que nos importe el momento de su inicio o su final, escogeremos un tiempo imperfecto. Es como si nos refiriésemos solo a una secuencia, a una parte del proceso, a un momento más o menos largo, de la acción o situación. No sabemos, ni nos importa, cuándo empezó ni cuándo terminó.

▲ *Hace cinco siglos, el Imperio inca **contaba** con un ejército de miles de guerreros, **abarcaba** Ecuador, Perú, Bolivia y parte de Chile, y **tenía** una extensión de dos millones de km².*

Estamos hablando del pasado (hace cinco siglos); sin embargo, los acontecimientos que nos presentan *contaba, abarcaba, tenía* no tienen límites, ni en su comienzo ni en su final.

Frente a la falta de límites que tenemos en los tiempos imperfectos, en los tiempos perfectos la acción o situación se nos presenta como un todo único, cerrado, con un principio y con un final.

▲ *En pocos años, los españoles **levantaron** una ciudad y **construyeron** un sofisticado puerto pesquero.*

En este caso las acciones de los españoles están vistas como un todo que incluye su comienzo y su final, en este caso con resultado incluido: la ciudad y el puerto pesquero.

Cuando contamos algo, cuando narramos, es normal que unos verbos aparezcan en pretérito imperfecto y otros en pretérito perfecto simple (muy a menudo llamado pretérito indefinido). El uso del imperfecto es mucho más descriptivo. Está mucho más vinculado a la presentación de una situación que resulta ser un telón de fondo para las acciones que van a surgir después, y que van a presentarse en perfecto.

Suele dar bastante buen resultado imaginar una situación teatral. Todo lo que en el teatro serían decorados o situaciones que el espectador pudiese deducir de esos decorados o de la vestimenta o actitudes de los actores tendría que ser contado con verbos en imperfecto; sin embargo, todo lo que esos mismos actores hicieran en el escenario tendría que ser contado con verbos en pretérito perfecto simple (pretérito indefinido).

Veamos el comienzo del cuento *¿Qué me quieres, amor?*, de Manuel Rivas.

▲ *Por la mañana había ido a verla al híper. Su trabajo **era** surtir de cambio a las cajeras y llevar recados por las secciones. Para encontrarla solo **tenía** que esperar junto a la Caja Central. Y allí **llegó** ella, patinando con gracia por el pasillo encerado. **Dio** media vuelta para frenar y la larga melena morena **ondeó** al compás de la falda plisada roja del uniforme.*

Vemos que toda la presentación de la situación, con la explicación del trabajo que ella tiene y las expectativas de nuestro narrador y observador, va expresada con verbos en pretérito imperfecto (*era, tenía*). Frente a esto, todas las acciones que la protagonista realiza van expresadas en pretérito indefinido (*llegó, dio, ondeó*).

Imaginemos ahora que queremos describir a la protagonista del cuento, a Lola, decir cómo es o cómo va vestida. Todos los verbos que se utilicen tendrán que aparecer en imperfecto.

▲ *Lola **tenía** una preciosa melena y **llevaba** una falda plisada de color rojo. **Estaba** guapísima.*

También utilizaremos el imperfecto si narramos acciones que se refieren a una situación general, sin límites en el tiempo, o a una acción que se repite de manera habitual, y que no sabemos cuándo empezó a darse o cuándo terminará.

▲ *Lola **trabajaba** en un supermercado y le **gustaba** mucho su trabajo. Todos los días cuando **iba** a trabajar **cogía** el autobús, pero a la vuelta siempre **daba** un largo paseo. Tino la **esperaba** siempre paseando a su perra.*

Si continuamos esta narración dejando de hablar en general y pasando a contar lo que sucedió un día concreto, un momento concretó, las acciones dejarán de ser generales. El solo hecho de decir *aquel día, esa misma mañana, ese momento, el viernes…* hará que se pongan límites a las acciones que aparezcan después (el límite que marca *el día, la mañana o el momento*), y tendremos que usar el pretérito indefinido en esas acciones.

▲ *Aquel día, Tino la **esperaba** como de costumbre. Lola **llegó** radiante, le **dio** un par de besos y **acarició** a Perla, y Tino la **contempló** con ojos de enamorado.*

El telón de fondo es la espera de Tino y por eso se utiliza *esperaba* en imperfecto. El resto de los verbos señalan las acciones de los personajes con los límites que impone *aquel día*; por eso, estos verbos aparecen en pretérito indefinido.

El significado de los verbos y los usos de perfecto/imperfecto

Como hemos visto, la descripción en pasado se presenta en pretérito imperfecto (*estaba*) frente a la narración de acciones que, normalmente, se presenta en pretérito indefinido (*llegó*). Como consecuencia, muchos de los verbos que indican acción van a estar expresados en pretérito indefinido, mientras que los verbos que no son de acción, que indican estado o situación, van a aparecer, normalmente, en pretérito imperfecto.

Si nos fijamos en los verbos que han aparecido en el cuento de Rivas, veremos que aparecen en imperfecto: *era, tenía, estaba, esperaba…*

Sin embargo, los verbos que aparecen en pretérito indefinido son verbos que expresan acción: *llegó, dio, ondeó, marchó, enseñó, acarició, contempló…*

Si un verbo de acción aparece en pretérito imperfecto, tenemos que interpretar que la acción es habitual, que se repite en el tiempo, o bien que está usándose como telón de fondo para una acción posterior que se superpone a la anterior.

Los marcadores ayudan

Cuando la acción es habitual, es muy típico que aparezcan determinados marcadores que ayudan a presentar esta circunstancia: *siempre, a menudo, con frecuencia, todos los días…* indican que la acción es habitual y por tanto el verbo aparecerá en pretérito imperfecto, a pesar de que se estén presentando acciones. Volviendo a *¿Qué me quieres, amor?*, vemos que uno de los párrafos comienza con las palabras: "Ella siempre". Esta utilización de siempre obliga a que todos los verbos que aparecen en este párrafo estén en pretérito imperfecto, incluso los verbos de acción.

▲ *Ella* **siempre** *le* **hacía** *carantoñas a la perra. Excuso decir que yo lo* **tenía** *todo previsto. El paseo nocturno de Perla* **estaba** *rigurosamente sometido al horario de llegada de Lola...*

Cuando la acción se presenta como un "telón de fondo" sobre el que van a aparecer acciones posteriores, el marcador que más usamos es *cuando*, antepuesto a la nueva acción.

▲ *Tino* **paseaba** *a la perra* **cuando llegó** *Lola.*

La irrealidad y la intemporalidad también piden imperfecto

El imperfecto también se usa en algunas ocasiones en las que estamos presentando una situación irreal y, por tanto, intemporal. Por ejemplo, cuando hablamos de los sueños. En el relato *¿Qué me quieres, amor?* tenemos también un ejemplo de este tipo:

▲ *El* **sueño** *de ayer, el que* **hacía** *sonreír cuando la sirena de la ambulancia se* **abría** *camino hacia ninguna parte, era ella que* **patinaba** *entre plantas y porcelanas, en un salón acristalado, y* **venía** *a mis brazos.*

2. Pretérito perfecto frente a pretérito indefinido

El pretérito perfecto y el pretérito indefinido son dos tiempos que presentan en español un uso próximo, pero diferenciado. Vamos a tratar de dejar claro en qué situaciones tenemos que usar uno y en qué situaciones tenemos que usar el otro.

El uso del pretérito perfecto

El pretérito perfecto, en español, es una forma verbal que presenta una acción o situación que ya ha terminado, pero que se enmarca dentro de los límites del presente, o una acción que sucedió en un tiempo pasado que conecta con el presente.

El presente no es exclusivamente el momento del habla. El hablante tiene la capacidad de señalar cuál es su presente en cada momento. A veces lo señala con marcadores temporales como *hoy, este año, esta semana, esta mañana...* Otras veces es el contexto o el mismo uso del pretérito perfecto el que está señalando que los límites temporales del presente incluyen el momento en el que se da la acción o situación que estamos presentando.

Fijémonos en el siguiente ejemplo:

▲ *Este año **he ido** muchas veces al cine. Siempre **he visto** películas en versión original porque me gusta escuchar la voz real de los actores. La película que más me **ha gustado ha sido** Roma, de Alfonso Cuarón.*

Estamos hablando de cosas que han sucedido, que ya han terminado, pero cuya vigencia en el presente es absoluta. Todos los acontecimientos que nos presentan los verbos han creado una situación que permanece en el presente.

En algunos casos no resulta del todo claro decir que la acción se sitúa dentro de los límites del presente. Son casos en los que la acción se sitúa en un pasado que llega hasta el momento justo del habla: un pasado que llega hasta el presente o, si preferimos, un presente que se extiende ocupando todo el pasado. Es el caso de expresiones tan habituales como las siguientes:

▲ *¿Cuánto tiempo hace que **no has ido al cine**?*
▲ ***He estado** muchas veces en Sudamérica.*

El tiempo en el que se sitúa la acción de ambas frases es el pasado, pero un pasado que llega hasta el momento mismo del habla. Además, si nos fijamos en la segunda frase, es la utilización del pretérito perfecto la que está señalando esta falta de límites entre pasado y presente. Si en esta misma frase hubiésemos utilizado *estuve* (*estuve muchas veces en Sudamérica*), quedaría claro que estamos hablando de una época de nuestra vida que ya ha terminado.

La estrecha relación con el presente está siempre detrás del uso del pretérito perfecto. Por esa razón, cuando decimos algo de alguien sin una idea temporal, utilizaremos el pretérito perfecto si la persona está viva y el pretérito indefinido si la persona ya ha muerto:

▲ *Pablo Picasso **vivió** muchos años en París.*
▲ *Lo que les **he enseñado** yo ha sido a respetar a sus semejantes.*

El uso del pretérito indefinido

El pretérito indefinido es una forma verbal que presenta una acción ya terminada, que se presenta como un todo, con sus límites, y que se sitúa en el pasado.

En el siguiente ejemplo, se nos habla de lo que sucedió en Bolivia antes de la llegada de Evo Morales al poder. Sitúa toda la narración en pasado y por eso los verbos que utiliza están en pretérito indefinido:

▲ *El primer conflicto **estalló** en la región de Cochabamba. Los desmanes de la empresa transnacional Bechtel **desencadenaron** la protesta. La subida de precios **provocó** un alzamiento popular que **logró** expulsar a la empresa del país...*

Es el tiempo típico de la narración (alternando con el imperfecto, como ya vimos en el anterior punto).

El pretérito perfecto y el pretérito indefinido, y los marcadores de tiempo

Si el pretérito perfecto es una forma verbal que presenta una acción o situación que ya ha terminado, pero que se enmarca dentro de los límites del presente, es normal que se haga acompañar de marcadores temporales propios del presente: *hoy, este año, esta semana, esta mañana, en toda mi vida, de unos años a esta parte...*

▲ *Es cierto que de unos años a esta parte se **ha conseguido** mucho.*

Por su parte, el pretérito indefinido irá con marcarcadores de tiempo de pasado que señalen y delimiten ese pasado: *ayer, el mes pasado, el año pasado, en otros tiempos...*

▲ *En el siglo pasado, los nazis **mataron** a medio millón de gitanos.*

Actividades

A) En los siguientes fragmentos literarios coloca el verbo que aparece entre paréntesis en la forma de pasado que corresponda:

a. (1 Ir) .... por el bosque con mi perrita y la **(2 perder)** .... de vista, algo bastante frecuente y que solo me **(3 preocupar)** .... cuando estábamos cerca de la carretera. La **(4 llamar)** .... con insistencia, pero no **(5 acudir)** ....

De repente, **(6 ver)** .... correr hacia mí a un perro. **(7 Tener)** .... ese trote saltarín que obedece a la llamada del cariño. **(8 Tratarse)** .... de una perrita común de pequeño tamaño. Le **(9 hacer)** .... una caricia y **(10 seguir)** .... llamando a Boni.

b. Algunas noches **(1 venir)** .... unos jóvenes de oscuro y un sujeto mayor de pelo cano; este **(2 leer)** .... en voz alta tres o cuatro nombres de una lista y se los llevaban. Nadie **(3 dudar)** .... del fatal destino que **(4 esperar)** .... a los que **(5 irse)** .... Una noche **(6 decir)** .... su propio nombre.

c. El señor Julián **(1 ser)** .... un trabajador ejemplar, con más de veinte años de matarife en el matadero municipal de Lot. Un día **(2 arrojar)** .... el cuchillo al suelo y **(3 abandonar)** .... su puesto.

El médico no le **(4 encontrar)** .... nada y le **(5 recomendar)** .... ir al psiquiatra porque Julián **(6 tener)** .... pesadillas. **(7 Soñar)** .... con el cielo, un cielo lleno de ángeles.

"Eso no es malo –**(8 comentar)** .... el psiquiatra–, todos queremos ir al cielo".

"Pero es que mis ángeles –**(9 replicar)** .... Julián– son cerdos".

(Fragmentos extraídos de *La mitad del diablo*, de Juan Pedro Aparicio).

d. Juan **(1 ser)** .... uno de esos hombres guapos y alegres al que ninguna mujer se resiste. No **(2 darse)** .... la molestia de ser seductor porque **(3 bastar)** .... su presencia de chulo fino para enamorar a las mujeres; desde los catorce años, edad en que **(4 empezar)** .... a explotar sus encantos, **(5 vivir)** .... de ellas. Su apostura y simpatía también le **(6 ganar)** .... el aprecio de los hombres; **(7 ser)** .... buen bebedor y jugador, y **(8 poseer)** .... un repertorio infinito de cuentos atrevidos y planes fantásticos para hacer dinero fácil. Yo pronto **(9 comprender)** .... que su mente **(10 estar)** .... fija en el horizonte.

(**11 Nutrirse**) .... de las historias fabulosas del Nuevo Mundo.

(**12 Creerse**) .... destinado a grandes hazañas, como Cristóbal Colón, quien (**13 echarse**) .... a la mar con su coraje como único capital y (**14 encontrarse**) .... con la otra mitad del mundo; o Hernán Cortés, quien (**15 obtener**) .... la perla más preciosa del Imperio español, México.

Sus planes me (**16 horrorizar**) .... porque (**17 significar**) .... que tendríamos que separarnos.

(Fragmento extraído de *Inés del alma mía,* de Isabel Allende).

B) Coloca el verbo en pretérito indefinido o pretérito perfecto, según convenga.

1. Lorca (**comprender**) .... como nadie la esencia del pueblo andaluz.

2. Desde hace siglos el cante jondo y el toreo (**ser consideradas**) .... las artes españolas por excelencia.

3. Andalucía (**ser**)......................... y sigue siendo para muchos poetas fuente e inspiración de su obra.

4. Lorca (**querer**)............. presentar en el *Romancero gitano* una Andalucía "mítica", pero los críticos (**ver**) .... además la cumbre del romance español.

5. En una carta escrita a Fernández Almagro, Lorca se queja de la siguiente manera: "(**Circular**) .... demasiado mi tópico de gitanismo. No quiero que me encasillen".

6. Los gitanos (**venir**) .... a España en el siglo XV.

7. El *Romancero gitano* (**inspirarse**) .... en diez familias gitanas.

8. Caballero Bonald piensa que, cuando los gitanos (**llegar**) .... a Andalucía, (**encontrar**) .... allí un poso musical que contenía similitudes con sus memorias rítmicas y musicales.

10. EL MODO SUBJUNTIVO

¿Por qué es tan difícil el uso del subjuntivo?

Podemos decir, en general, que el subjuntivo se utiliza en aquellas ocasiones en las que el hablante dice una frase que no puede señalarse como verdadera o falsa, porque no está afirmando o negando algo objetivo, sino que está expresando un deseo, una duda, una posibilidad o una probabilidad. Es por tanto el modo de la subjetividad y de la incertidumbre.

Comparemos estas cuatro frases:
▲ *El teléfono no funciona bien.*
▲ *Ojalá funcione ahora.*
▲ *Que funcione, por favor.*
▲ *Tal vez funcione.*

La primera da una información objetiva. Se presenta como un hecho probado, real y veraz. La segunda y la tercera están expresando un deseo: ojalá funcione…; que funcione… Como tal deseo, no puede calificarse de verdadero ni de falso, es la expresión de lo subjetivo. Lo mismo sucede con la última oración, en la que presentamos una posibilidad.

1. Modo y modalidad: la utilización del subjuntivo

Cuando el hablante dice algo, tiene una determinada actitud ante lo que está diciendo. La situación más habitual es que presente lo dicho como real y verdadero, pero también puede que quiera señalar al oyente que no se compromete con la realidad y la veracidad de lo que va a decir, o quiera mostrar que lo que está diciendo no es todavía una realidad, sino una hipótesis o un deseo. A esto se le llama *modalidad* y está vinculado con la posibilidad, la probabilidad, la irrealidad y el deseo. En todas las lenguas encontramos verbos "modales", que son los que expresan estas circunstancias; por ejemplo *can, must* o *may* en inglés. Pero en algunas lenguas, como el español, además de existir este tipo de verbos, existe un modo verbal, el *subjuntivo*, que aparece cuando la oración no se presenta como cien por cien real y veraz.

Como hemos dicho al principio, el subjuntivo es el modo de la subjetividad y de la incertidumbre. Veamos dos ejemplos:

▲ *Puede que María* **venga**.
▲ *Ojalá que* **volvamos** *a vernos.*

Esta es la explicación general, pero la verdad es que todo se complica porque en muchas ocasiones no es fácil establecer la frontera entre realidad e irrealidad, certeza e incertidumbre, o entre objetividad y subjetividad. Además, la mayor parte de las veces el subjuntivo aparece en las oraciones subordinadas y la elección entre indicativo y subjuntivo depende de la estructura y del significado del verbo de la oración principal.

Hay también algunos casos en los que utilizamos el verbo en subjuntivo a pesar de que el hecho que estamos presentando es real, y esta realidad queda perfectamente clara en el contexto.

▲ *No me gusta que se* **porte** *así.*
▲ *Siento mucho que* **estés** *enfermo.*

En ambas oraciones los hechos presentados con el subjuntivo son reales, tanto el comportamiento, que no nos gusta, como la enfermedad de la que hablamos. En estos casos se podría esperar la utilización del indicativo; sin embargo, es el subjuntivo el modo que tenemos que emplear. Afortunadamente, estas discordancias con la norma general son muy poco habituales.

La mayor parte de los usos del subjuntivo se van a dar en oraciones subordinadas, pero también vamos a encontrar casos en los que el subjuntivo aparece en oraciones simples, como veremos a continuación.

En primer lugar, nos vamos ocupar de algunos casos de utilización aislada del subjuntivo y de nociones más generales en lo relacionado con el elemento gramatical que motiva la aparición del subjuntivo en la oración subordinada.

2. Elementos gramaticales que provocan la aparición del modo subjuntivo

El modo subjuntivo aparece inducido por algún elemento gramatical que expresa la falta de seguridad en la afirmación que se va a realizar a continuación. Es, por tanto, el contenido de deseo, posibilidad, probabilidad, irrealidad, etc., el que impone que el verbo que aparece tenga que utilizarse en subjuntivo.

En la mayoría de los casos, los usos del subjuntivo se van a dar en oraciones subordinadas que dependen de un verbo cuyo significado va a pedir la utilización del subjuntivo. Todos estos casos los presentaremos en los siguientes apartados. Ahora nos vamos a detener en algunas situaciones en las que el subjuntivo aparece en oraciones simples, motivado por la modalidad de la oración y por el tipo de elemento gramatical que introduce el verbo utilizado.

Imperativo negativo

Uno de los primeros usos del subjuntivo que aprenden tanto los estudiantes de español como segunda lengua como los niños que adquieren español como lengua materna es el imperativo negativo, que en español se hace utilizando la forma flexiva del subjuntivo.

▲ *No **llegues** tarde.*
▲ *No me **digas** que lo sabías.*
▲ *No **corras** tanto.*

Es decir, el imperativo afirmativo tiene una forma de flexión del verbo especial para la segunda persona del singular y del plural: *come (tú), comed (vosotros); canta (tú), cantad (vosotros).* El resto de las formas de imperativo se componen utilizando la flexión del verbo en subjuntivo: el imperativo negativo, que acabamos de ver, y las formas de cortesía con *usted* y *ustedes.*

▲ ***Pase** usted.*
▲ ***Perdonen** ustedes.*

Estructuras de *que* + subjuntivo

La estructura más habitual es la de las oraciones simples que expresan deseo y que van introducidas por la conjunción *que.*

▲ *Que te **vaya** muy bien en tu nuevo trabajo.*
▲ *Que te **mejores**.*
▲ *Que **tengas** mucha suerte.*

A veces también, estas mismas estructuras pueden señalar un mandato.

▲ *Que te **estés** quieto.* (Equivalente a *estate quieto*).
▲ *Que te **portes** bien.* (Equivalente a *pórtate bien*).

Adverbios de duda y deseo que provocan la aparición del subjuntivo

Algunos adverbios de duda, como *tal vez, posiblemente y quizá,* aparecen con mucha frecuencia acompañados de un verbo en subjuntivo.

▲ *Tal vez **encuentres** lo que estás buscando.*
▲ *Posiblemente se **acuerde** de ti.*
▲ *Quizá me **vaya** a trabajar a Alemania.*

No obstante, estos adverbios admiten también el indicativo. Las diferencias de significado entre uno y otro son muy sutiles. Podemos decir que la utilización del subjuntivo aumenta la duda que expresa el adverbio.

▲ *Tal vez **está** en casa de su novia.*
▲ *Posiblemente se **ha olvidado** de mí.*
▲ *Quizá mi padre **sabe** dónde encontrarlo.*

La exclamación y los adverbios exclamativos

Tanto la exclamación como los adverbios exclamativos *ojalá* y *así*, que expresan además deseo, provocan la aparición del subjuntivo.

▲ *¡Quién **pudiera** vivir cien años!*
▲ *¡Ojalá **volvamos** a vernos!*
▲ *¡Así le **parta** un rayo!*

El adverbio *así*, con este uso que expresa deseo, se utiliza con muy poca frecuencia. Aparece básicamente en exclamaciones que expresan una maldición hacia alguien.

Peticiones con *quisiera*

La forma verbal *quisiera* aparece con cierta frecuencia en las peticiones. Es una fórmula de cortesía que atenúa lo que se va a decir. Es una manera de pedirle permiso a la persona a la que vamos a hacer la petición. Le da a la petición un aspecto más formal y más tímido. Con el subjuntivo, el hablante le está diciendo indirectamente a su interlocutor que no se atreve a hacer su solicitud.

▲ *Quisiera pedirte un favor.*
▲ *Quisiera decirte algo muy importante.*

3. Subordinadas que siguen a un adjetivo o a un nombre acompañado de *ser* y *estar*

Este tipo de estructuras es muy frecuente y en la mayor parte de los casos el verbo va en subjuntivo:

▲ **Es estupendo que estudies** *español.*
▲ *No* **es necesario que vengas** *tan deprisa.*
▲ **Estoy cansada de que te enfades** *por cualquier cosa.*
▲ **Es un abuso que te hagan** *trabajar tanto.*

Sin embargo, las encontramos en indicativo cuando el nombre o el adjetivo al que complementan está expresando seguridad absoluta en la afirmación:

▲ *Es seguro que está de vacaciones.*
▲ *Es cierto que ha ganado la carrera.*

Con este tipo de frases el hablante quiere, en muchos casos, enfatizar esa seguridad de lo que afirma. Si nos fijamos, veremos que en los ejemplos anteriores el significado es idéntico al de la correspondiente oración afirmativa:

▲ *Está de vacaciones.*
▲ *Ha ganado la carrera.*

Veamos algunos ejemplos en los que se utiliza el subjuntivo.

▲ *En el Festival de Teatro Clásico de Almagro (España),* **es fácil que** *público y actor* **intercambien** *algo más que miradas.*

▲ *En Cuba,* **es posible que** *el vendedor de puros* **sea** *catedrático de filosofía en la universidad.*

No obstante, en los siguientes ejemplos se utiliza el indicativo porque hay una afirmación rotunda, lo que decimos es un hecho indiscutible, no se trata de una opinión.

▲ **Es un hecho que ellos producen** *con un nivel de precio muy inferior.*
▲ *Cervantes* **estaba seguro de que** *todos los seres humanos* **eran** *libres.*
▲ *Los artistas* **están de acuerdo en que** *el Festival de Almagro* **reúne** *lo mejor del teatro clásico europeo.*

Actividades

A) Completa los huecos con la forma verbal adecuada.
1. Que (**tener**) .... mucha suerte en el examen; te lo (**merecer**) ....
2. No (**pensar**, en 2ª persona singular) .... que estoy triste, es que me (**doler**) .... mucho la cabeza.
3. (**Querer**, con timidez y formalidad) .... que me escucharas antes de tomar tu decisión. Es muy importante lo que voy a decirte.
4. Ya tengo hecha la reserva para ir a esquiar esta Navidad. ¡Ojalá (**hacer**) .... buen tiempo y (**tener**) .... una buena nieve!
5. –¿Sabes dónde está tu hermano?
   –Tal vez (**estar**) .... en casa de su amigo Luis.
6. –Posiblemente nos (**estar**, en 3ª persona singular) .... esperando todavía.
   –No te (**preocupar**) ...., me ha llamado y me ha dicho que se ha ido a su casa.
7. Que me (**escuchar**, en 2ª persona singular) .... cuando te (**hablar**) .... Parece que por un oído te (**entrar**) .... y por otro te (**salir**) ....
8. –Hoy es mi último día de trabajo. Mañana me voy de vacaciones al Caribe.
   –Que lo (**pasar**) .... muy bien y te (**acordar**) .... de nosotros. (**Darse**, en imperativo) .... un baño a nuestra salud y no (**tomar**) .... el sol en exceso.
9. (**Disculpar**) .... usted. Me (**poder**) .... decir si ha pasado ya el tren de las ocho.

B) Coloca el verbo en el tiempo y modo correspondientes:

1. No es divertido que me (**seguir**) .... a todas partes.

2. Está demostrado que las personas de los países ricos (**vivir**) .... más estresadas.

3. No está demostrado que las personas de los países ricos (**ser**) .... más felices.

4. No deja de ser una suposición que el sospechoso (**haber cometido**) ....
.... el crimen.

5. Es sorprendente que Einstein no (**tener**) .... una sólida formación académica cuando formuló la teoría de la relatividad.

6. Es verdad que la velocidad de la luz (**ser**) .... una constante universal.

7. No era cierto que el criado (**ser**) .... mudo.

8. Fue un rollo que tu hermano (**hablar**) .... continuamente de economía.

9. Estaba admirada de que su marido (**haber dejado**) .... de roncar.

10. No está previsto que (**ir**) .... a poner un enchufe.

11. No está tan claro que el cuento (**ser**) .... una cosa y la novela otra.

12. Para la mayor parte de los escritores es un hecho que los mejores cuentistas (**ser**) .... hispanoamericanos.

II
SINTAXIS Y
USOS VERBALES

11. EL MODO EN LAS ORACIONES SUBORDINADAS SUSTANTIVAS

Ahora vamos a ocuparnos del subjuntivo en las oraciones sustantivas. Veremos la relación que hay entre el significado del verbo de la oración principal y la utilización de indicativo o subjuntivo en la oración subordinada.

En las oraciones subordinadas sustantivas la elección del modo, indicativo o subjuntivo, depende del tipo de predicado o tipo de verbo que encontremos en la oración principal.

Normalmente, si el significado del verbo de la oración principal implica certeza, seguridad, la oración subordinada va a ir en indicativo. Si hay dudas sobre la veracidad de lo que se está diciendo, la subordinada irá en subjuntivo.

▲ *Te **aseguro** que **he visto** a Pedro con otra mujer.*
▲ *Mi hijo **esperaba** que su novia **llegase** en aquel tren.*

En el primer caso, el verbo *asegurar* significa que estamos completamente seguros de lo que afirmamos, y por eso el verbo de la subordinada aparece en indicativo. En el segundo ejemplo, el verbo *esperar* significa que no hay ninguna seguridad de que vaya a suceder aquello que "deseamos", por eso la oración subordinada va en subjuntivo.

A continuación, vamos a ir viendo los distintos verbos agrupándolos según su significado.

1. Verbos que seleccionan el modo indicativo en la subordinada sustantiva

Verbos que expresan acontecimiento

Los verbos que expresan que algo sucede o tiene lugar llevan su complemento oracional en indicativo. Estos verbos son *suceder, acontecer, ocurrir, pasar, tener lugar…*

▲ *Sucedió lo que todos* **esperábamos**, *que* Roma **se fue** *sin recibir el Oscar a la mejor película.*

Verbos que transmiten información

Hay un grupo muy numeroso de verbos, a los que llamamos "verbos de lengua o de comunicación", que introducen informaciones de todo tipo que se dan con la palabra. Son los siguientes: *decir, afirmar, asegurar, comentar, hablar, gritar, indicar, informar, insistir, mencionar, manifestar, poner de manifiesto, pregonar, referir, repetir, revelar, señalar, sugerir, sostener, soltar* (con el significado de 'decir algo de manera impulsiva')…

▲ *Nos* **dijo** *que no le* **gustaba** *nada el regalo que le habías hecho.*
▲ **Afirmó** *con mucha calma que él* **dormía** *en su casa todas las noches.*
▲ *Todos los lunes nos* **habla** *de lo que su hermana y él* **han hecho** *el fin de semana.*

Sin embargo, muchos de estos verbos pueden aparecer también con un complemento en subjuntivo; pero en este caso el significado del verbo cambia. En lugar de entender lo que se está diciendo como una afirmación, se entiende como una sugerencia, una petición o una orden.

▲ *Me* **dijo** *que* **viniese** *con mi marido.*
▲ *Me* **indicó** *que* **saliera** *de allí lo antes posible.*

En estos ejemplos vemos que tanto *decir* como *indicar* se refieren, en realidad, a peticiones o sugerencias. El hablante indica que se le ha pedido hacer algo. Por esta razón, en estos casos en los que pasamos de una afirmación a una petición, el modo que usamos es el subjuntivo, el modo típico de las órdenes, las peticiones y las sugerencias.

Cuando este grupo de verbos se usa en forma negativa, podemos usar tanto el indicativo como el subjuntivo. La negación implica que lo que se va a presentar en la oración subordinada ya no es una afirmación, porque estamos diciendo que no se ha dicho:

▲ *No ha dicho que* **llega** *siempre pronto.*
▲ *No ha dicho que* **llegue** *siempre pronto.*

Cualquiera de las dos oraciones es correcta. Sin embargo, la utilización del modo hace variar ligeramente el significado de cada una de ellas. En la primera oración, la utilización del indicativo implica que el hablante se compromete mucho más con la verdad de lo que está diciendo.

Los verbos *ser* y *estar* acompañados de adjetivos o sintagmas nominales cuando indican certeza y seguridad

Los verbos *ser* y *estar* aparecen con mucha frecuencia acompañando a adjetivos y seguidos de una oración que los complementa. Si el predicado que forman el verbo y el adjetivo indica una seguridad en lo que se está afirmando, el verbo que lo complementa aparece en indicativo.

▲ **Está claro** que **está diciendo** *todo lo que sabe.*
▲ **Es seguro** *que el 13 de abril* **estaré** *de vacaciones.*
▲ **Es un hecho** *que* **ha sido** *tu primo el que ha organizado todo este lío.*
▲ **Es cierto** *que por fin* **he aprobado.**

Pero, si utilizamos estos mismos predicados en estructuras de negación, el modo que se usa en la subordinada pasa a ser el subjuntivo. La razón de que esto suceda es bastante obvia: si el verbo en su forma afirmativa indica certeza y seguridad, en su forma negativa va a indicar todo lo contrario, incertidumbre e inseguridad, y por tanto, el modo que vamos a utilizar es el subjuntivo.

▲ *No es seguro que* **vaya** *a aprobar.*
▲ *No está claro que se* **haya roto** *el hueso.*
▲ *No es cierto que* **haya hecho** *todo lo que se le dijo.*

Verbos relacionados con la veracidad de la información que se da

Se construyen con las subordinadas en indicativo un grupo de verbos que refuerzan la veracidad de lo que decimos, porque lo explican, lo señalan o lo aclaran: *resaltar, saltar a la vista, comprobar, demostrar, explicar, garantizar, probar, verificar…*

▲ *El acusado* **ha demostrado** *que a la hora del crimen* **estaba** *con unos amigos cenando en un restaurante.*
▲ *El profesor* **ha explicado** *cómo* **funciona** *un motor de explosión.*

Algunos de estos verbos pueden aparecer también en subjuntivo variando ligeramente su significado. Es el caso del verbo *comprobar.*

▲ ***Comprobó*** *que todas las puertas* ***estaban*** *cerradas.*
▲ *Todas las mañanas* ***comprobaba*** *que todas las puertas* ***estuviesen*** *cerradas.*

En el primer caso hay una verificación objetiva de que las puertas están cerradas. En el segundo caso hay también una verificación, pero al mismo tiempo se añade también un matiz de intención que justifica la aparición del subjuntivo. Además, al utilizar el indicativo, damos a entender que las puertas estaban cerradas; mientras que, si se ha utilizado el subjuntivo, aseguramos que la comprobación se hacía, pero no aseguramos que todas las puertas estaban cerradas antes de la comprobación.

Otros verbos de este grupo, como *explicar* y *garantizar*, pueden aparecer también en subjuntivo, si aportan un matiz de "justificación y de "consecuencia".

▲ *El maestro* ***explica*** *a los alumnos que* ***no hay que*** *tirar papeles al suelo.*
▲ *El hecho de que la Tierra gire alrededor del Sol* ***explica*** *que* ***haya*** *días y noches.*

En el primer ejemplo el verbo *explicar* tiene su significado habitual: la explicación es una aclaración y va en indicativo. En el segundo ejemplo, sin embargo, aparece este matiz de justificación y consecuencia, y por eso se usa el subjuntivo: la Tierra gira alrededor del Sol, la consecuencia es que haya días y noches.

Cuando estos verbos se usan en forma negativa, la oración subordinada puede aparecer tanto en indicativo como en subjuntivo:

▲ ***No ha comprobado*** *que todos los libros* ***están / estén*** *en su sitio.*
▲ ***No ha demostrado*** *que el agua* ***tiene / tenga*** *sales disueltas.*

En las dos oraciones puede aparecer el indicativo o el subjuntivo. Pero la utilización del modo varía ligeramente el significado. Si utilizamos el indicativo damos a entender que la afirmación de la subordinada es real y está probada, a pesar de que no se haya hecho la comprobación o la demostración; mientras que, si utilizamos el subjuntivo, entendemos que no tenemos seguridad en la afirmación. Es decir, no sabemos si el agua tiene sales minerales y si los libros están o no en su sitio.

Verbos de percepción
Los verbos que indican percepción sensorial o percepción intelectiva llevan la oración subordinada sustantiva que los complementa en indicativo. Los

principales verbos de este tipo son *ver, oír, escuchar, mirar, notar, advertir, observar, percibir, sentir…*

▲ *Vio que nada **había cambiado**.*
▲ *Oía como **subían** las escaleras.*
▲ *Notaba que le **temblaba** la voz.*

Sin embargo, alguno de estos verbos puede aparecer también con un complemento en **subjuntivo** si hay un cambio de significado. Es el caso de *sentir*, que va en indicativo si el verbo tiene el significado de 'percibir'; pero va en subjuntivo si tiene el significado de 'lamentar'.

▲ *Siento que la cabeza me **da** vueltas.* (*Siento* equivale a *percibo*).
▲ *Siento mucho que tu padre **haya tenido** un accidente.* (*Siento* equivale a *lamento*).

Los verbos de este grupo, cuando se usan en forma negativa, suelen usarse también en indicativo:

▲ *No ve que se **acerca** un coche a toda velocidad.*

No obstante, puede aparecer también el modo subjuntivo si no está probada la existencia de aquello que no se ha percibido:

▲ *No escuchó que **sonasen** las campanas.*

El verbo *soñar* se asemeja mucho en su significado a los verbos de este grupo. Ya que *soñar* es una forma de percibir, aunque no sea real lo que estamos percibiendo.

El verbo *soñar*, usado como transitivo, se entiende como un verbo de percepción, y la oración subordinada sustantiva que lo complementa se construye, por tanto, en indicativo:

▲ *Aquella noche **soñó** que unas sirenas le **llevaban** a una isla en el océano.*

Sin embargo, se usa el subjuntivo en la subordinada sustantiva cuando esta va introducida por la preposición *con*:

▲ *Mis padres **sueñan con** que encuentre un buen trabajo en España.*

En el primer caso *soñar* tiene el significado de 'percibir en sueños'; mientras que en el segundo *soñar con* tiene el significado de 'desear' e 'imaginar'.

Verbos que indican aceptación o entendimiento

Los verbos que indican aceptación o entendimiento llevan sus subordinadas sustantivas en indicativo cuando lo presentado se percibe como verdadero y como nuevo conocimiento, pero se construyen en subjuntivo cuando el conocimiento ya existía con anterioridad. Algunos de estos verbos son *admitir, aceptar, entender, comprender, estar de acuerdo…*

▲ **Comprendo** que **estoy** equivocada.
▲ **Comprendo** que **estés** triste.

En el primer caso la comprensión se da como nuevo conocimiento, y la persona se da cuenta de que estaba en un error. Es un proceso puramente intelectivo. En el segundo caso la utilización del subjuntivo implica que la persona conoce previamente la causa de la tristeza y acepta y entiende dicha tristeza. Es un proceso de tipo valorativo, que provoca la aparición del subjuntivo.

Cuando este grupo de verbos se usa en forma negativa, el modo que usamos en la subordinada es el subjuntivo.

▲ **No acepto** que **encuentre** siempre una disculpa cuando hace algo mal.
▲ **No admito** que **mienta** constantemente.
▲ **No estoy de acuerdo** en que yo **sea** su hija preferida.

Verbos que indican posesión, adquisición o pérdida de conocimiento o información

Los verbos que indican adquisición, posesión o pérdida de conocimiento exigen que sus subordinadas sustantivas vayan en indicativo. Algunos de estos verbos son *aprender, creer, averiguar, convencer, saber, leer, olvidar, enterarse, descubrir, pensar, conocer, estar al tanto, estar al corriente…*

▲ **Cree** que el testigo **no dice** toda la verdad.
▲ **Descubrió** que le **habían estado** engañando.
▲ **Averiguó** que **era** un hijo adoptado.
▲ Le **convenció** de que **había venido** para ayudarle.

Algunos verbos de este grupo pueden cambiar de significado. Lo que es el pensamiento o la creencia se puede convertir en una intención o en una toma de decisión. En este caso la oración subordinada se construye en subjuntivo.

Es lo que sucede con el verbo *pensar*, que en algunos contextos equivale a 'tomar una decisión'. Si toma este significado el modo utilizado es el subjuntivo. Veamos el siguiente contraste.

▲ *Pienso que Juan Fernández es una buena persona.*
▲ *He pensado que Juan Fernández sea el nuevo presidente de la compañía.*

En el primer ejemplo el verbo *pensar* tiene su significado habitual. Sin embargo, en el segundo ejemplo *pensar* tiene el significado de 'he tomado la decisión', por eso el verbo de la oración subordinada va en subjuntivo.

Algunos de estos verbos provocan la aparición del subjuntivo cuando se usan en forma negativa, como el verbo *creer* y el verbo *pensar*:

▲ *Creo que dice todo lo que sabe.*
▲ *No creo que diga todo lo que sabe.*

▲ *Pienso que es un inútil.*
▲ *No pienso que sea un inútil.*

Aunque en la mayoría de los casos se emplea también el indicativo o se admiten los dos modos:

▲ *Descubrió que le había estado engañando todos estos años.*
▲ *No descubrió que le había estado engañando todos estos años.*
▲ *No descubrió que le hubiera estado engañando todos estos años.*

No obstante, la utilización de un modo o de otro depende del grado de verdad de lo afirmado en la oración subordinada. Si el hecho está probado, se usará el indicativo y, si es incierto, se usará el subjuntivo. En los ejemplos anteriores, la utilización del indicativo indica que es una realidad que todos estos años le ha estado engañando, pero la persona no lo ha descubierto. Sin embargo, la utilización del subjuntivo implica que la persona que lo dice no sabe tampoco si le ha estado engañando o no.

Oraciones identificativas

Hay un grupo de oraciones que se denominan ecuativas o identificativas y se construyen con el verbo *ser*. Son oraciones copulativas en las que el primer miembro se identifica con el segundo. Si el segundo miembro es una oración subordinada sustantiva, la utilización de indicativo o subjuntivo está íntimamente relacionado con el significado del nombre que aparece en el primer miembro de la construcción:

▲ *El **hecho** es que se **ha roto** un brazo.*
▲ *La **idea** es que su padre se **haga** responsable de su comportamiento.*

En el primer caso, el nombre *hecho*, que indica realidad objetiva, va a pedir el indicativo; mientras que el nombre *idea*, que señala que solo es una hipótesis, va a pedir el subjuntivo.

Los nombres más típicos que forman estas construcciones y exigen el modo indicativo son *hecho, realidad, verdad, resultado, consecuencia…*

▲ *La **realidad** es que **estamos** muy contentos con vuestras opiniones.*
▲ *El **resultado** es que todos los trabajadores **van** a disfrutar de unos días de vacaciones.*
▲ *La **consecuencia** es que no **sabe** si va a llegar a tiempo.*
▲ *La **verdad** es que **hace** falta mucho valor para ser corresponsal de guerra.*

2. Verbos que seleccionan el modo subjuntivo en la subordinada sustantiva

Verbos que indican incertidumbre o duda

Estos verbos exigen que sus subordinadas sustantivas vayan en subjuntivo. Los verbos más característicos de este grupo son *dudar, poner en tela de juicio, estar por ver…*

▲ ***Dudo** que **venga**.*
▲ ***Está por ver** que **haya acabado** la carrera.*

De la misma manera, se emplea el subjuntivo en las oraciones que se subordinan al verbo *ser* + un adjetivo cuando este indica duda o falta de seguridad.

▲ *Está por ver* que *vaya a aprobar* el examen de conducir.
▲ *No está claro* que *estemos saliendo* de la crisis.

Verbos que indican deseo

Este grupo de verbos que expresan lo que se desea es bastante numeroso y sus subordinadas sustantivas van siempre en subjuntivo: *desear, querer, ansiar, pedir, anhelar, pretender, preferir, envidiar, codiciar…*

▲ *Quiero* que me *traigas* un helado de chocolate.
▲ *Prefiero* que te *quedes* en casa con ella.
▲ *Mi jefe **pretende*** que *trabaje* toda la noche.
▲ *Deseo* que te *vaya* muy bien.

Las subordinadas que dependen del verbo *ser* + un nombre o adjetivo que señala el deseo se forman siempre en subjuntivo.

▲ *Mi deseo es* que *te cases* conmigo.
▲ *Es deseable* que este sufrimiento *acabe* cuanto antes.

Verbos que indican necesidad o conveniencia

Forman un grupo de verbos impersonales cuyas subordinadas se construyen en subjuntivo: *valer la pena, convenir, bastar, costar…*

▲ *Cuesta* mucho que *haga* los deberes.
▲ *Conviene* que *vuelvas* antes de las once de la noche.
▲ *No vale la pena* que *vayamos* a Malta. Es muy caro y no es tan bonito.

También se emplea el subjuntivo en las subordinadas a construcciones con el verbo *ser* + un adjetivo cuando este indica necesidad o conveniencia.

▲ *Es preciso* que te *quedes* en Madrid durante el mes de agosto.
▲ *Es conveniente* que *riegues* el césped todos los días.
▲ *Es necesario* que *se traslade* a Barcelona si quiere el puesto de trabajo.

Verbos que indican mandato o consejo

En este grupo de verbos que señalan una orden, un mandato o un consejo, la cosa mandada suele aparecer en forma de oración, y el verbo va en modo subjuntivo.

Los más habituales son *mandar, obligar, ordenar* y *aconsejar;* pero también se usa mucho el verbo *pedir*, como expresión encubierta y educada de un mandato. Otros verbos menos habituales que expresan una orden son *conminar* (muy usado en el terreno de la justicia para 'pedir con amenaza y autoridad'), *decretar* y *disponer* (se utilizan también en las leyes y la justicia para señalar algo que se obliga a hacer a los ciudadanos). Otros verbos que pueden aparecer también con valor de mandato más o menos encubierto son *determinar, establecer, prescribir, prevenir, animar a, incitar a* y *ayudar a*.

▲ *Le **obligó** a que **arreglase** su habitación antes de salir de casa.*
▲ *Me **manda** que **escuche** con atención todo lo que me dicen.*
▲ *El Gobierno **ha decretado** que **se suban** los impuestos.*
▲ *Le **animó** a que **llamase** por teléfono a la chica.*

También se emplea el subjuntivo en las subordinadas a predicados construidos con un verbo + un sustantivo que señale voluntad, orden o mandato: *orden, deseo, prohibición, mandato, amenaza, propósito, empeño, objetivo…*

▲ *Este Gobierno **tiene el propósito** de que **cese** la violencia.*
▲ *El comandante **dio la orden** de que no **disparasen**.*
▲ *Esta empresa **tiene por objetivo** que todos **podamos** tener un mejor salario.*

Verbos que indican prohibición

Los verbos que señalan prohibición seleccionan subjuntivo en la oración subordinada. Estos verbos están muy ligados al grupo anterior, ya que la prohibición es un tipo de mandato negativo. El verbo característico de este grupo es *prohibir*.

▲ *Le **prohibió** que **saliese** con su mejor amiga.*

Verbos con predicados realizativos o causativos

Hay también un grupo de predicados muy vinculados a la prohibición y al mandato, llamados *realizativos* o *causativos*, que forman sus subordinadas en subjuntivo. Son *hacer* (con el significado de 'obligar'), *conseguir, lograr, impedir…*

▲ *Cuando era joven, mi padre **hizo** que **estudiase** una carrera.*
▲ *Si un famoso se empeña, **logra** que sus hijos no **salgan** en las revistas.*

Verbos que indican permiso

Los verbos que se utilizan para pedir permiso llevan también subjuntivo en las oraciones subordinadas que dependen de ellos. Los más usados en este grupo son *permitir* y *dejar* (con significado de 'permitir').

▲ *No* me *dejó* que le *ayudase*.
▲ *¿Me* **permite**, *si es tan amable, que* **coja** *mi maleta?*

Verbos que indican expectativa

El más habitual de estos verbos es *esperar*. El significado de este verbo, cuando lleva como complemento una oración subordinada sustantiva, tiene un matiz de deseo que se une al significado de espera. Por esta razón la subordinada sustantiva se construye en subjuntivo.

▲ **Espero** *que Julia* **llegue** *antes de que nos vayamos.*
▲ **Espero** *que todo* **sea** *una broma de mal gusto.*

En ambos casos, a la expectativa de que se produzca la acción futura se le une el deseo de que esta se produzca. Es decir, en la primera oración deseamos que Julia llegue y en la segunda deseamos que lo que estamos viendo o viviendo no sea real.

Verbos que indican valoración intelectual, sentimental o emocional

Forman un grupo de verbos cuyas subordinadas sustantivas se construyen en subjuntivo. Los verbos más habituales de este grupo son *lamentar, sentir, apenar, indignar, temer, quejarse, comprender...*

▲ **Siento** *que tu padre se* **haya** *puesto enfermo.*
▲ **Lamento** *mucho que no* **haya** *conseguido el trabajo.*
▲ Me **apena** *que* **esté** *sufriendo tanto por mi culpa.*
▲ Le **indigna** *que el Gobierno no* **sepa** *gestionar la crisis del ébola.*

Algunos de los verbos que indican valoración emocional o sentimental cuando se construyen en forma pronominal pueden aceptar de manera excepcional el indicativo; aunque lo más habitual es, sin lugar a dudas, el subjuntivo:

▲ Me **quejo** de que no **haya** venido a la reunión.
▲ Me **quejo** de que no **ha** venido a la reunión.

▲ Se **lamenta** de que no le **hagan** caso.
▲ Se **lamenta** de que no le **hacen** caso.

Algunos de estos verbos, cuando se utilizan como pronominales, cambian ligeramente su significado; y este cambio de significado provoca la aparición del indicativo. Por ejemplo, *temerse* pasa a tener el significado de 'opinar que lo que va a pasar es algo inevitable'. En este caso su subordinada aparece en indicativo:

▲ Me **temo** que al final se **va** a morir.

En esta oración *me temo* equivale a decir "creo que se va a morir y lo siento".

Dentro de este grupo de verbos que indican valoración, encontramos los verbos *comprender* y *entender*, que aceptan fácilmente el indicativo si la subordinada se presenta como un hecho cierto y probado.

▲ **Comprendo** perfectamente que **necesite** tiempo para tomar una decisión.
▲ **Comprendo** perfectamente que **necesita** tiempo para tomar una decisión.

Predicados atributivos de valoración intelectual, sentimental o emocional

Hay un grupo muy numeroso de adjetivos que desempeñan la función de atributo y presentan distintos tipos de valoración intelectual y afectiva. Cuando estas construcciones llevan una oración subordinada sustantiva, esta se construye en subjuntivo. Son adjetivos de este tipo: *justo, injusto, agradable, desagradable, mejor, peor, fácil, difícil, peligroso, bello, hermoso, útil, inútil, vergonzoso, horrible, preferible, raro, lógico, admisible, inadmisible…*

▲ Es **difícil** que **apruebes** el examen.
▲ Es **lógico** que no **haya** asistido a la ceremonia.
▲ Es **inadmisible** que no **haya** venido a recoger su premio.

Hay también algunos sustantivos que funcionan como atributos y señalan una valoración intelectual o afectiva. Estas construcciones llevan con mucha frecuencia como complemento una oración subordinada sustantiva cuyo verbo va en subjuntivo:

▲ *Es una **barbaridad** que se **haya** ido de vacaciones recién operado.*
▲ *Es una **suerte** que **podamos** contar con el Dr. Sanz para asesorarnos en el proyecto.*

Oraciones identificativas

Hay un grupo de oraciones que se denominan ecuativas o identificativas y se construyen con el verbo *ser*. Son oraciones copulativas en las que el primer miembro se identifica con el segundo. Si el segundo miembro es una oración subordinada sustantiva, la utilización de indicativo o subjuntivo está íntimamente relacionado con el significado del nombre que aparece en el primer miembro de la construcción. Vimos algunos nombres que provocaban el empleo del indicativo en la subordinada, como *hecho, realidad* o *verdad*.

Sin embargo, hay otro tipo de nombres que señalan una hipótesis, una idea, algo que no es una realidad probada, y van, por tanto, en subjuntivo. Algunos de estos nombres son *idea, solución, posibilidad...*

▲ *La **solución** es que se **quede** con nosotros.*
▲ *La única **posibilidad** de terminar con el problema de Cataluña es que se **llegue** a un acuerdo en el que cedan las dos partes.*

3. Alternancia de modos en el verbo *parecer*

El verbo *parecer* funciona en español como verbo copulativo, equivalente a *ser* y *estar*. Su atributo puede ser una oración subordinada y el modo de esta subordinada puede ir tanto en indicativo como en subjuntivo.

▲ *Parece que **está** sin ganas de vivir.*
▲ *Parece que **esté** sin ganas de vivir.*

En su forma negativa pueden emplearse también los dos modos, aunque en este caso es más normal utilizar el modo subjuntivo.

▲ *No parece que **tiene** 30 años.*
▲ *No parece que **tenga** 30 años.*

Podemos decir que el modo indicativo es más habitual en las oraciones afirmativas y el modo subjuntivo más habitual en las oraciones negativas.

▲ *Parece* que se **ha hecho** mayor.
▲ **No parece** que se **haya** hecho mayor.

Si usamos *parecer* en su forma pronominal, *me parece*, tenemos un verbo de entendimiento que equivale a 'tener una opinión'. En este caso se comporta como *creer* y *pensar*. Se construyen en indicativo en su forma afirmativa y en subjuntivo en su forma negativa.

▲ *A mí* **me parece** *que María* **es** *la mejor candidata.*
▲ *A mí* **no me parece** *que María* **sea** *la mejor candidata.*

4. Alternancia entre el infinitivo y los modos indicativo o subjuntivo en las oraciones subordinadas sustantivas

En muchos casos, el infinitivo puede alternar con un verbo conjugado, bien en indicativo o bien en subjuntivo. Vamos a ver los grupos de verbos en los que es habitual construir una subordinada sustantiva con el verbo en infinitivo.

Infinitivo con verbos que indican voluntad y con verbos que indican emoción o sentimiento

Cuando utilizamos un verbo que indica voluntad, como *querer*, *preferir* o *proponerse*, es obligada la construcción con infinitivo si el sujeto de la oración principal y el sujeto de la subordinada es el mismo.

▲ **Quiero ir** al Caribe.
▲ **Me molesta ver** a la gente tirar papeles al suelo.

En el primer ejemplo, la persona que desea y la persona que va a ir es la misma: *yo.* En el segundo ejemplo, la persona que se molesta y la persona que se queda es también la misma: *yo.*
Si el sujeto cambia, entonces no podemos usar el infinitivo: tenemos que usar obligatoriamente el subjuntivo.

▲ **Quiero** que mi hermana **vaya** al Caribe.
▲ **Me molesta** que Juan **sea** el único que se queda después del trabajo.

Infinitivo con predicados adjetivos o sustantivos

Anteriormente vimos que las oraciones subordinadas sustantivas que dependían de predicados como *ser útil, ser conveniente, ser necesario, ser una suerte...* se construían con subjuntivo. Sin embargo, en este tipo de predicados podemos encontrar una alternancia con el infinitivo.

▲ *Es conveniente llegar dos horas antes de la salida del avión.*
▲ *Es una suerte estar aquí contigo.*
▲ *Es necesario ayudar a Rosa.*

Si usamos el infinitivo, el sujeto implícito del infinitivo es indeterminado o general. Eso quiere decir que no está especificado.

Si queremos que esté especificado, tenemos que usar obligatoriamente el subjuntivo:

▲ *Es conveniente que lleges dos horas antes de la salida del avión.*
▲ *Es una suerte que María esté aquí contigo.*
▲ *Es necesario que yo ayude a Rosa.*

Infinitivo con verbos que significan prohibición o mandato

Los complementos a verbos que indican prohibición o mandato pueden ir en infinitivo o en subjuntivo. La única condición para ir en infinitivo es que el sujeto implícito del infinitivo coincida con el sujeto, el complemento directo o el complemento indirecto de la oración principal.

▲ *Te prohíbo quedarte.*
▲ *Te prohíbo que te quedes.*

Vemos que la persona que se tiene que quedar coincide con el complemento indirecto de *prohibir*; es decir, con la persona a la que se le prohíbe. Una oración como *Te prohíbo quedarse a Luis* es incorrecta porque la segunda persona expresada en *te* no coincide con la tercera de *Luis*. Solo sería posible decir *Le prohíbo a Luis quedarse.*

Infinitivo con verbos que significan percepción física y verbos de comunicación

Estos verbos pueden ir libremente en infinitivo o en indicativo. El único requisito para poder ir en infinitivo es que el sujeto implícito del infinitivo sea el mismo que el sujeto, el complemento directo o el complemento indirecto de la oración principal.

▲ **Observé** a Luis **ir** muy temprano al trabajo.
▲ **Observé** que Luis **iba** muy temprano al trabajo.

▲ **Dice saber** muy bien lo que tiene que hacer.
▲ **Dice** que **sabe** muy bien lo que tiene que hacer.

Si nos fijamos en las oraciones que se han construido con infinitivo, en ambos casos se cumple el requisito exigido, porque la persona a la que se refiere el infinitivo coincide, en el primer caso, con la persona observada (el complemento directo) y, en el segundo caso, con la persona que "dice" (el sujeto).

Actividades

A) Completa los huecos con la forma verbal adecuada en indicativo o subjuntivo.
1. Rodrigo insistía en que (**decir**, 1ª persona singular) .... la verdad.
2. Juan está tardando mucho. Ayer no me dijo que (**ir**) .... a llegar tarde.
3. No es seguro que (**ir**, 3ª persona plural) .... a cerrar la fábrica.
4. Está claro que Pedro (**tener**) .... razón.
5. –¿Por qué no has limpiado la mesa de mi despacho?
  –Porque usted me dijo que no (**tocar**, 1ª persona singular) .... nada.
6. –¿Se puede saber qué te pasa?
  –Lo que me pasa es que ya (**saber**, 1ª persona singular) .... que me vais a despedir la semana que viene.
7. Insiste en que (**oír**, 3ª persona singular) .... en la televisión que mañana va a nevar.
8. –¿Qué es lo que ha pasado?
  –Pues sucedió que (**estar**, 1ª persona plural) .... todos muy concentrados en nuestro trabajo y, de repente, oímos un ruido muy fuerte.
9. –¿Es cierto que nos (**subir**, 3ª persona plural)........................ el sueldo?
  –Todavía no sabemos nada. No es seguro que (**ir**) .... a haber dinero suficiente.
10.–¿Por qué está sonando la alarma?
  –Porque he tocado el botón rojo. Me indicaron que (**tocar**) .... el botón rojo si veía algo raro.

B) Completa los huecos con la forma verbal adecuada en indicativo o subjuntivo.

1. Sintió que alguien (**acercarse**, 3ª persona singular) ...., pero no notó que su madre le (**pedir**, 3ª persona singular) .... calma.

2. Siento mucho que (**suspender**, 2ª persona singular) .... el examen.

3. Salta a la vista que tu madre (**ser**, 3ª persona singular) ....una persona mayor, aunque se haya hecho la cirugía estética.

4. No entiendo que me (**decir**, 2ª persona singular) .... que tengo razón solo porque quieres darme gusto.

5. Mi padre está en el hospital muy grave. No vio que (**venir**, 3ª persona singular) .... un coche a toda velocidad, y le atropelló.

6. Los padres explican a sus hijos que siempre (**tener que pedir**, 3ª persona plural) .... las cosas por favor.

7. Insiste en que (**oír** 3ª persona singular) .... en la radio que mañana va a hacer buen tiempo.

8. Cristóbal Colón no demostró que la Tierra (**ser**, 3ª persona singular) .... redonda porque se encontró América en su camino.

9. Demuéstrame que no (**decir**, 1ª persona singular) .... la verdad. Parece que no puedo hacer nada para que me creas.

10. Todos soñamos con que nos (**tocar**, 3ª persona singular) .... la lotería para convertirnos en ricos de la noche a la mañana.

C) Completa los huecos con la forma verbal adecuada en indicativo o subjuntivo.

1. Pienso que mi hermano (**ser**, 3ª persona singular) .... una persona muy inteligente.

2. No creo que Luis Álvarez (**ser**, 3ª persona singular) .... la persona adecuada para este trabajo.

3. Es un hecho que (**estar**, 1ª persona plural) .... pasando la crisis más larga de los últimos tiempos.

4. Leyó en el periódico que la guerra (**haberse acabado**) ....

5. Mi marido no ha olvidado que hoy (**ser**, 3ª persona singular) .... mi cumpleaños.

6. Elena ha descubierto que su marido (**estar**, 3ª persona singular) .... saliendo con otra mujer. Pero, a pesar de todo, no creo que (**atreverse**, 3ª persona singular) .... a dejarlo.

7. No me eches la culpa de todo. Yo no estoy al corriente de todo lo que (**pasar**, en 3ª persona singular) .... en esta oficina.

8. –¿Piensas que tu hijo (**trabajar**, 3ª persona singular) .... todo lo que puede?

   –Pues la verdad es que no (**pensar**, 1ª persona singular) .... que (**trabajar**, 3ª persona singular) .... todo lo que puede.

9. Yo no creo que (**ser**, 3ª persona singular) .... una realidad que Argentina (**ser**, 3ª persona singular) .... un país emergente.

10. Tú estarás muy satisfecho por haber ayudado a tanta gente, pero la consecuencia de esto es que (**haberse quedado**, 1ª persona plural) .... sin dinero.

11. Aprendió que la vida no (**ser**, 3ª persona singular) .... un camino de rosas.

12. El presidente de la compañía ha pensado que yo (**ser**, 3ª persona singular) .... su sucesor.

D) Completa los huecos con la forma verbal adecuada: indicativo o subjuntivo.

1. "Cuando los españoles descubrieron América, los indígenas descubrieron que (**estar**) .... desnudos y que (**tener**) ....…… que obedecer a un rey y a una reina que no conocían". Eduardo Galeano (*Los hijos de los días*).

2. No creo que tu madre (**tener**) .... razón en todo lo que te ha dicho, pero es verdad que ella te aconsejó que no (**salir**) .... con ese chico.

3. Te repito que tu marido (**acabar**) .... de salir ahora mismo. No puede estar muy lejos.

4. Me da mucha pena de mi hermana porque está pasando un mal momento, pero no deja que nadie le (**ayudar**) ....

5. Mi amigo Pedro nunca consigue que le (**tomar** 3ª persona plural) .... en serio porque siempre parece que está bromeando.

6. Estoy muy confusa, no sé qué hacer. Me ha pedido que (**casarse**) .... con él.

7. No estoy segura de que Pedro (**apagar**) .... las luces. No tengo más remedio que pasar por casa a comprobarlo.

8. –¿De verdad quieres que (**ir**, 1ª persona singular) .... contigo en este viaje?

   –Claro, todos me han pedido que te (**llevar**) .... conmigo.

9. Es necesario que (**venir**, 2ª persona singular) .... ahora mismo. La casa se está inundando.

10. No entiendo nada de lo que pasa: me manda que (**preparar**, 1ª persona singular) .... la comida y después (**decir**, 3ª persona singular) .... que no tiene hambre.

11. Está claro que todo (**ser**, 3ª persona singular) .... un malentendido. Me acabo de dar cuenta ahora mismo.

12. Yo, como padre, he prohibido a mis hijos que (**fumar**) .... Espero que (**servir**) .... para algo.

E) Completa los huecos con la forma verbal adecuada: indicativo o subjuntivo.

1. El hecho es que estas actividades (**resultar**)............................... algo complicadas, pero esa dificultad tiene un motivo: la idea es que los alumnos (**aprender**) .... a usar los tiempos verbales correctamente mediante ejercicios que les supongan un rcto.

2. Os aseguro que los armarios (**estar**) .... terminados en la fecha prevista, pero, si los problemas de transporte continúan, no puedo garantizar que (**llegar**, 3ª persona plural) .... a tiempo.

3. El director se sentó a hablar con nosotros durante el descanso y nos comentó que (**estar**) .... muy contento con nuestro trabajo, también nos sugirió que (**cambiar**, 1ª persona plural) .... nuestra forma de vestir para mejorar nuestra imagen.

4. –Ha sido una sorpresa verte aquí, creía que (**estar**) .... en Filipinas.

   –Finalmente, no he ido. Mi madre se enteró de que un tifón (**acercarse**) .... a la isla donde me iba a quedar y me convenció de que (**ser**) .... mejor no salir de viaje.

5. Mi novio es muy indeciso, después de comer me pidió que lo (**llevar**) .... al cine, y luego cambió de opinión e insistió en que le (**dejar**) .... dormir la siesta.

6. Es cierto que, finalmente, (**encontrar**, 1ª persona singular) .... un trabajo que me gusta, pero me temo que (**durar**, 1ª persona singular) .... poco tiempo aquí porque el contrato es temporal.

7. Desde el salón de su casa, Juan oía lo que (**hablar**) .... los vecinos del segundo piso, pero (**lamentarse**) .... de que no entendía lo que (**decir**) .... porque eran rusos.

F) Completa los huecos escogiendo la forma verbal adecuada: indicativo, subjuntivo o infinitivo.

1. Es imprescindible (**devolver/que me devuelvas/que me devuelves**) .... el dinero que me debes. Hace mucho que te lo presté.

2. Cuando uno se va de viaje es conveniente (**tener/que tengas**) .... todo preparado la noche anterior.

3. Quiero (**saber/que sé**) .... qué haces cuando yo no estoy aquí.

4. –A mí me parece que Miguel (**no debe/no deba**) .... asistir a la reunión.

   –Pues a mí no me parece bien que (**no asiste/no asista**) ....
....

5. Mi hermano se aprovecha demasiado de mí. Se ha ido de vacaciones un mes y me ha pedido que le (**cuide/cuida**) .... los perros.

6. Te prohíbo (**hablarme/que me hables/que me hablas**) .... en ese tono. ¡Soy tu madre!

7. Anoche vi a un ladrón (**robar/que robaba/que robara/que robase**) .... el coche de mi vecino.

8. No estoy segura de (**encontrar/que encuentre/que encuenta**) .... trabajo antes de que acabe el año. Pero espero que así (**ser/sea/es**) .... (La persona que habla y la que busca trabajo es la misma).

9. Me indigna (**ser/que sea/que es**) .... el jefe el último que se entera cada vez que hay un problema.

10. Luis se expresa muy mal. No parece (**haber terminado/que haya terminado/que ha terminado**) .... el Bachillerato. Aunque no solo terminó el Bachillerato, sino que también tiene estudios universitarios.

12. EL MODO EN LAS ORACIONES SUBORDINADAS DE RELATIVO

Este tipo de oraciones comienza normalmente con el pronombre relativo *que*. Se distinguen porque toda la oración que introduce el relativo se refiere a un nombre. Es decir, la subordinada explica, precisa o especifica al nombre que aparece inmediatamente antes del relativo *que*:

▲ *El inglés es el **idioma** que más se **estudia** en el mundo.*

Toda la oración introducida por el relativo está precisando o, dicho de otra manera, proporcionándonos una información sobre el nombre *idioma*.

El verbo de la oración que introduce el relativo *que* va unas veces en indicativo y otras en subjuntivo. La elección depende del tipo de nombre al que se refiere. Si el nombre al que acompaña la subordinada existe realmente, el verbo aparecerá en indicativo:

▲ *Los episodios de honor y valentía en la batalla forman parte de un **guion** que no **descuida** relaciones ni personajes.*

Estamos refiriéndonos a un guion determinado, de una película en concreto, no a un guion hipotético que puede o no puede escribirse.

Veamos el cambio que se produce si utilizamos un verbo como *soñar*, utilizado de manera metafórica:

▲ *Sueño con hacer un **guion** que no **descuide** ni relaciones ni personajes.*

En este caso el guion no existe realmente, es algo que está solamente en las ilusiones o las pretensiones de la persona que habla, algo en lo que probablemente se está trabajando para que se realice.

Con mucha frecuencia utilizamos nombres que se refieren a seres, cualidades o hechos que se dan en la realidad y, por eso, la mayor parte de las veces encontramos este tipo de construcciones con verbos en indicativo. Veamos algunos ejemplos:

▲ *Michelle Bachelet es la sexta **mujer** que **accede** a la presidencia de un país en la historia de América Latina.*
▲ *En estas cuevas se representan **obras** que **recrean** la España de la época.*

▲ *El hecho es que hay buenos **bailarines** que **salen** de esta escuela de danza.*

Las construcciones con subjuntivo son mucho menos frecuentes y, para que puedan aparecer, tenemos que crear una situación en la que el nombre al que nos refiramos represente algo hipotético, no real.

Esta situación se crea con el significado de algunos verbos, en estructuras que indican finalidad, en oraciones que expresan órdenes o mandatos, en preguntas, en algunas oraciones negativas y en algunas construcciones con el verbo en futuro.

Verbos que pueden provocar una interpretación no específica del nombre

El significado de algunos verbos hace posible que el nombre que aparece con ellos se interprete como algo hipotético, algo no específico: *querer, desear, decidir, necesitar, buscar, hacer falta, obligar, poder, deber, tener que*…. Como vemos, la mayoría de estos verbos tienen mucho que ver con la voluntad. O bien no señalan hechos ni acciones, sino proyectos, deseos y esperanzas (*querer, desear, necesitar, hacer falta, poder, tener que*…); o bien señalan acciones encaminadas a conseguir un resultado que, naturalmente, no se ha conseguido aún en el momento en el que se dice la frase (*buscar, obligar*…):

▲ *Me hace falta un **papel** sencillo en el que **pueda** improvisar para darme a conocer como actor.*
▲ *Mis padres se han ido a vivir al campo porque buscaban una **vida** que **fuese** tranquila y relajada.*

En la mayor parte de los casos pueden darse las dos interpretaciones: específica (el nombre se refiere a algo que existe) y no específica (el nombre se refiere a algo que no existe). Es precisamente el uso del subjuntivo o el indicativo el que nos indica si el nombre es de un tipo o del otro. Veamos algunos ejemplos con diferencias de significado provocadas por el uso del indicativo o el subjuntivo:

▲ *Me disfrazo de mimo porque **quiero** pedir monedas a los **turistas** que **pasan** por el Raval.*
▲ *Me disfrazo de mimo porque **quiero** pedir monedas a los **turistas** que **pasen** por el Raval.*

Las dos oraciones son perfectamente correctas en español; sin embargo, en el primer caso, el mimo se refiere a los turistas que todos los días pasan por el Raval y que seguirán pasando cuando él se coloque allí. En el segundo caso, el mimo piensa solo en los turistas que él supone que pasarán y, por tanto, no son todavía turistas reales en el momento en el que se dice la frase.

Verbos a los que se antepone la preposición *para*

La preposición *para*, colocada delante de un verbo, puede también dar lugar a nombres con referentes (seres a los que el nombre se refiere) que no son todavía reales, que están, de momento, solo presentes en nuestra voluntad:

▲ *Hay que dar muchas vueltas* **para encontrar** *unos* **zapatos** *que* **sean** *cómodos y elegantes al mismo tiempo.*

Las oraciones condicionales

Estas oraciones señalan un acontecimiento que solo se dará si se cumple una determinada condición. Por eso, tienen un carácter de irrealidad que permite la existencia de nombres no específicos y, por tanto, el verbo que se utilizará en estos casos será el subjuntivo:

▲ *Si Sonia tuviese que escoger a* **dos artistas** *que* **representasen** *el flamenco en Barcelona, elegiría a Carmen Amaya y a Miguel Poveda.*
▲ *Si no logras hacer una* **película** *que* **sea** *medianamente taquillera, acabarás arruinándote.*

Las oraciones imperativas e interrogativas

Estas oraciones señalan órdenes (imperativas) o preguntas (interrogativas). Tanto el mandato, como la pregunta, da a la oración un carácter hipotético que hace que los nombres que aparecen en ellas se refieran a seres que todavía no están en el mundo real:

▲ *Cómprate unos* **zapatos de tacón** *que no* **sean** *muy altos.*
▲ *¿Conoces a algún* **diseñador español** *que se* **haya hecho** *famoso en el mundo entero?*

Las construcciones de futuro

El futuro tiene siempre un carácter de incertidumbre y, por tanto, los nombres que aparecen con verbos en futuro pueden no estar aún en el mundo de la realidad. El hecho de utilizar el indicativo señala que el objeto al que el nombre se refiere (el referente) existe y es ya conocido por la persona que habla. Sin embargo, la utilización del subjuntivo indica que dicho objeto no está todavía en el mundo de la realidad y, por tanto, ese nombre no tiene todavía un referente:

▲ *El equipo participará en el* **nuevo musical** *que* **prepara** *Carlos Saura.*
▲ *El equipo participará en el* **nuevo musical** *que* **prepare** *Carlos Saura.*

En el primer caso, el interlocutor ya sabe que Carlos Saura está preparando un musical y que ha escogido al equipo para participar en él. Por eso utiliza el indicativo. En el segundo caso, todavía no ha comenzado a preparar ningún musical, a pesar de que tiene la idea de preparar uno y de que ya ha decidido el equipo que participará en él. Por eso utiliza el subjuntivo.

La palabra *nadie* y otras estructuras negativas

La palabra *nadie* expresa en sí misma la inexistencia del ser y, en consecuencia, no hay referente. Por tanto, siempre que la oración de relativo se refiera a esta palabra, encontraremos el verbo en subjuntivo:

▲ **Nadie** *que* **haya escuchado** *a Camarón podrá negar que nació para cantar flamenco.*

En las oraciones negativas en las que aparece un nombre al que acompaña una oración de relativo, podemos encontrar indicativo si el referente del nombre existe:

▲ *No encuentro el* **libro de Arturo Pérez-Reverte** *que me* **prestaste**.

Y encontramos subjuntivo cuando no existe el objeto al que el nombre se refiere:

▲ *No tengo ningún* **retrato de familia** *en el que* **aparezca** *mi abuelo.*

Actividades

A) Coloca el verbo que aparece entre paréntesis en el tiempo y modo correspondiente.

1. La película del *Capitán Alatriste* recrea una España que (**empezar**) .... a estar en decadencia.

2. Consígame el hotel que (**estar**) .... junto al mar.

3. Consígame un hotel que (**estar**) .... junto al mar.

4. En el barrio del Raval se ven chimeneas industriales que nos (**recordar**) .... su pasado imperial.

5. No he visto a nadie que (**comer**) .... mucho y (**estar**) .... delgado.

6. La danza española no era la única disciplina que la escuela (**impartir**) ....

7. No hay malos bailarines que (**haber**) .... salido de esta escuela.

8. Es un hecho que el barrio del Raval (**cambiar**) .... muchísimo en los últimos 20 años.

9. Todas las mascotas sueñan con un dueño que las (**querer**) ....

10. Un buen guionista siempre quiere conseguir un guion que (**contener**) .... algo de intriga.

11. Con tanto curro no he podido ver la película que me (**aconsejar**) ....

B) Coloca el verbo que aparece entre paréntesis en el tiempo y modo correspondiente, según la situación planteada.

1. Estoy buscando un psicólogo infantil para mi hijo y una amiga me informa de que hay uno muy bueno en un hospital, pero no se acuerda de su nombre. Llamo al hospital y digo: "Quiero hablar con un psicólogo de ese hospital que (**estar**) .... especializado en niños, pero no sé su nombre".

2. Me han invitado a una fiesta y todavía no he tenido tiempo de ver ni de comprar nada. Le digo a una amiga: "Mañana tengo que comprarme un vestido que (**ser**) .... muy elegante".

3. Quiero dar mi opinión sobre la diversidad étnica y digo: "Un pueblo en el que (**haber**) .... mezcla de razas y culturas es mucho más tolerante".

13. EL MODO EN LAS ORACIONES SUBORDINADAS TEMPORALES

Las oraciones subordinadas temporales se utilizan para precisar el tiempo en el que transcurre lo señalado en la oración principal en relación con otro acontecimiento, el presentado en la subordinada. La relación que se da entre los dos acontecimientos puede ser de anterioridad, posterioridad o simultaneidad.

Anterioridad. Los principales conectores son *antes de, antes de que, antes que, más pronto que* y *hasta que.*

▲ *Almodóvar escribió cómics, fotonovelas y relatos **antes de** escribir películas.*

Posterioridad. Los principales conectores son *después de, después de que, después que, tan pronto como, apenas, en cuanto* y *desde que.*

▲ ***Después de** saber el resultado de las elecciones, miles de personas salieron a la calle en manifestaciones por todo el país.*

Simultaneidad. Los principales conectores son *mientras, cuando* y *a medida que.*

▲ ***Cuando** tengo altura suficiente, viro suavemente mi avión y me oriento hacia mi destino.*

Siempre que estas oraciones presenten un hecho real y probado, se construyen con indicativo. Por eso, todas las oraciones que se refieren a un hecho pasado, presente o habitual se construyen con indicativo:

▲ *Cuando **publiqué** mi primer libro, escribí varios relatos pequeñitos.*
▲ *Desde que se **dio** a conocer el resultado de las elecciones, han sido numerosas las manifestaciones.*
▲ *Los últimos segundos parecen eternos mientras la pista **se acerca** rápidamente hacia mí.*
▲ *Cuando estás abajo, **estás** pendiente de los quehaceres del día.*
▲ *Voy restando palabras a medida que **avanzan** las páginas del libro.*

Cuando la oración temporal se refiere a un hecho que se dará en el futuro, se usa el subjuntivo, ya que el uso del subjuntivo se une siempre a lo irreal, a lo que todavía no existe o no se da en el mundo de la realidad, y los hechos del futuro, como todos sabemos, no son aún realidad:

▲ *Será el día 6 de septiembre cuando se **dé** a conocer el resultado definitivo de las elecciones.*

Normalmente, sabemos que el hecho se producirá en el futuro porque la oración principal está expresada en futuro o porque se usa una expresión que indica futuro:

▲ *Cuando **encuentre** la fuente de la vida, no se lo **pienso decir** a nadie.*
▲ *El Rastro **va a seguir** en su sitio, mientras los madrileños lo **quieran**.*

En muchas ocasiones, la oración principal está en presente o pasado, pero la oración temporal presenta un hecho posterior o futuro con respecto a lo señalado en la principal. En este caso también tendremos que usar el subjuntivo:

▲ *No te preocupes por nada cuando **den** la voz de alarma.*
▲ *Picasso no quiso que el* Guernica *estuviera en España hasta que **no hubiese** un Gobierno democrático.*
▲ *El vagabundo me dijo que, tan pronto como **encontrase** la fuente de la vida, se lo diría a todo el mundo.*

En todos estos casos, las oraciones temporales presentan hechos posteriores, que todavía no son reales en el tiempo que se señala en la oración principal. Es decir, son futuras en relación con la oración principal, y esto es lo fundamental. Fijémonos en los ejemplos anteriores. Cuando nos hacen la advertencia de que no nos preocupemos, la voz de alarma no se ha dado todavía; cuando Picasso no quería que el *Guernica* viniera a España, en España no había todavía un Gobierno democrático; y cuando el vagabundo promete decirle a todo el mundo dónde está la fuente de la vida, todavía no la ha encontrado.

El caso de *antes de que*

El significado de este nexo hace que la oración temporal se sitúe siempre en un momento posterior al de la principal y, por tanto, con *antes de que* utilizamos siempre el subjuntivo:

▲ *Antes de que **se jugase** el Mundial, los alemanes parecían mucho más serios.*
▲ *Todos los pasajeros se abrochan el cinturón antes de que el avión **despegue**.*

Casos especiales de uso de indicativo o subjuntivo

Hay algunas ocasiones en las que podemos encontrar ambos modos, indicativo o subjuntivo, pero la interpretación de la oración no es exactamente la misma:

▲ *No hay que volar cuando las condiciones **se presentan** adversas para el vuelo.*
▲ *No hay que volar cuando las condiciones **se presenten** adversas para el vuelo.*

El primer caso se presenta como una situación habitual, que se ha dado y se seguirá dando en determinadas ocasiones, y, por tanto, el modo que utilizamos es el indicativo. En el segundo caso utilizamos el subjuntivo porque lo presentamos simplemente como una posibilidad que puede aparecer en el futuro.

En alguna ocasión podemos encontrar algún caso raro en el que la oración principal está en futuro y, sin embargo, el verbo de la temporal está en indicativo:

▲ *Volaremos cuando tú **quieres**.*

Frente al más habitual:

▲ *Volaremos cuando tú **quieras**.*

En el primer caso, aunque la acción (*volaremos*) se presenta en futuro, la utilización del indicativo nos indica que la persona a la que se dirige la frase ha expresado ya su deseo de volar en un momento determinado (quizá ha dicho que quiere volar exactamente el martes a las tres en punto), por tanto ese deseo se presenta ya como real en el momento en el que se dice la frase. El segundo caso es el habitual. El sujeto ha expresado ya su deseo de volar, pero aún no ha concretado el momento en el que quiere hacerlo. Se trata de un deseo normal que justifica el uso del subjuntivo.

El caso de *después de que*

Se trata de un caso especial en el que se admite la utilización del subjuntivo sin que haya una causa justificada. Tanto subjuntivo como indicativo son posibles sin que se altere el significado de la oración.

▲ *Después de que los inmigrantes **fuesen** / **fueron** socorridos por las patrullas de salvamento, fueron conducidos a los centros de acogida.*

Actividades

A) Coloca el verbo que aparece entre paréntesis en el tiempo y modo correspondiente:

1. Cuando Almodóvar (**recibir**) .... el Premio Príncipe de Asturias, José Luis Garci lo comparó con Andy Warhol.

2. Mientras la madre de Pedro (**leer**) .... cartas de amor a las vecinas, su hijo la contemplaba extasiado.

3. Zicatela era un lugar muy tranquilo antes de que se (**hacer**) .... famoso por sus olas y se (**llenar**) .... de surfistas.

4. El *Guernica* estaba en el Museo de Arte de Nueva York a condición de ser devuelto cuando las libertades democráticas (**permitir**) .... su regreso.

5. Cuando ya (**estar**) .... todo listo, me pongo el abrigo y salgo a la calle.

6. Los lugareños irán encendiendo hogueras a medida que la noche se (**ir enfriando**) ....

7. No pienso hacer nada que (**ir**) .... en contra de mis principios.

8. No siempre que los emigrantes (**salir**) .... de su tierra y (**pagar**) .... a las mafias, logran llegar a su destino.

9. Antes de que el carrusel (**empezar**) .... a funcionar, José Manuel Soldevilla no sabía que sería su último viaje.

10. No te enfades conmigo cuando te (**decir**) .... que no voy a atreverme a subir en tu avión.

11. Vivimos muy pobremente hasta que mis padres (**encontrar**) .... un buen trabajo.

12. En cuanto una actriz (**convertirse**) .... en "una chica Almodóvar", empieza a ser conocida en el mundo entero.

13. Cuando (**venir**) .... a Madrid voy a llevarte al Museo del Prado.

14. El detective dijo que hasta que no (**descubrir**) .... al asesino no pediría la jubilación.

B) Señala si en las siguientes oraciones solo es posible la oración con subjuntivo, la oración con indicativo o ambas:

1. a) No hay que salir a la mar cuando hay previsiones de tormentas.
b) No hay que salir a la mar cuando haya previsiones de tormentas.

2. a) Los estudiantes de chino van a tener problemas cuando tengan que aprender un nuevo sistema de escritura.
b) Los estudiantes de chino van a tener problemas cuando tienen que aprender un nuevo sistema de escritura.

3. a) Me plantearé escribir un guion para cine cuando sea ya conocido como novelista.
b) Me plantearé escribir un guion para cine cuando seré ya conocido como novelista.

4. a) Lo haremos cuando tú dices.
b) Lo haremos cuando tú digas.

14. EL MODO EN LAS ORACIONES SUBORDINADAS CAUSALES

En términos generales, las oraciones de causa exigen el modo indicativo. En los tres ejemplos siguientes vemos como las tres subordinadas causales se construyen con indicativo.

▲ *Cerraron las cafeterías **porque no había** nada que comer.*
▲ *La magia se produce **porque sale** un artista de primera línea.*
▲ *Me consolé con la idea de que no fuera un anillo de bodas, **ya que no parecía** tener más de 20 años.*

En algunos casos podemos encontrar oraciones causales introducidas por *como* en subjuntivo.

▲ ***Como** las condiciones del cuadro **no aconsejaban/aconsejasen** su traslado, el* Guernica *permaneció en el Reina Sofía.*

Tanto el uso del indicativo, como del subjuntivo son posibles. En este caso no hay diferencia de significado entre un uso y otro. Lo normal es utilizar el indicativo, el uso del subjuntivo es mucho más formal y casi exclusivo de textos escritos.

Las oraciones causales con la negación

En algunas situaciones la negación en la oración principal puede crear una situación conflictiva en la que se altera la certeza del hablante y el valor de verdad en la oración causal:

▲ ***No** cerraron las cafeterías **porque faltase** comida, sino **porque era** muy tarde.*

En este ejemplo se ve como la persona que habla niega que el motivo de cerrar fuese la falta de comida, y eso está provocado por la negación en la oración principal. Sin embargo, la segunda de las oraciones causales no está afectada por esa negación. La información que se transmite es que cerraron las cafeterías porque era muy tarde; la causa no fue la falta de comida, la causa fue la hora.

Es el sentido de la frase el que nos dice si la negación de la oración principal está refiriéndose a la misma oración principal o a la causal. Comparemos las siguientes frases y veamos por qué se ha usado el indicativo y el subjuntivo en cada una de ellas:

▲ *Estoy triste **porque me he dado** cuenta de la verdad.*
▲ *No estoy triste **porque me he dado** cuenta de la verdad.*
▲ *No estoy triste **porque me haya dado** cuenta de la verdad.*

La primera de las oraciones no contiene ninguna negación y, por tanto, debe usarse el indicativo. La segunda oración tiene una negación en la oración principal, que niega esta misma oración: afirma que no está triste y no está triste porque conoce la verdad. Sin embargo, en la última oración, aunque la oración principal es idéntica en su forma, la negación está afectando a la oración causal y no a la principal. Es decir, está diciendo que sí está triste, pero niega que la causa de la tristeza sea el descubrimiento de la verdad. Lo importante es que es precisamente la utilización del modo subjuntivo la que obliga a ese cambio tan radical en el significado.

Las oraciones causales con la interrogación

En las oraciones interrogativas podemos admitir las dos posibilidades: el uso del indicativo o el uso del subjuntivo.

▲ *¿La magia se produce **porque sale** un artista de primera línea?*
▲ *¿La magia se produce **porque salga** un artista de primera línea?*

Si usamos el indicativo, se pregunta por una realidad que se da. Es un hecho que sale un artista de primera línea y lo que preguntamos es si eso produce magia.

Si usamos el subjuntivo, no presentamos la salida del artista como algo que se da de hecho, sino como una hipótesis. Es posible que en ambos casos nos estemos refiriendo a lo mismo, pero la visión que presentamos de la realidad con nuestras palabras no es exactamente la misma.

Las oraciones causales con el deseo, la probabilidad, el mandato y la duda

En contextos que señalan deseo, probabilidad, mandato o duda en la oración principal, puede también quedar suspendido el valor de verdad de la oración causal. Si es así, utilizaremos el subjuntivo.

▲ *Es posible que los turistas acudan a Machu Picchu porque el lugar **es/sea** mágico.*
▲ *Tal vez los turistas acudan porque **quieren/quieran** ver Machu Picchu.*

Se puede admitir tanto el uso del indicativo como del subjuntivo, pero hay una diferencia de matiz. Si se usa el indicativo, la posibilidad está solo en la primera oración, pero no en la causal. El hablante presenta como un hecho indiscutible que Machu Picchu es mágico o que lo quieren ver. Sin embargo, con el uso del subjuntivo la duda afecta también a la oración causal: es posible que sea mágico; tal vez lo quieran ver.

Lo mismo sucede con las oraciones de mandato:

▲ *Ve a Machu Picchu porque **te guste**, no porque todos **lo hagan**.*
▲ *Ve a Machu Picchu porque **te gusta**, no porque todos **lo hacen**.*

Las dos oraciones son posibles y similares en su significado, pero en la segunda la certeza de que "le gusta" y de que "todos lo hacen" es absoluta. Mientras que en la primera de las oraciones se presenta más como algo hipotético, algo cuya verdad el hablante no se compromete a asegurar.

Actividad

Completa con la forma adecuada del verbo (indicativo, subjuntivo o ambas). Utiliza el contexto para tomar la decisión.

1. El realismo no es mágico porque la magia (**estar**) .... solo en la literatura, sino también en la vida real.

2. En *Cien años de soledad* podemos hablar de realismo mágico porque la magia y lo real (**caminar**) .... juntas.

3. La bella tal vez no se despertó en toda la noche porque (**tomar**) .... pastillas para dormir.

4. Cógete unas vacaciones porque, ciertamente, las (**necesitar**) .... Se te ve muy estresado.

5. Sal por las noches porque te (**apetecer**) .... de verdad. Ya sé que todo el mundo sale, pero tú debes tener tu propio criterio y si no tienes ganas es mejor que (**quedarse**) .... en casa.

6. Me gusta el baile flamenco porque (**ser**) .... muy espectacular, pero no me gusta el cante porque (**resultar**) .... muy difícil de escuchar.

7. No me enfado porque siempre (**llegar**) .... tarde, sino porque (**ser**) .... incapaz de disculparse.

15. EL MODO EN LAS ORACIONES SUBORDINADAS DE CONSECUENCIA

Las oraciones de consecuencia o consecutivas se comportan de una manera muy similar a las oraciones causales. Señalan una consecuencia de lo presentado en la oración principal.

▲ *No quiero ensuciar la memoria de mi amigo Alejandro Ribelles,* **por eso contaré toda la verdad**.
▲ *El modelo español de trasplantes funciona tan bien* **que solo es noticia cuando se hace un complicado trasplante múltiple**.

Estas oraciones suelen realizar una afirmación o constatar un hecho, y por eso se construyen normalmente en indicativo

1. Tipos de oraciones consecutivas

La consecuencia se va a señalar con dos tipos de oraciones, según la mayor o menor dependencia que tengan con la oración principal.

Hay un grupo de oraciones que presentan un grado bastante alto de independencia. Estas oraciones van siempre separadas por una coma, y los nexos más habituales que las introducen son *así que, con que, por consiguiente, por eso, por (lo) tanto, de modo que, de manera que, de ahí que*.

▲ *La exposición está llena de obras maestras,* **por consiguiente** *la* Venus del espejo *no ocupa un lugar privilegiado.*
▲ *El guion de la película de* Casablanca *no tenía las páginas finales,* **de manera que** *Ingrid Bergman actuaba sin conocer el final de la historia.*

Otro tipo de oraciones consecutivas guardan un mayor grado de unión con la oración inicial. En estas oraciones podríamos decir que la primera parte de la locución consecutiva forma parte de la oración principal, mientras que la segunda integraría ya la subordinada consecutiva.

▲ *Carlos se comporta* **de tal modo que** *nadie quiere relacionarse con él.*

El hecho es que Carlos se comporta de un determinado modo, y la consecuencia es que nadie se relaciona con él.

Este tipo de oraciones van introducidas por *de tal modo que, de tal manera que, de tal forma que, tan... que, tanto... que.*

▲ *A Mariona le gusta **tanto** ver jugar al Real Madrid **que** no se pierde ni un partido suyo.*

2. Uso del indicativo y el subjuntivo en las oraciones consecutivas

Oraciones introducidas por *de ahí que* o *de manera que*
De manera excepcional y sin ninguna razón aparente que lo justifique, estas oraciones van siempre en subjuntivo.

▲ *Ernest Hemingway pasaba largas temporadas en La Habana, **de ahí que** **decidiese** comprarse una residencia propia.*

Si cambiamos el nexo que introduce la consecutiva por otro, el significado no se altera, sin embargo el modo pasa a ser el indicativo.

▲ *Ernest Hemingway pasaba largas temporadas en La Habana, **de manera que** **decidió** comprarse una residencia propia.*

Las oraciones consecutivas con valor de finalidad
En alguna ocasión, la consecutiva está expresando al mismo tiempo una finalidad. En esos casos el modo utilizado es el subjuntivo.

▲ *Se escondió de manera que nadie **pudiese** encontrarle.*

Esta oración significa también que se escondió para que nadie le encontrase.

En este tipo de oraciones, ambos modos son válidos, pero, si utilizamos el indicativo, el matiz de finalidad desaparece y solo queda el de consecuencia.

Las oraciones consecutivas con negación

En algunas situaciones la negación en la oración principal puede afectar a la consecutiva y alterar su valor de verdad, de tal manera que esta ya no se presenta como un hecho:

▲ *No está tan borracho que no **pueda** conducir.*

Lo que quiere decir es que no está muy borracho y por esa razón, en el hipotético caso de que tuviera que conducir, podría hacerlo.

Sin embargo, si quitamos la negación, se da una realidad, un hecho, tanto en la oración principal como en la subordinada; por eso el modo utilizado es el indicativo:

▲ *Está tan borracho que no **puede** conducir.*

No obstante, este tipo de oraciones con negación son muy poco frecuentes, incluso en los textos escritos.

La negación solo afecta al segundo grupo de oraciones consecutivas, las que no tienen independencia con respecto a la oración principal (*de tal modo que, de tal manera que, de tal forma que, tan... que, tanto... que*). Las del primer grupo, las que tienen un grado alto de independencia, no se ven afectadas por la negación y, por tanto, se construyen siempre en indicativo.

▲ *No tuve una infancia muy feliz, por eso me **emociono** al recordarla.*

Las oraciones consecutivas con expresiones de deseo, posibilidad, mandato y duda

Si utilizamos una expresión de deseo, posibilidad, duda o mandato en la oración inicial, lo expresado no es real, y por esta razón puede quedar anulado el valor de verdad de lo dicho en la subordinada. Si lo que expresa la oración consecutiva es simplemente una hipótesis, no un hecho, utilizaremos el subjuntivo.

▲ ***Ojalá** que los donantes de órganos aumenten de tal manera que nadie se **muera** por falta de donaciones.* (Deseo).
▲ ***Es posible** que las pensiones en España **empiecen** a bajar.* (Posibilidad).
▲ ***Tal vez** el Real Madrid juegue tan bien que **gane** la Liga de Campeones.* (Duda).
▲ ***Escribe** otra vez esto de tal modo que todo el mundo lo **entienda**.* (Mandato).

Actividad

Completa con la forma adecuada del verbo (indicativo, subjuntivo o ambas). Utiliza el contexto para tomar la decisión.

1. Quiero que estéis tan callados que (**parecer**)......................... que aquí no hay nadie.

2. La expresidenta argentina Cristina Fernández de Kirchner quiso acercarse a la Iglesia Católica, por eso se (**pronunciar**) .... en contra del aborto.

3. El álbum de Juanes *La vida es un ratico* está teniendo tanto éxito que tal vez (**conseguir**) .... el Grammy.

4. El periodista Kapuscinski supo mezclarse tan bien con el pueblo en su labor informativa que (**convertirse**) .... en un referente para los profesionales de los medios de comunicación.

5. España fue tan ingrata con Luis Buñuel en la época de la dictadura que él (**preferir**) .... residir en México y Francia.

6. Al puerto de Cádiz llegaban continuamente barcos de Venecia, de ahí que los carnavales gaditanos (**tener**) .... su origen en esta ciudad italiana.

7. Los turistas que miraban la televisión no veían a los jugadores en el terreno de juego, por eso (**asombrarse**) .... de que los clientes del bar mirasen todo el tiempo al televisor.

8. Vicente Holgado no tenía un vestuario tan reducido que le (**impedir**) .... salir a la calle.

9. Ojalá mi amigo Juan esté tan feliz en algún país de América Latina que no (**acordarse**) .... de su mala experiencia en Europa.

16. EL MODO EN LAS ORACIONES SUBORDINADAS CONCESIVAS

Las oraciones concesivas presentan una dificultad para que se cumpla lo expresado en la oración principal. Sin embargo, esta dificultad no llega a impedir su realización.

▲ *Aunque la mayoría de las empresas tiene sistemas antivirus, los particulares carecen muchas veces de ellos.*
▲ *Tú ves la cara de un niño palestino y, **aunque tenga seis años**, ves que el chaval no tiene futuro.*

Estas oraciones pueden realizar una afirmación que constata un hecho (como el primer ejemplo) o pueden expresar una posibilidad más o menos hipotética (como el segundo ejemplo). En el primer caso, lo normal será utilizar el indicativo. En el segundo caso, utilizaremos siempre el subjuntivo.

El nexo más habitual para introducir este tipo de oraciones es *aunque*. Otros nexos que podemos encontrar son *a pesar de que, y eso que, pese a, aun cuando, por mucho que, por más que, con todo lo que, con lo* (+ adjetivo) *que, con la de* (+ nombre) *que...*

▲ *La tía Mariana se enamoró de otro hombre **a pesar de que tenía un marido ejemplar**.*
▲ ***Con lo alegre que había sido siempre su hija**, ahora no se reía casi nunca.*

1. Oraciones concesivas que presentan un hecho verdadero

Estas oraciones presentan una objeción que se da de manera real y objetiva y, por esta razón, se construyen habitualmente en indicativo.

▲ *Aunque Alfonso y su hijo **viven** muy bien en Alcoy, el padre **asegura** que se trasladarán a Alicante .*

Sin embargo, encontramos muchos casos en los que la utilización del indicativo puede alternar con la utilización del subjuntivo, a pesar de que la información que se da sea real en ambos casos.

▲ *Aunque su marido **fuera** bueno con ella, nada la **salvaría** de enfrentarse al linchamiento colectivo.*

En esta oración, tomada del cuento de Ángeles Mastretta *Mujeres de ojos grandes*, se está afirmando que el marido es bueno con ella, sin embargo, a pesar de esto, las consecuencias de su infidelidad serán terribles.

Esta misma oración, con el mismo significado, podría haber aparecido en indicativo:

▲ *Aunque su marido **era** bueno con ella, nada la **salvaría** de enfrentarse al linchamiento colectivo.*

El significado es más o menos el mismo, pero la utilización del indicativo presenta de manera mucho más objetiva el hecho de que el marido es bueno con ella, mientras que la utilización del subjuntivo no conlleva una afirmación tan categórica.

La utilización del subjuntivo cuando se está designando un hecho verdadero solo es posible si la información que se da es ya conocida por todos.

▲ *Aunque la Tierra **sea/es** el único planeta de nuestro sistema solar con animales y plantas, es posible que haya vida en otra galaxia.*

Si la información que se da es nueva, el uso del indicativo es obligado.

Imaginemos que me estoy comprando unos zapatos con una amiga y previamente le he dicho que los zapatos me están un poco pequeños. Podría después decir:

▲ ***Aunque los zapatos me estén/están pequeños**, me gustan tanto que me los voy a comprar.*

Podemos utilizar los dos modos, indicativo y subjuntivo, porque la información no es nueva, mi amiga ya sabe que me están pequeños. Pero, si aún no le he dicho nada y ella no sabe si me están pequeños o no, solo podré utilizar el indicativo:

▲ *Aunque los zapatos* **me están** *pequeños, me gustan tanto que me los voy a comprar.*

2. Oraciones concesivas que no presentan un hecho probado

Cuando la oración concesiva es hipotética y no expresa un hecho verdadero y probado, es obligatorio utilizar el subjuntivo.

▲ *Aunque mañana* **haga** *frío, saldremos a pasear.*
▲ *Aunque me lo* **pida** *con mucha insistencia, no trabajaré con él en ese proyecto.*

En la primera oración es normal usar el subjuntivo porque, al utilizar la palabra *mañana*, lo normal es que no estemos seguros de si va a hacer frío o no.

En la segunda oración, la utilización del subjuntivo indica que no sabemos si nos lo va a "pedir con insistencia" o no, y estamos anticipándonos a lo que posiblemente pasará, aunque no tengamos una seguridad total.

Tomemos esta misma oración y utilicemos el indicativo:

▲ *Aunque me lo* **pide** *con mucha insistencia, no trabajaré con él en ese proyecto.*

El uso del indicativo implica que actualmente me lo está pidiendo ya.

Ese mismo valor hipotético aparece en el siguiente ejemplo:

▲ *Aunque me* **diga** *que me quiere mucho, no pienso seguir con él.*

En este caso, el subjuntivo indica que no es seguro que vaya a decir que me quiere mucho. Es una hipótesis que me planteo.

Actividad

Completa con la forma adecuada del verbo (indicativo, subjuntivo o ambas). Utiliza el contexto para tomar la decisión.

1. Para decir en español que la persona que es fea seguirá fea después de arreglarse, decimos el siguiente refrán: "Aunque la mona se (**vestir**) .... de seda, mona se queda".

2. Por mucho que (**estudiar**) ...., no logrará aprobar.

3. Aunque Javier Bardem (**ser**) .... español, trabaja continuamente en películas norteamericanas.

4. Los aparatos de radio son habituales en las casas desde principios del siglo XX, aunque solo (**hacer**) .... 40 años que incorporan minúsculos transistores.

5. Aunque la película *La soledad* (**tener**) .... un presupuesto muy bajo y (**ser**) .... de un director desconocido, ganó el Goya a la mejor película.

6. Por más que la tía Mariana se (**decir**)...................... a sí misma que debía sentar la cabeza, no era capaz de dejar de ver a su enamorado.

7. Aunque nos (**preocupar**) .... de informar muy bien a los niños colombianos sobre los problemas de las minas antipersonas, siempre habría riesgo de accidentes.

8. Aunque nos (**preocupar**) .... de informar muy bien a los niños colombianos sobre los problemas de las minas antipersonas, siempre hay riesgo de accidentes.

9. Mi tío es misionero y sueña con la paz y la concordia entre las tres religiones monoteístas más importantes, a pesar de que él (**ser**) .... consciente de las dificultades.

10. Con todo lo que Perito Moreno (**aportar**) .... a los Gobiernos de Argentina, murió pobre y no dejó tierras a sus hijos.

11. Aunque todos (**tener**) .... que morir algún día, nos preocupamos muy poco por ello.

17. EL MODO EN LAS ORACIONES SUBORDINADAS FINALES

Las oraciones finales explican el objetivo o la finalidad que perseguimos al realizar una acción o al colocarnos en una situación determinada. La finalidad indica siempre un deseo, una intención, un objetivo que esperamos que se cumpla justamente con la acción realizada. No es, pues, de extrañar que el modo que tengamos que utilizar siempre en estas oraciones sea el subjuntivo.

▲ *La organización del partido socialista había instalado una pantalla gigante para que todos* **pudiesen** *seguir el resultado de las elecciones.*

El hecho de señalar la finalidad como un objetivo que perseguimos es el que motiva la utilización del subjuntivo; a pesar de que estemos refiriéndonos a un tiempo pasado. Es verdad que si hablamos del pasado, el objetivo puede haberse ya cumplido y ser una realidad, o puede que no se haya cumplido; pero lo importante es que, en el momento que se dice la oración, se presenta como un deseo, un fin para el que se trabaja y cuyo cumplimiento, si se da, será siempre posterior a la acción realizada.

▲ *La obra estaba arreglada para que la* **interpretasen** *exclusivamente actores masculinos. Y así fue como la presentaron, solo con chicos.* (*El puñal florentino*, de Luis Mateo Díez).

La segunda oración indica que el objetivo se cumplió y la obra se realizó solo con muchachos. Pero eso no altera el hecho de que se presentase como objetivo o deseo con respecto a lo expresado en la oración principal.

1. Nexos que introducen las oraciones de finalidad

El nexo más habitual para introducir este tipo de oraciones es *para que.*

▲ *Tuvieron que pasar 50 años* **para que se empezasen** *a investigar los crímenes franquistas.*
▲ *Todos los espectadores aplaudían* **para que** *el cantante* **cantara** *una canción más.*

Es también muy habitual encontrar el nexo *a que*. Pero este solo puede aparecer con verbos de movimiento: *ir, venir...*

▲ *Vengo **a que** me prestes un poco de sal.*

También lo encontramos en algunos verbos que por su significado llevan un complemento de finalidad que puede aparecer con las preposiciones *a* o *para*. Es el caso de los verbos *incitar, animar* o *estimular* ('incitar o animar a alguien a algo'):

▲ *Había voces que incitaban al público **a que** abandonase el local.*

Otros nexos que podemos encontrar son *a fin de que, con el propósito de que, con objeto de que, con vistas a que, con la intención de que...*

▲ *Los organizadores lo prepararon todo **con el propósito de que** Pedro Sánchez **saliera** al balcón a hacer sus primeras declaraciones.*
▲ *El Conde Ricci entró con el asesino **a fin de que** este no se **equivocase** de hombre.*

En algunas ocasiones, sobre todo en el lenguaje coloquial, podemos encontrar la conjunción *que* y la expresión *no sea que* introduciendo oraciones que tienen un valor de finalidad. En estos casos también el verbo de la subordinada irá siempre en subjuntivo.

▲ *Habla más alto, **que** te **oigan**.*
▲ *Bajad el telón, **no sea que** el público se **dé** cuenta de lo que está pasando.*

2. La expresión de la finalidad con infinitivo

Cuando el sujeto de la oración principal y el de la subordinada coinciden, el verbo de la oración subordinada tiene que ir en infinitivo.

▲ *El fotógrafo Centelles se las ingenió **para montar** un laboratorio clandestino.*
▲ *Centelles decidió volver a Carcassone **a recuperar** sus fotos.*
▲ *El periodista se subió a la plataforma **con el propósito de hacer** un directo.*
▲ *Yo llevé la mano a mi espada **para preparar** el inútil gesto de defensa.*

Lo característico del español es que, si el sujeto de la principal y la subordinada coinciden, la oración de finalidad tiene que ir obligatoriamente con infinitivo. Por otra parte, si el sujeto de la principal es diferente del de la subordinada, el verbo tendrá que ir siempre en subjuntivo.

Si nos fijamos en los ejemplos que hemos presentado en los apartados anteriores, veremos que en todos ellos el verbo está en subjuntivo y en todos los casos el sujeto de la oración principal y el de la subordinada es diferente.

Tomemos el último de los ejemplos y comparemos las dos construcciones de finalidad:

▲ *Yo llevé la mano a mi espada **para preparar** el inútil gesto de defensa.*
▲ *Yo llevé la mano a mi espada **para que preparase** el inútil gesto de defensa.*

En la primera de las oraciones, con el infinitivo, queda claro que soy yo mismo el que preparo el gesto de defensa. Mientras que en la segunda, con el verbo en subjuntivo, quien prepara el gesto de defensa tiene que ser necesariamente otra persona.

Actividad

Completa con la forma adecuada del verbo (indicativo, subjuntivo o infinitivo).
1. Vete de aquí, no sea que te (**ver**) .... tu madre.
2. Cuando (**ir**) .... a Salamanca, te sentirás muy bien acogido.
3. Centelles escondió los negativos para que nadie (**poder**) ....
destruirlos.
4. Los pretendientes de Turandot tenían que contestar a tres preguntas a fin de
(**casarse**) .... con ella.
5. El nuevo parque temático tendrá tiendas y restaurantes para que no
(**faltar**) .... de nada.
6. Aunque el equipo de baloncesto masculino español (**ser**) .... mucho
más conocido que el equipo femenino, ellas no se quedan atrás.
7. Desde que Mario Pérez entró en la empresa, todo (**ir**) .... de mal en
peor.
8. El protagonista se había bebido media jarra de vino, ya que el director de la
obra (**pensar**) .... que había que ser realista en la escena.
9. Vengo a (**jugar**) .... contigo.

10. No fue un desastre la función porque el protagonista (**haber desaparecido**) ...., sino porque los otros actores no (**ser**) .... capaces de conservar la calma.

11. El protagonista estaba tan nervioso que no (**darse cuenta**) .... de que salía a escena sin la ropa correcta.

12. Es natural que Salma Hayek, de niña, (**volver**) .... locas a las monjas, porque (**dedicarse**) .... a adelantar los relojes.

18. EL MODO EN LAS ORACIONES SUBORDINADAS CONDICIONALES

Las oraciones condicionales presentan una condición que ha de darse para que se cumpla lo señalado en la oración principal, pero también muestran la capacidad de las personas de imaginar situaciones diferentes a las reales y de soñar con situaciones pasadas que podrían haber sido diferentes.

▲ *Si vienes pronto, podemos ir al cine.*
▲ *Si hubieras llegado a tiempo, podríamos haber ido al cine.*

En el primer caso, *ir al cine* depende de que *llegue pronto*. Es la condición que debe darse necesariamente para ir al cine. Pero, en el segundo caso, la condicional se refiere al pasado, y sabemos que no se cumplió; es decir, que no llegó a tiempo, y, por tanto, no fuimos al cine. Ahora bien, presenta lo que habría sucedido si la situación hubiera sido diferente.

Es característico que las condicionales se coloquen delante de la oración principal, aunque también se pueden colocar detrás.

El uso del modo presenta en estas oraciones gran complejidad. Las conjunciones condicionales sitúan el contenido de la oración subordinada en el terreno de lo posible, unas veces, y de lo irreal, otras. De acuerdo con esto, deberían construirse en subjuntivo; sin embargo, la situación es mucho más compleja, porque depende de la conjunción que se utilice y del tipo de condicional que se cree. La conjunción *si*, que es la más habitual, selecciona la mayor parte de las veces el indicativo; sin embargo, las otras locuciones condicionales seleccionan siempre el subjuntivo.

Por otro lado, hay tres tipos de condicionales según su significado: las probables, las improbables y las irreales. La selección de tiempos y modos se dará según sea el grado de la expectativa del hablante en relación al cumplimiento de la condición. Es decir, según entienda que es probable que se dé la condición o que es improbable o que es irreal.

1. Oraciones condicionales probables con *si*

La conjunción *si* es la más habitual en las oraciones condicionales y presenta unas características propias a la hora de seleccionar el modo indicativo o subjuntivo.

Si la condición es abierta y el hablante no descarta su realización, podemos decir que es probable que se de la condición. En estos casos la conjunción *si* selecciona el indicativo.

Si + presente de indicativo + presente de indicativo

Aunque estas oraciones se construyen en presente, lo normal es que se refieran al futuro. Si se cumple la condición, se producirá lo señalado en la oración principal.

▲ *Si* te **portas** bien, te **compro** un helado. (Primero se porta bien, después compro el helado).

Sin embargo, también pueden tener valor de presente o intemporalidad.

▲ *Si* **aprendes**, es porque te **enseñan** bien.
▲ *Si* **analizas** bien una novela, **puedes aprender** mucho sobre el comportamiento humano.

Si + pretérito perfecto + pretérito perfecto/presente

Presenta una acción y una condición que ya se han realizado, y por tanto tiene un valor explicativo.

▲ *Si* **has venido**, es porque **has podido**.
▲ *Si* te **han visto**, ya saben que **estás** aquí.

Si + presente de indicativo + futuro

El presente de indicativo va muy a menudo acompañado del futuro en la oración principal. Es normal, ya que primero se debe cumplir la condición y después se produce la acción señalada en la oración principal.

▲ *Si* **estudias** mucho, **aprobarás**.
▲ *Si* **eres** bueno en tu trabajo, **encontrarás** empleo.
▲ Me **pondré** muy contenta *si* **vienes** conmigo de vacaciones.

Si + presente de indicativo/pretérito perfecto + condicional

El significado es equivalente al uso del futuro, pero el hablante se distancia un poco más con lo que está diciendo. Se compromete menos. Cuando se usa en la prensa escrita, tiene un valor más estilístico.

▲ *Si* **Si** *el parlamento europeo* **llega** *a un acuerdo sobre el número de refugiados,* **resultaría** *inapropiado que hubiera países que se negasen a admitir refugiados.*
▲ *Si te* **han invitado** *a la fiesta,* **sería** *inapropiado que dijeses que no.*

Si + presente de indicativo + tiempos de pasado en indicativo

Este tipo de oraciones es poco frecuente y aporta una especie de comentario personal.

▲ *Si es verdad lo que me cuentas,* **no han llegado** *a tiempo.*

Si + imperfecto de indicativo + imperfecto de indicativo

Estas oraciones expresan que algo era habitual en el pasado.

▲ *Si* **hacía** *buen tiempo,* **íbamos** *a pasear.*
▲ *Si* **teníamos** *hambre,* **cenábamos** *muy temprano.*

Si + presente de indicativo/pretérito perfecto + imperativo

▲ *Si de verdad me* **quieres**, **cásate** *conmigo.*
▲ *Si* **has terminado** *tus estudios,* **busca** *empleo.*

2. Otras locuciones con valor condicional

Las locuciones con valor condicional *en el caso de que, a condición de que, en el supuesto de que, a no ser que, a menos que…* aparecen siempre con subjuntivo, a pesar de que la condición se entienda como probable.

▲ *Cenaremos a las diez* **a no ser que** *tu padre* **llegue** *más tarde.* (Si tu padre no llega más tarde de las diez, cenaremos a las diez).

▲ *En el caso de que* tu hermana *se ponga* peor, la llevaremos al hospital. (Si tu hermana se pone peor, la llevaremos al hospital).

▲ *En el supuesto de que suspendas* el examen, no te pagaré la matrícula.

▲ No me moveré de aquí *a menos que* me *digas* la verdad.

▲ Os acompaño *a condición de que dejéis* en paz a mi familia.

Hay otro grupo de locuciones que tienen un valor temporal o modal cuando se usan con indicativo, pero que pasan a tener un valor condicional si se construyen en subjuntivo: *mientras que, siempre que, salvo que, excepto que* y *como.*

De todas ellas, *como* es la que se usa de manera más habitual con valor condicional.

▲ *Como* no *venga* ya el jefe, yo me marcho. (Si no viene ya el jefe, yo me marcho).

▲ *Mientras que no te emborraches*, puedes seguir bebiendo.

▲ Puedes quedarte en mi casa, *siempre que* la *dejes* tan limpia como está.

3. Condicionales improbables

En estas oraciones la probabilidad de que se cumpla la condición es baja o muy baja o, al menos, el hablante la siente así. En este caso usamos el imperfecto de subjuntivo en la condicional y el condicional simple en la principal.

▲ *Si me curase* del todo, *volvería* a correr la maratón.

▲ *Si vinieras* a verme, *me pondría* muy contenta.

El uso del imperfecto de subjuntivo y del condicional indican en la primera oración que el hablante no tiene demasiadas esperanzas en curarse, y en la segunda tampoco espera que vayan a verle.

También siguen este esquema oraciones en las que la condición no se da en el momento presente, pero señalamos lo que haríamos en el caso de que se diera.

▲ *Si* no *me doliese* tanto la cabeza, *me iría* con vosotros al cine.

4. Condicionales irreales

En estas oraciones nos referimos al pasado y presentamos una condición que no se ha cumplido y, por tanto, lo que hacemos con ellas es crear un mundo paralelo, irreal, en el que imaginamos que la condición sí se cumplió y que todo ha sido, por tanto, diferente a como ha sido en la realidad. Dicho de otro modo, son oraciones con las que nos referimos a un tiempo pasado en el que no se dio una condición, pero imaginamos qué habría pasado si la condición se hubiera dado.

En este tipo de condicionales usamos el condicional compuesto en combinación con el pretérito pluscuamperfecto de subjuntivo.

▲ *Si **hubiera sido** rica, **habría viajado** por todo el mundo.*

Esta oración implica que habla una mujer mayor que no ha sido rica y no ha podido viajar. Pero, en el hipotético caso de que hubiese tenido mucho dinero, su vida habría sido distinta y habría viajado.

▲ *Si **hubiese cogido** ese tren, **habría muerto** en el accidente. No puedo quitármelo de la cabeza.*

Ha habido un accidente en el que han muerto todos los pasajeros. Alguien que iba a coger ese vuelo llegó tarde al aeropuerto y lo perdió. Esta frase la diría seguramente esa persona.

Hay también un grupo de oraciones de este tipo que se orientan hacia el futuro, aunque se refieren al momento actual. La condición se da como imposible y la condicional se convierte en irreal.

▲ *Si yo **fuese** tú, **me iría** ahora mismo.*

En este momento, es evidente que yo no soy tú, por tanto la condición es imposible, pero, en el hipotético caso de que lo fuera, me iría.

Esta estructura se usa para aconsejar y es equivalente a la expresión *yo que tú*.

▲ ***Yo que tú**, me iría ahora mismo.*

Actividades

A) Completa los huecos de las oraciones condicionales con la forma verbal adecuada en indicativo o subjuntivo.

1. Cuando éramos pequeños, mis padres nos llevaban al parque los domingos y, si (**hacer**) .... calor, compraban helados para todos.

2. Pablo es de Escocia y no sabe hablar español. Si (**entender**) .... la indicación del policía, ha sido por los gestos.

3. Estoy cansada de esperarte. Como no (**venir**) .... pronto, me iré al cine yo sola.

4. Si (**beber**) .... más vino, no podrás conducir hasta tu casa.

5. Clara y Juan están muy animados. Ellos no se irán de la fiesta a no ser que (**irse**) .... todo el mundo.

6. Os dejaré salir esta noche a condición de que me (**ayudar**, 2ª persona plural) .... a limpiar el trastero.

7. Si no se (**poner**) .... de acuerdo los diferentes partidos políticos, los españoles volverán a votar el 28 de abril.

8. Yo creo que no lloverá. Pero en el supuesto de que (**llover**) .... , yo te llevaré al aeropuerto.

9. Si (**ser**) .... verdad lo que dice la policía, ya han encontrado al ladrón.

B) Completa las oraciones condicionales con la forma verbal adecuada.

1. Cuando vivía en Austria, si (**hacer**) .... buen tiempo, (**coger**) .... la bicicleta y nos (**ir**) .... a dar paseos por el campo.

2. Me he puesto enferma y no puedo moverme de casa. Es una pena porque, si (**estar**) .... bien, me (**ir**) .... a esquiar a los Alpes.

3. Si me (**tocar**) .... la lotería, (**dejar**) .... de trabajar. (El hablante ve poco probable que le vaya a tocar la lotería).

4. Si no te (**dar**) .... prisa, llegarás tarde al trabajo.

5. Hijo mío, si (**esforzarse**) .... más, no (**perder**) .... el trabajo. (Ha perdido el trabajo porque no se ha esforzado lo suficiente).

6. Os dejaré venir conmigo a condición de que (**portarse**, 2ª persona plural) .... bien.

7. Si (**coger**) .... el abrigo, como te dije, ahora no (**estar**) .... muerto de frío.

8. Si yo (**ser**) .... tú, (**volver**) .... con Enrique. Es un chico muy majo y te quiere mucho.

9. Si yo (**ser**) .... un buen estudiante, (**llegar**) .... a ser médico o abogado o profesor. (No es médico ni abogado ni profesor porque no estudió de niño).

19. LAS ORACIONES COMPARATIVAS

Son las que se usan para comparar dos o más cosas, situaciones, acciones…

1. Oraciones comparativas de comparativo absoluto

Este es el caso más sencillo de comparativas. En este tipo comparamos solo dos elementos, acciones, etc. Encontramos tipos de comparativas de superioridad, de inferioridad y de igualdad.

Comparativo de superioridad
Para señalar que una cualidad es mayor en un objeto o individuo que en otro, o en una acción que en otra, usamos la estructura *más* + adjetivo/nombre + *que*.

▲ *Esta chaqueta es **más** moderna **que** esta otra.*
▲ *Estos vecinos hacen **más** ruido **que** los vecinos que teníamos el año pasado.*

Comparativo de inferioridad
Para señalar que una cualidad es menor en un objeto o individuo que en otro, o en una acción que en otra, usamos la estructura *menos* + adjetivo/nombre + *que*.

▲ *Este jarrón es **menos** caro **que** el que le regalaste a tu amiga Pilar.*
▲ *En esta habitación hace **menos** calor **que** en esta otra.*

Comparativo de igualdad
Para señalar que una cualidad es igual en un objeto o individuo que en otro, o en una acción que en otra, usamos las estructuras siguientes: *tan* + adjetivo + *como*; *tanto/a/os/as* + nombre + *como*; *igual de* + adjetivo + *que*.

▲ *Este apartamento es **tan** amplio **como** el que vimos ayer.*
▲ *En este museo hay **tanta** luz **como** en el Guggenheim.*
▲ *Esta pescadería es **igual de** cara que la pescadería a la **que** vas tú, pero tiene el pescado más fresco.*

2. Oraciones comparativas de comparativo relativo

Superioridad

Para señalar que un objeto o individuo de un grupo es el que posee una determinada cualidad o realiza una acción en el más alto grado, usamos las siguientes estructuras: *el/la/los/las/lo más* + adjetivo + *de*; *el/la/los/las/lo más* + adjetivo + *que*; *el/la/los/las/lo que más* + nombre + *de*; *el/la/lo que más* + verbo + *de* y *los/las que más* + verbo + *de*.

▲ *Esta cama es cómoda, pero esta otra es **la más** cómoda **de** toda la tienda.*
▲ ***Lo más** caro **del** mercado es el marisco fresco gallego.*
▲ ***Lo más** nuevo **que** tenemos es un apartamento recién reformado.*
▲ *Ricardo Darín es **el** actor argentino **que más películas** ha hecho en España.*
▲ *Barrer es **lo que más** me gusta **de** todo lo que hay que hacer en la casa.*
▲ ***De** todos los actores argentinos, Ricardo Darín es **el que más** me gusta.*

Inferioridad

Para señalar que un objeto o individuo de un grupo es el que posee una determinada cualidad o realiza una acción en el grado más bajo, usamos las siguientes estructuras: *el/la/los/las/lo menos* + adjetivo + *de*; *el/la/los/las/lo que menos* + nombre + *de*; *el/la/los/las/lo que menos* + (nombre) verbo + *de*.

▲ *Mi armario **es el menos** ordenado **de** toda la casa.*
▲ *Este lavavajillas es **el que menos** me gusta de todos.*
▲ *La biblioteca municipal del casco antiguo es **la que menos** libros tiene **de** toda la ciudad.*
▲ *Hacer la compra es **lo que menos** me gusta **de** todo el trabajo doméstico.*

Como veis, para formar este grado siempre hay que añadir el artículo a la comparación y siempre hay que usar la preposición *de*. Pero, si el conjunto al que nos referimos es evidente porque lo estamos viendo o acabamos de hablar de él, no es necesario que usemos la preposición *de*.

▲ *Este es el que más me gusta.* (Señalando, por ejemplo, un vestido entre un conjunto de vestidos que estamos viendo en una tienda).

3. *Lo que más me gusta/lo que menos me gusta*

Para señalar que en un conjunto de acciones que me gustan hay una que destaca sobre las demás, utilizamos la expresión *lo que más me gusta.*

▲ **Lo que más me gusta** *es viajar.*

De igual manera, para señalar la acción que menos me gusta, utilizamos la expresión *lo que menos me gusta.*

▲ **Lo que menos me gusta** *es trabajar.*

4. *Mejor, peor, mayor* y *menor*

Bueno y *malo, bien* y *mal,* y *grande* y *pequeño* tienen comparativos especiales:

bueno, bien → mejor
malo, mal → peor
grande → mayor
pequeño → menor

▲ *Este hombre es el* **peor** *marido del mundo. Nunca quiere hacer nada que no sea quedarse en casa.*
▲ *Yo creo que es* **mejor** *vivir en las afueras que vivir en el casco antiguo.*
▲ *Este es mi hijo* **menor***, y este otro es mi hijo* **mayor***.*

Anteposición de *mejor, peor, mayor* y *menor*
Cuando *mejor, peor, mayor* y *menor* acompañan a un nombre, aparecen con mucha frecuencia delante de él.

▲ *Para un* **mejor** *funcionamiento del aparato, apáguelo antes de desenchufarlo.*
▲ *Para obtener un* **mayor** *rendimiento de la aspiradora, limpie el filtro una vez a la semana.*

5. *Lo* + adjetivo

Usamos el artículo neutro *lo* delante del adjetivo para generalizar, para hablar de la cualidad sin referirnos a ningún nombre en concreto.

▲ *Lo **bueno** es cocinar con poca grasa.*
▲ *Lo **malo** es que llueve sin parar.*
▲ *Lo **genial** del domingo es que te puedes levantar cuando quieras.*

Lo mejor/lo peor

▲ *Lo **mejor** de todo es la terraza que tiene; **lo peor** es que es muy pequeño.* (Nos referimos a un piso que estamos viendo).

Actividad

Completa los huecos de las oraciones con una expresión de comparación.
1. Lo .... del zumo de limón es que tiene mucha vitamina C, lo .... es que está muy ácido.
2. Lo .... que tiene este candidato es que habla muy bien español.
3. Lo .... me gusta de mi trabajo es que tengo que levantarme todos los días a las seis de la mañana, y lo .... me gusta es que tenemos muchas vacaciones.
4. Este apartamento es el .... barato de todos y, sin embargo, es el .... alegre porque tiene mucha luz.
5. Compre en Almacenes Salas y obtenga un .... precio en todos nuestros productos.
6. Sin lugar a dudas, este es el abrigo que .... me gusta. Tiene un color horrible.
7. No sabemos qué partido será el .... votado en las próximas elecciones en Cataluña.
8. Creo que mi trabajo es el .... del mundo. Trabajo doce horas al día y me pagan fatal.

III
MORFOLOGÍA

20. LOS SUFIJOS FORMADORES DE PALABRAS

El español, como muchas otras lenguas, tiene la capacidad de crear palabras nuevas a partir de las ya existentes gracias a unos elementos llamados *afijos*.

Si los afijos se colocan delante de la palabra, reciben el nombre de *prefijos*:

▲ *leer* → *releer* (*re-leer*). (Que significa 'volver a leer').

Si los afijos se colocan detrás, reciben el nombre de *sufijos*:

▲ *defender* → *defendible* (*defendi-ble*). ('Algo que se puede defender').

Hay un número limitado de prefijos y sufijos que se van repitiendo en las palabras. Si conocemos su significado y el tipo de palabras que forman, seremos capaces de deducir el significado de la palabra formada, aunque sea la primera vez que la vemos.

Las palabras que no tienen afijos y están formadas por un solo elemento de significado son palabras simples, como *sol, reír, alto, unir…*

Las palabras se dividen en clases que se forman según sus características morfológicas y la función que cumplen en la oración. Así tenemos nombres, verbos, adjetivos, adverbios…

En el caso de las palabras simples, la clase a la que pertenecen va a estar en armonía con su significado. De tal manera que, si la palabra se refiere a una cosa, será un nombre (*pan, hombre, río…*); si señala una cualidad, será un adjetivo (*alto, fuerte, delgado*), o un adverbio (*despacio, lejos*), y, si su significado expresa una acción o un estado, será un verbo (*salir, correr, comer…*).

Estamos viendo que, de manera natural, las palabras que se refieren a las cualidades son adjetivos, como *alto, gordo* o *bueno*. Estas cualidades no existen por sí mismas, y por eso los adjetivos se refieren siempre a un nombre al que califican con esa cualidad:

▲ *Juan es* **bueno**.
▲ *La chica* **alta** *acaba de llegar.*

Sin embargo, en algunas ocasiones, necesitamos referirnos a la cualidad en sí misma. Queremos afirmar o negar algo de esa cualidad en general, sin que esté vinculada a ningún sujeto concreto. En esos casos el adjetivo no nos sirve, necesitamos un nombre. Pues bien, en esas situaciones utilizaremos alguno de los sufijos que tiene el español para formar nombres a partir de adjetivos. Por ejemplo, si queremos hablar en general de la cualidad de ser bueno, hablaremos de la *bondad*.

1. Los sufijos creadores de nombres

Principales sufijos creadores de nombres a partir de adjetivos.

En español son varios los sufijos que forman nombres abstractos de cualidad al unirse a un adjetivo. Todos ellos, menos el sufijo *-or*, forman nombres de género femenino. Algunos de ellos tienen variantes y, en otros casos, encontramos alteraciones en la palabra base, que se transforma ligeramente al unir el sufijo.

El sufijo *-dad* y sus variantes *-idad* / *-edad* / *-tad*

Este sufijo es uno de los que más se utilizan para formar nombres de cualidad: *bueno > bon-dad, regular > regular-idad, difícil > dificul-tad.*

Al añadir el sufijo, suele desaparecer la vocal final: *malo > mal-dad, serio > seriedad, obligatorio > obligatori-edad.*

En español, es muy normal que al añadir el sufijo se produzcan alteraciones. En concreto, con este sufijo encontramos cambios en las vocales del adjetivo base, como los cambios de las vocales *e, i* (*virgen > virgin-idad*) y el paso del *ue > o* (*huérfano > orfandad, bueno > bon-dad*). También podemos encontrar sílabas que se insertan entre el adjetivo y el sufijo, como en *mutu-al-idad* y *simpli-ci-dad*.

El sufijo *-ería*

Crea nombres abstractos de cualidad: *tonto > tont-ería, golfo > golf-ería, ñoño > ñoñ-ería*… Aunque es un sufijo que se añade también a nombres, ahora solo nos vamos a fijar en la creación de nombres a partir de adjetivos. Los nombres que forma este sufijo suelen señalar cualidades de carácter negativo de las personas: *pedant-ería, tacañ-ería, zorr-ería...*

El sufijo -*ez*

Forma nombres abstractos a partir de adjetivos: *honrado* > *honrad-ez, sórdido* > *sordid-ez*. Aunque también encontramos algún caso en el que el sufijo se añade a una base nominal: *niño* > *niñ-ez*. La mayor parte de los adjetivos cuya base acaba en dental (*t* o *d*) toman este sufijo para formar sus derivados nominales: *esbelto* > *esbelt-ez, desnudo* > *desnud-ez*.

Este sufijo, igual que el anterior, se ha especializado en presentar cualidades negativas de las personas. Estas cualidades son, naturalmente, las del adjetivo que encontramos en la base: *testarudo* > *testarud-ez, insensato* > *insensat-ez, altivo* > *altiv-ez...*

Es también el sufijo escogido para designar algunas etapas de la vida del hombre, como *niñ-ez, madur-ez* o *vej-ez* (de *viejo*).

El sufijo -*eza*

Este sufijo se diferencia de los dos sufijos anteriores en que suele designar cualidades muy positivas en el terreno de la estética, la moral, la capacidad intelectual y la condición social de las personas: *delicado* > *delicad-eza, sutil* > *sutil-eza*, agudo > *agudeza, noble* > *nobl-eza*.

El sufijo -*ía*

Es otro de los sufijos que forman nombres a partir de adjetivos: *alegre* > *alegr-ía, cobarde* > *cobard-ía, osado* > *osad-ía*.

Muchos de estos derivados proceden de adjetivos acabados en -*ero*: *grosero* > *groser-ía, majadero* > *majader-ía...* Son muy abundantes los que señalan un lugar, especialmente establecimientos: *fontanero* > *fontaner-ía, carpintero* > *carpinter-ía*. Otro grupo importante lo forman los que se refieren a un estamento o corporación en el ámbito de la administración pública, la jerarquía eclesiástica, el ejército, la justicia o la nobleza: *alcald-ía, abad-ía, capitan-ía, fiscal-ía*.

El sufijo -*or*

Es el único sufijo que forma nombres masculinos de cualidad: *dulce* > *dulz-or* (el *dulzor*).

La mayoría de los derivados pertenecen al campo de los colores (*verde* > *verd-or*), las sensaciones del gusto (*amargo* > *amarg-or*), de la temperatura (*fresco* > *fresc-or*) y de las dimensiones físicas (*grueso* > *gros-or*).

El sufijo -*ura*

Este sufijo forma nombres de cualidad de características muy similares a los formados con el sufijo -*or*. Sustantivos que se refieren a colores (*negro* > *negr-ura*), sensaciones (*amargo* > *amarg-ura*) y dimensiones físicas (*ancho* > *anch-ura, alto* > *alt-ura*).

El sufijo -*itud*, -*tud*

Es un sufijo más minoritario que forma algunos nombres de cualidad: *decrépito* > *decrep-itud, alto* > *alt-itud...*

Sufijos creadores de nombres a partir de verbos

El sufijo -*a*

Forma nombres de acción a partir de verbos que pertenecen, sobre todo, a la 1ª conjugación: *ayudar* > *ayud-a, buscar* > *busc-a, danzar* > *danz-a, reñir* > *riñ-a...*

El sufijo -*ción*

Es uno de los sufijos más utilizados para formar nombres de acción a partir de verbos: *detener* > *deten-ción, facturar* > *factura-ción, comparar* > *compara-ción, rendir* > *rendi-ción*. Algunos de los nombres formados se refieren a cualidades: *agitar* > *agita-ción, relajar* > *relaja-ción*.

Al añadir este sufijo se pueden producir algunas alteraciones, como la pérdida de la vocal final del verbo (*hacer* > *ac-ción, contribuir* > *contribu-ción*, la duplicación de la consonante *c* (*distraer* > *distra-cción*) y cambios en las vocales y consonantes (*resolver* > *resolu-ción, proteger* >*protec-ción*).

Podemos encontrar también otras variantes de este sufijo como -*sión*, -*ión* y -*zón*. La variante más abundante es -*sión* y suele aparecer con verbos cuya raíz acaba en *d, t, r,* o *m*, como en *dividir* > *divi-sión, admitir* > *admi-sión* y *comprimir* > *compre-sión*.

El sufijo -*dor* / -*dora*

Este sufijo tiene muchas variantes (-*sor* / -*sora* / -*tor* / -*tora* / -*or* / -*ora*). Tiene, además, variación de género cuando forma derivados que se refieren a personas. El grupo más abundante es el de las profesiones: *pintar* > *pint-or, pint-ora, conducir* > *conduc-tor, conduc-tora...* Otro grupo importante es el de las personas que tienen como característica realizar o haber realizado la acción señalada por el verbo: *prever* > *previ-sor, madrugar* > *madruga-dor, desertar* > *desert-or*.

No siempre se crean nombres de personas, también son muy abundantes los nombres que señalan instrumentos que sirven para realizar la acción y los lugares en los que se realiza: *bañar > baña-dor, despertar > desperta-dor, tener > tene-dor, comer > come-dor, probar > proba-dor* (lugar en las tiendas en el que uno se prueba la ropa que va a comprarse).

El sufijo *-dura, -ura*
Este sufijo forma siempre nombres femeninos de acción: *desembocar > desemboca-dura, añadir > añadi-dura, escocer > escoce-dura...*

Señala el efecto o el producto de la acción y crea muchas palabras relacionadas con la idea de "hacer daño": *cortar > corta-dura, rozar > roza-dura, morder > morde-dura...*

El sufijo *-e*
Formar nombres de acción de género masculino: *rozar > roc-e, combatir > combat-e, debatir > debat-e...*

Los nombres que se crean son mayoritariamente nombres de acción que conservan el significado de los verbos de los que derivan. El roce de su mano con la piel equivale a su mano roza la piel. Sin embargo, muchos de los nombres creados señalan el resultado de la acción, como *cortar > cort-e* o *ensanchar > ensanch-e*; y otros designan objetos o instrumentos, como *enchufar > enchufe* o *peinar > peine*.

El sufijo *-miento*
Este sufijo, que puede aparecer también con la variante *-mento*, es uno de los sufijos más productivos para formar nombres de acción: *salvar > salva-mento, tratar > trata-miento, agradecer > agradeci-miento, resentir > resenti-miento...*

El sufijo *-o*
Forma nombres masculinos de acción: *fracasar > fracas-o, sorber > sorb-o, despedir > despid-o, recibir > recib-o...*

Son especialmente numerosos los derivados que proceden de verbos en *-ear*: *menear > mene-o, balancear > balance-o.*

Los significados de los nombres de acción que se forman tienen un valor instrumental (*recibo, resguardo*), de resultado (*mordisco, dibujo*) y de lugar (*paseo, destierro*).

Sufijos menos productivos

Los sufijos que señalamos a continuación son menos habituales.

El sufijo -*aje*

Se añade a verbos de la 1ª conjugación: *hospedar* > *hosped-aje* , *almacenar* > *almacen-aje, tutelar* > *tutel-aje...*

El sufijo -*dero* / -*dera*

Se ha especializado en la creación de nombres de lugar o instrumento: *regar* > *regadera* (recipiente para regar), *respirar* > *respiradero* (agujero que se hace en los sótanos o habitaciones sin ventanas para que entre el aire).

El sufijo -*ido*

Forma sustantivos masculinos abstractos que designan ruidos: *estallar* > *estall-ido, crujir* > *cruj-ido, gemir* > *gem-ido, , bramar* > *bram-ido...*

El sufijo -*do* / -*da*

Forma nombres de acción: *broncear* >*broncea-do, pintar* >*pinta-da, sentar* > *senta-da.*

El sufijo -*ncia*, -*nza*

Señalan la acción o el resultado de la acción: *ganar* > *gana-ncia, exigir* > *exig-encia, corresponder* > *corresponde-ncia, maldecir* > *maledice-ncia, competir* > *compete-ncia...*

Sufijos creadores de nombres a partir de otros nombres

A continuación presentamos los sufijos más habituales por orden de importancia. Es muy normal que al formarse el derivado se suprima la vocal final del nombre.

El sufijo -*ero* / -*era*

Este sufijo crea nombres o adjetivos a partir de nombres: *camión* > *camion-ero, llave* > *llav-ero.* Cuando el nombre creado se refiere a personas tiene dos géneros: *puerta* > *port-ero, port-era.* Si los nombres se refieren a cosas, tienen un solo género, aunque, en ocasiones, la diferencia de género sirve para diferenciar significados: *coch-ero* (persona que conduce un coche) frente a *coch-era* (lugar en el que se guarda el coche).

Un gran grupo de derivados en cuya formación participa este sufijo es el de las profesiones: *toro* > *tor-ero, jardín* > *jardin-ero, tesoro* > *tesor-ero...*

Otro grupo importante lo forman los objetos o lugares que contienen *x*, siendo *x* el nombre señalado por la base: *moneda* > *moned-ero* (objeto para guardar monedas); *basura* > *basur-ero* (lugar en el que se almacena la basura); *tinta* > *tint-ero* (objeto que contiene tinta)...

El sufijo -*ismo*

La mayor parte de los derivados que se forman con este sufijo señalan ideologías de carácter político (*derecha* > *derech-ismo*, *Marx* > *marxismo*), religioso (*Cristo* > *cristian-ismo*, *Buda* > *bud-ismo*), filosófico o científico (*Kant* > *kant-ismo*, *Darwin* > *darwin-ismo*), artístico (*cubo* > *cub-ismo*, *impresión* > *impresion-ismo*)...

Otro grupo importante lo forman aquellos que designan cualidades o formas de organización social: *macho* > *mach-ismo*, *favorito* > *favorit-ismo*...

El sufijo -*ería*

Es un sufijo que crea nombres de género femenino a partir de nombres y también de adjetivos: *niño* > *niñ-ería*, *zapato* > *zapat-ería*, *chocolate* > *chocolat-ería*...

Son muchos los nombres que al añadir el sufijo señalan actividades de tipo profesional: *albañil* > *albañil-ería*, *jardín* > *jardin-ería*...

Otros nombres indican los lugares de fabricación o venta de objetos relacionados con el significado de la base: *pastel* > *pastel-ería*, *leche* > *lech-ería*, *perfume* > *perfum-ería*...

Finalmente, algunos expresan un significado colectivo, referido especialmente a animales o grupos humanos: *caballo* > *caball-ería*, *judío* > *jud-ería*...

El sufijo -*ada*

De este sufijo formador de nombres sobresalen tres tipos principales de significado:

1. Nombres de cualidad que indican 'acción propia de...'. Una *españolada* es una acción típica de un *español* y una *chiquillada*, la acción típica de un *chiquillo*. Estos nombres suelen tener un matiz negativo en su significado.

2. Nombres que indican una acción brusca que produce un golpe real o metafórico. En la palabra *puñalada*, el significado es el golpe dado con un *puñal*; en *patada*, el golpe dado con una *pata*.

3. Nombres que indican contenido en relación con el nombre que aparece en la base. Una *palada* es el contenido de una *pala*, y una *cucharada*, el contenido de una *cuchara*.

El sufijo -*azo*

Es un sufijo que forma también nombres derivados con un significado aumentativo y de golpe. Un *bastonazo* es un golpe dado con un *bastón;* un *cantazo*, un golpe dado con un *canto* (piedra pequeña), y un *pelotazo*, un golpe dado con una *pelota*.

El sufijo -*al* y su variante -*ar*

Estos sufijos tienen un significado colectivo y, al mismo tiempo, pueden señalar el lugar: *piedra > pedreg-al, café > cafet-al, melón > melon-ar...*

Muchas veces se producen alteraciones en la raíz al añadir los sufijos o se insertan consonantes para evitar la aparición de dos vocales seguidas. Es lo que sucede en *piedra > pedregal* y en *café > cafetal* .

En algunos casos la palabra formada tiene un valor aumentativo, como *ventanal* (una *ventana* muy grande) y *dineral* (mucha cantidad de *dinero*).

El sufijo -*ado* y su variante -*ato*

Este sufijo se añade a nombres que se refieren a personas que pertenecen a grupos humanos jerarquizados, especialmente en instituciones como la Iglesia, la enseñanza, el Gobierno, el Ejército... El nuevo nombre formado representa la entidad, o el lugar oficial o sede en la que reside o trabaja la persona que ocupa el puesto en la institución. Algunos ejemplos son *obispo > obisp-ado* (la sede del *obispo*); *decanato* (lugar en la que se encuentra el *decano* de la Facultad).

El sufijo -*aje*

Este sufijo crea nombres colectivos: *pluma > plum-aje* y *ropa > rop-aje...*

Algunos de los nombres formados señalan estatus, como *mestizo > mestiz-aje* o *vasallo > vasall-aje*; comportamientos sociales, como *bandido > bandid-aje*; objetos, como *andamio > andami-aje*; o elementos naturales, como *rama > ram-aje*.

Actividades

A) En este cuadro aparecen adjetivos simples y el nombre de cualidad derivado correspondiente a cada adjetivo. Rellena los huecos con las palabras adecuadas.

ADJETIVO	NOMBRE
1	seriedad
dulce	2
alto	3
4	pequeñez
5	gordura
responsable	6
tonto	7
8	gentileza
útil	9
espeso	10
11	valentía
genial	12
rebelde	13
14	estupidez
15	juventud

B) En este cuadro aparecen verbos simples y el nombre correspondiente a cada verbo. Los nombres se han formado con uno de los sufijos estudiados. Rellena los huecos.

VERBOS	NOMBRE
1	coincidencia
comprar	2
componer	3
4	aterrizaje
5	respeto
6	armamento
rodear	7
8	freidora
ladrar	9
ascender	10
11	cierre
vengar	12
trascender	13

C) En este cuadro aparecen nombres simples en la columna de la izquierda. Forma los nombres derivados correspondientes en la columna de la derecha añadiendo uno de los sufijos presentados. El nombre derivado tiene que tener el matiz de significado que se indica en el paréntesis.

NOMBRE BASE	NOMBRE DERIVADO
piedra	1 (golpe) ....
Platón	2 (filosofía) ....
hormiga	3 (lugar) ....
puerta	4 (golpe) ....
joya	5 (profesión) ....
cortina	6 (colectivo) ....
puerta	7 (aumentativo) ....
izquierda	8 (ideología) ....
papa	9 (sede) ....
pan	10 (lugar) ....
militar	11 (ideología) ....
maleta	12 (lugar) ....
mano	13 (golpe) ....

2. Los sufijos creadores de verbos

Principales sufijos creadores de verbos a partir de nombres y adjetivos

En español tenemos varios sufijos que forman verbos a partir de nombres y de adjetivos.

El sufijo -*ar*

Este sufijo es, al mismo tiempo, la terminación de infinitivo de la primera conjugación del español y un sufijo derivativo que forma verbos a partir de nombres y adjetivos. Recordemos que la primera conjugación (verbos terminados en -*ar*) es la más regular y la más numerosa.

El grupo más numeroso lo forman los verbos que derivan de nombres:

▲ *alfombra > alfombr-ar*
▲ *castigo > castig-ar*
▲ *azúcar > azucar-ar*
▲ *diálogo > dialog-ar*
▲ *triunfo > triunf-ar*

Los verbos que derivan de adjetivos tienen un valor de causa:

▲ *seco > sec-ar* (hacer, conseguir o causar que algo esté *seco*)
▲ *desnudo > desnu-dar* (causar que algo esté *desnudo*)

En la formación de los verbos derivados se producen algunas alteraciones fonéticas, como la desaparición de algunos diptongos:

▲ *ciego > ceg-ar*
▲ *invierno > invern-ar*
▲ *nieve > nev-ar*
▲ *pueblo > pobl-ar*

Cambios de *e* por *i*:

▲ *margen > margin-ar*

Pérdida del sufijo -*dad*, -*tad* de la base de formación:

▲ *facultad* > *facultar*
▲ *dificultad* > *dificultar*

Inserción de -*it*- en derivados de adjetivos cuyas bases acaban en -*il*:

▲ *fácil* > *facil-it-ar* > *facilitar*
▲ *hábil* > *habil-it-ar* > *habilitar*

Además de formar verbos partiendo de nombres y adjetivos, podemos encontrar algún derivado de base adverbial, como *adelantar* y *atrasar*, que se forman a partir de *adelante* y *atrás* respectivamente.

El sufijo -*ear*
Este sufijo forma verbos a partir de nombres y adjetivos.

Muchos de los verbos derivados de adjetivos señalan una acción que es cotidiana y habitual:

▲ *vagabundo* > *vagabund-ear*
▲ *golfo* > *golf-ear*
▲ *tonto* > *tont-ear*
▲ *cojo* > *co-jear*

Algunas de las formaciones pueden tener un valor de causa:

▲ *redondo* > *redond-ear* (hacer que algo se vuelva *redondo*)
▲ *sano* > *san-ear* (hacer que algo se vuelva *sano*)
▲ *malo* > *mal-ear* (hacer que algo empiece a ser *malo*)

Este sufijo es uno de los que se emplean para formar verbos derivados a partir de colores: *amarillo* > *amarill-ear*, *blanco* > *blanqu-ear*, *verde* > *verd-ear*.

En estos casos el verbo señala el inicio de la acción o situación: algo amarillea cuando antes tenía otro color que empieza a cambiar y a transformarse en amarillo.

Los derivados de nombres son los más numerosos y la mayoría de ellos tienen un matiz de acción habitual, o de una acción que se repite en un corto espacio de tiempo:

▲ *punto* > *punt-ear* (hacer un *punto* detrás de otro)
▲ *golpe* > *golp-ear* (dar un *golpe* tras otro)
▲ *verano* > *veran-ear* (pasar el *verano* en un lugar especial)

El sufijo -*izar*

También forma verbos a partir de nombres y adjetivos:

▲ *cristal* > *cristal-izar*
▲ *esclavo* > *esclav-izar*
▲ *armonía* > *armon-izar*
▲ *ridículo* > *ridicul-izar*
▲ *liberal* > *liberal-izar*
▲ *sensible* > *sensibil-izar*

Su significado aporta siempre el significado de 'hacer que algo se convierta en...':

▲ *nacional* > *nacional-izar* (hacer que algo se convierta en *nacional*)
▲ *formal* > *formal-izar* (conseguir que algo pase a ser *formal*)
▲ *flexible* > *flexibil-izar* (lograr que algo pase a ser *flexible*)

Entre los adjetivos a los que se adjunta este sufijo abundan los acabados en -*ble*, -*il*, -*al*, -*ar* y -*ano*:

▲ *rentable* > *rentabil-izar*
▲ *potable* > *potabil-izar*
▲ *móvil* > *movil-izar*
▲ *estéril* > *esteril-izar*
▲ *banal* > *banal-izar*
▲ *racional* > *racional-izar*
▲ *familiar* > *familiar-izar*
▲ *italiano* > *italian-izar*
▲ *humano* > *human-izar*

Al añadir este sufijo se producen algunas alteraciones, como la transformación sistemática del sufijo -*ble* en -*bili* al formar el derivado (*contable* > *contabili-izar*).

El sufijo -*ificar*

Es otro de los sufijos que forman verbos a partir de nombres y de adjetivos:

▲ *clase* > *clas-ificar*
▲ *dulce* > *dulc-ificar*
▲ *amplio* > *ampl-ificar*

El significado que aporta es de causa y también de resultado. *Modificar* es causar que algo cambie de *modo* (o forma) y *petrificar* es causar que algo se convierta en *piedra*. En este último ejemplo vemos, además, que hay un resultado: un objeto nuevo que tiene características de *piedra*.

Vemos que estos sufijos son muy parecidos tanto en las bases que se escogen (nombres y adjetivos) como en los valores semánticos que se aportan. Esto hace que entren en clara competencia. Sin embargo, el sufijo -*izar* se une con más frecuencia a bases adjetivas, mientras que -*ificar* es más abundante en la formación de verbos a partir de nombres.

Muchos de estos verbos derivados fueron incorporados desde el latín, y esto hace que se produzcan algunas alteraciones:

▲ *dios* > *de-ificar*
▲ *fuerte* > *fort-ificar*
▲ *grande* (*magnus*) > *magn-ificar*

El sufijo -*ecer*

Este sufijo, que se une también a nombres y adjetivos, suele aparecer acompañado de un prefijo, aunque también lo podemos encontrar formando verbos sin prefijo inicial:

▲ *flor* > *flor-ecer*
▲ *húmedo* > *humed-ecer*

Principales sufijos creadores de verbos utilizando al mismo tiempo un prefijo y un sufijo

En español se crean muchos verbos uniendo a una raíz nominal o verbal un sufijo y un prefijo de manera simultánea.

Verbos con prefijo *a-*

El grupo de verbos derivados formados con el prefijo *a-* y el sufijo *-ar* es el más numeroso. Este prefijo se une tanto a nombres como a adjetivos:

▲ *cuna > a-cun-ar > acunar*
▲ *brillante > a-brillant-ar > abrillantar*
▲ *largo > a-larg-ar > alargar*

Cuando estos verbos se forman a partir de un adjetivo, tienen un significado de causa y señalan, además, el inicio de la acción: *a-larg-ar* (hacer que algo se convierta en *largo*); *a-delgaz-ar* (hacer que alguien pase a ser *delgado*).

También encontramos algunos verbos derivados que se forman con el prefijo *a-* y el sufijo *-ecer* o el sufijo *-ear:*

▲ *tarde > a-tard-ecer > atardecer*
▲ *piedra > a-pedr-ear > apedrear*

Muy poco frecuente y restringida al significado de 'tomar tierra, agua... desde el aire', tenemos la combinación del prefijo *a-* y el sufijo *-izar:*

▲ *tierra > a-terr-izar > aterrizar*
▲ *mar > a-mer-izar > amerizar*

No es de extrañar que, siguiendo este mismo esquema, se forme el neologismo *alunizar* cuando el hombre llega a la *luna*.

Verbos con prefijo *en-*

El grupo más numeroso se forma con el prefijo *en-* y el sufijo *-ar*, que se añaden a nombres y adjetivos.

▲ *jaula > en-jaul-ar > enjaular*
▲ *gordo > en-gord-ar > engordar*
▲ *peor > em-peor-ar > empeorar*

Cuando se añade a nombres, el significado más habitual es 'meter algo o a alguien' en el objeto designado por el nombre: *en-jaul-ar* (meter a alguien en una *jaula*), *em-paquet-ar, en-vas-ar...*

El prefijo *en-* se combina también con el sufijo *-ecer,* y forma verbos a partir de un adjetivo.

▲ *bello* > *em-bell-ecer* > *embellecer* (hacer que algo sea *bello*)
▲ *pobre* > *em-pobr-ecer* > *empobrecer*

Verbos con prefijo *des-*
Los verbos con prefijo *des-* pueden tener distintos significados:

El significado más habitual es el de 'privar' o 'quitar' el objeto designado por el nombre de la base:

▲ *hoja* > *des-hoj-ar* > *deshojar* (quitar las *hojas*)
▲ *insecto* > *des-insect-ar* > *desinsectar* (quitar los *insectos*)

Los verbos derivados que se refieren a partes del cuerpo forman un grupo muy numeroso y tienen este mismo significado: *des-cabez-ar, des-carn-ar, des-orej-ar, des-trip-ar...*

Otro de los significados, muy relacionado con el anterior, es el de 'sacar' o 'salirse' del objeto designado por el nombre de la base: *des-carril-ar* (salirse del *carril*), *des-orbit-ar* (salirse de la *órbita*), *des-terr-ar* (obligar a alguien a irse de la *tierra*)...

Otro grupo de verbos lo forman aquellos en los que el significado es el de 'producir' el objeto designado por el nombre de la base: *des-mig-ar* (convertir el pan en *migas*).

Algunos tienen el significado de 'arrojar desde lo alto', como *des-peñ-ar*, (tirar desde una peña) o el latinismo *de-fenestr-ar* (arrojar a alguien por una ventana).

El prefijo *re-*
Es enormemente productivo en la formación de verbos que se construyen sobre otros verbos aportando el valor de repetición de la acción:

▲ *leer* > *re-leer*
▲ *mirar* > *re-mirar*

Pero también lo encontramos en algunos derivados que se construyen sobre un adjetivo, y que tienen un significado de 'volver a' o 'recuperar' el significado del adjetivo:

▲ *fino* > *re-fin-ar* > *refinar*
▲ *nuevo* > *re-nov-ar* > *renovar*

El prefijo *trans-, tras-*

Este prefijo forma un buen número de verbos a partir de nombres cuyo significado más habitual es 'pasar de un lugar a otro':

▲ *vaso > trans-vas-ar > transvasar* (pasar un líquido de un lugar a otro)
▲ *bordo > trans-bord-ar* (pasar algo o a alguien de un medio de transporte a otro)

También encontramos verbos con el significado de 'cambiar de forma', como *trans-figur-ar* y *trans-form-ar*.

El prefijo *es-*

Este prefijo lo encontramos formando verbos en algunas palabras, como *es-clar-ecer*.

El prefijo *con-*

Lo encontramos en algunos derivados con bases latinas, con un valor de unión: *con-form-ar, con-fratern-izar, con-caten-ar*.

Los prefijos *ex-, e-* y *extra-*

Forman algunos verbos aportando el valor de 'sacar fuera del lugar en el que se está', como *ex-carcel-ar* (sacar de la *cárcel*), *ex-patri-ar* (sacar de la *patria*), *extra-vi-ar* (sacar de la *vía*, o camino).

Los prefijos *entre-, per-, pro-* y *res-*

Forman también algunos verbos a partir de nombres.

▲ *comilla > entre-comill-ar > entrecomillar* (poner entre *comillas*)
▲ *noche > per-noct-ar > pernoctar* (pasar la noche -se toma como base la palabra latina *noctem*, en lugar de la evolucionada española *noche*-)
▲ *largo > pro-long-ar > prolongar* (hacer más *largo*, con base latina *long*)
▲ *frío > res-fri-ar > resfriar* (enfermar por coger *frío*)

Verbos que tienen la misma raíz

En algunos casos encontramos verbos que comparten la misma raíz, pero tienen diferentes prefijos. Estos verbos suelen tener significados similares o simplemente relacionados:

▲ *frío > res-fri-ar, en-fri-ar*
▲ *claro > clar-ear, clar-ificar, a-clarar, es-clar-ecer*
▲ *corto > cort-ar, a-cort-ar*
▲ *largo > larg-ar, a-larg-ar*

Actividades

A) En el primer cuadro aparecen verbos que se han formado a partir de adjetivos y nombres a los que se han unido uno de los sufijos estudiados. Rellena los huecos con las palabras adecuadas.

ADJETIVO/NOMBRE	VERBO
1	rentabilizar
buzo	2
paz	3
4	estorbar
5	palidecer
ideal	6
flexible	7
8	trocear
útil	9
espeso	10
11	colorear
gloria	12
seco	13
14	monopolizar
15	chantajear

B) Haz lo mismo que en la actividad anterior y, además, señala su significado.

ADJETIVO/NOMBRE	VERBO	SIGNIFICADO
1	traspapelar	
grande	2	
barato	3	
4	endeudar	
5	enrojecer	
prisión	6	
trozo	7	
8	enterrar	
bello	9	
trono	10	
11	enrejar	
miga	12	
lado	13	
14	despeñar	
15	acortar	

3. Los sufijos creadores de adjetivos

Principales sufijos creadores de adjetivos a partir de verbos

A) SUFIJOS QUE FORMAN ADJETIVOS DEVERBALES ACTIVOS

Algunos de los sufijos que forman adjetivos a partir de verbos señalan que el nombre al que acompañan tiene la cualidad de realizar la acción indicada por el verbo: un papel *secante* es un papel "que *seca*" y una persona *persuasiva* es una persona "que *persuade*, que convence".

Hay también algunos adjetivos que señalan la predisposición o la tendencia a realizar la acción expresada por el verbo: una persona *madrugadora* es una persona "que suele *madrugar*".

Finalmente, encontramos un reducido grupo de *adjetivos potenciales*. Lo forman aquellos adjetivos que señalan la capacidad de hacer lo señalado por el verbo: un objeto *móvil* es un objeto "que es capaz de *moverse*".

El sufijo -*dor* / -*dora*

Muchos de los adjetivos formados con este sufijo señalan el efecto producido por el verbo del que derivan: *broncea-dor, tranquiliza-dor, devasta-dor, demole-dor...*

Por ejemplo, un aceite *bronceador* es un aceite "que *broncea*", una opinión *tranquilizadora* es una opinión "que *tranquiliza*"...

Es también muy numeroso el grupo que forman los adjetivos que califican a las personas por sus hábitos: *habla-dor, madruga-dor, ahorra-dor...*

Por ejemplo, una persona *ahorradora* es una persona "que suele *ahorrar*" y una persona *madrugadora* es una persona "a la que le gusta *levantarse temprano*".

El sufijo -*nte*

Los adjetivos que se crean con este sufijo tienen un comportamiento y un significado muy similar al de los adjetivos en -*dor*.

Muchos de los adjetivos creados con este sufijo derivan de verbos de tipo psicológico y sensorial que reflejan el efecto que producen los acontecimientos en las personas: *agobia-nte, estresa-nte, decepciona-nte...*

Una situación *decepcionante* es una situación "que *decepciona*".

Otro gran grupo lo forman los adjetivos que señalan una cualidad del nombre que viene directamente de la acción que este realiza. Por ejemplo, un suelo *brillante* es un suelo "que *brilla*", el agua *corriente* es el agua "que *corre* (por los grifos)".

Alguno de los adjetivos derivados de verbos de la segunda y la tercera conjugación pueden presentar irregularidades, como cambios vocálicos, truncamiento o inserción de consonantes:

▲ *dormir* > *durmie-nte*
▲ *convencer* > *convince-nte*
▲ *obedecer* > *obedie-nte*
▲ *decaer* > *decade-nte*

El sufijo *-(t)ivo / -(t)iva*

Los adjetivos formados con este sufijo tienen un significado muy similar al de los sufijos *-dor/a* y *-nte*, presentados anteriormente, pero se diferencian de estos porque aportan un matiz de carácter culto: *explica-tivo, resulta-tivo, alus-ivo, representa-tivo...* Por eso aparecen con más frecuencia en lenguajes especializados: *recrea-tivo, especula-tivo, representa-tivo*. Muchos de los derivados aportan un matiz de finalidad ('que sirve para' + V): *preven-tivo, cura-tivo, adhes-ivo...* Por ejemplo, algo es *curativo* si sirve "para *curar*", es *preventivo* si sirve "para *prevenir*"y es *adhesivo* si sirve "para *adherir* o *pegar*".

El sufijo *-(t)orio / -(t)oria*

Este sufijo tiene un comportamiento y aporta unos matices de significado muy similares al sufijo *-(t)ivo/a*. Es un sufijo que deriva adjetivos también de nombres. La mayor parte de los derivados que crea señalan simplemente la cualidad que tiene el ser que realiza la acción del verbo que sirve de base: una actitud *discriminatoria* es una actitud "que *discrimina* a alguien", y un examen *eliminatorio* es un examen "que sirve para *eliminar* a alguien".

El sufijo *-ón / -ona*

Sus características son muy similares a la del sufijo *-dor/a*, pero se distingue de este porque forma adjetivos muy coloquiales, y que en muchos casos añaden un matiz peyorativo y de exceso: *comil-ón* es alguien "que *come* demasiado". Todos los adjetivos formados con este sufijo están referidos a cualidades humanas: *vacil-ón, contest-ón, besuc-ón, pele-ón, destroz-ón...*

B) SUFIJOS QUE FORMAN ADJETIVOS DEVERBALES PASIVOS

Señalan una cualidad que se atribuye al ser que recibe la acción desempeñada por el verbo. Un hombre *acusado* es un hombre "que ha sido *acusado* de algo". En muchos casos esta cualidad se refiere a la posibilidad de que la acción se dé. Son adjetivos pasivos potenciales: una persona *tratable* es una persona "con la que se puede *tratar*".

El sufijo -*do* / -*da*

Son muchos los adjetivos pasivos que se forman con este sufijo: *respeta-do, consenti-do, reserva-do, barniza-do...*

Una persona *respeta-da* es una persona "a la que todos *respetan*". Una mesa *barniza-da* es una mesa "a la que se le ha echado *barniz*". La mayor parte de los verbos son susceptibles de formar adjetivos de este tipo.

Este sufijo puede formar también algunos adjetivos activos, que señalan la personalidad de los individuos, la propensión o la tendencia a lo señalado por el verbo: *calla-do, sufri-do, decidi-do, presumi-do...*

Una persona *callada* es una persona "con tendencia a *callar*, a no hablar".

La forma de este sufijo es la forma del participio. Pero en este caso podemos considerar -*do*/-*da* como un verdadero sufijo derivacional que forma palabras nuevas.

El sufijo -*ble*

Es uno de los sufijos más habituales y más productivos del español. Forma adjetivos a partir de verbos (*trata-ble, mejora-ble, indestructi-ble, espera-ble...*). La mayor parte de los adjetivos derivados en -*ble* se forman a partir de verbos transitivos. El adjetivo en -*ble*, que acompaña y califica al nombre, señala que "es posible" que la acción descrita por el verbo se realice sobre ese nombre, que el nombre tiene la cualidad de "dejarse modificar o afectar" por la acción del verbo.

Un proyecto *defendi-ble* es un proyecto "que se puede *defender*, (que existe un ser capaz de *defenderlo*)". Una casa *habita-ble* es una casa "que se puede *habitar*".

El adjetivo hace que esa posibilidad de modificación se presente como una cualidad del nombre.

Este sufijo funciona con verbos de las tres conjugaciones: una persona *tratable*, una pelota *irrompible*, una tentación *irresistible*. En la segunda conjugación la vocal temática se convierte en *i*: beber > *bebible*.

C) SUFIJOS MINORITARIOS

Existen también otros sufijos muy poco productivos que forman un reducido número de adjetivos derivados de verbos. Aquí te mostramos algunos:

▲ *-az: vi-vaz, mord-az...*
▲ *-il/til: móv-il, retrác-til...*
▲ *-bundo/a: vaga-bundo, medita-bundo, mori-bundo...*
▲ *-ín/a: cantar-ín, saltar-ín...*
▲ *-dero/a: dura-dero, veni-dero, lleva-dero...*
▲ *-dizo/a: enamora-dizo, asusta-dizo, arroja-dizo...*

Sufijos creadores de adjetivos a partir de nombres comunes

Los sufijos que forman adjetivos a partir de nombres son los más numerosos. Son adjetivos de relación que señalan que el nombre al que acompañan tiene la cualidad de estar relacionado con el sustantivo base del adjetivo. Una revista *semanal* es una revista que tiene algo que ver con la semana, en este caso, "que sale un día a la *semana*". Una mujer *francesa* será una mujer que tiene alguna relación con Francia; en este caso, "que su lugar de origen es *Francia*". Estos adjetivos pueden dividirse en dos grandes grupos: los que indican una relación con un nombre común y los que indican una relación con un nombre propio. Vamos a ocuparnos ahora de los que se forman a partir de un nombre común.

El sufijo *-al / -ar*

Es uno de los más generalizados y productivos, y se adjunta a todo tipo de nombres:

▲ *flor > flor-al* (industria floral)
▲ *comercio > comerci-al* (acuerdo comercial)
▲ *cultura > cultur-al* (centro cultural)
▲ *carne > carn-al* (placer carnal)
▲ *música > music-al* (festival musical)

Cuando el nombre que está en la base de la formación contiene una consonante *l* o *ll* en la última o penúltima sílaba de la base, el sufijo *-al* se convierte en *-ar*:

▲ *caballo > caball-ar* (ganadería caballar)
▲ *lana > lan-ar* (industria lanar)

En muchas ocasiones este sufijo se une a bases clásicas, a palabras que vienen del latín o del griego: *fluvi-al*, relacionado con *río*; *rur-al*, relacionado con *campo*; *fili-al*, relacionado con *hijo*; *digit-al*, relacionado con *dedo*.

Al unir el afijo al nombre, se pueden producir cambios en las vocales o en las consonantes:

▲ *muerte* > *mort*-al > *mortal* (veneno mortal)
▲ *diente* > *dent*-al > *dental* (clínica dental)
▲ *voz* > *voc-al* > *vocal* (cuerdas vocales)
▲ *estado* > *estat-al* > *estatal* (universidad estatal)

También encontramos inserción de consonantes o vocales y acortamientos en los nombres que van en la base:

▲ *cuerpo* > *corpo-r-al* (crema corporal)
▲ *mundo* > *mund-i al* (crisis mundial)
▲ *mano* > *man-u al* (aparato manual)
▲ *sindicato* > *sindic-al* (reunión sindical)
▲ *municipio* > *municip-al* (policía municipal)

El sufijo *-ario / -aria*

▲ *presupuesto* > *presupuest-ario* (medidas presupuestarias)
▲ *hora* > *hor-ario* (cambio horario)
▲ *parlamento* > *parlament-ario* (pleno parlamentario)
▲ *universidad* > *universit-ario* (movimiento universitario)

También con este sufijo se dan muchas alteraciones:

▲ *segundo* > *secund-ario* (enseñanza secundaria)
▲ *leyenda* > *legend-ario* (cuento legendario)

El sufijo *-ero / -era*

▲ *lástima* > *lastim-ero* (voz lastimera)
▲ *verbena* > *verben-ero* (semana verbenera)
▲ *veinte años* > *veinteañ-ero* (joven veinteañero)
▲ *frío* > *frio-l-ero* (persona friolera)

El sufijo *-ico / -ica*

▲ *anécdota* > *anecdót-ico* (dato anecdótico)
▲ *ritmo* > *rítm-ico* (gimnasia rítmica)

Se usa mucho con bases griegas:

▲ *polít-ico* (ciencias políticas)
▲ *democrát-ico* (Gobierno democrático)

Un importante grupo lo forman los que se unen a bases que se refieren a enfermedades y estados anímicos, o adjetivos que señalan el carácter de las personas: *aném-ico, abúl-ico, colér-ico, pac-ífico*.

El sufijo *-il*
Se añade principalmente a nombres de seres humanos:

▲ *estudiante > estudiant-il* (huelga estudiantil)
▲ *infante > infant-il* (educación infantil)
▲ *fiebre > febr-il* (estado febril)

El sufijo *-ístico / -ística*
Muy habitual en el campo del arte, la filosofía y el deporte:

▲ *ópera > oper-ístico* (temporada operística)
▲ *fútbol >futbol-ístico* (lenguaje futbolístico)

El sufijo *-oso / -osa*
Algunos de sus derivados tienen un matiz posesivo. Por ejemplo, una persona *bondadosa* es una persona "que tiene *bondad*".

▲ *chiste > chist-oso* (chico chistoso)
▲ *músculo > muscul-oso* (joven musculoso)
▲ *angustia > angusti-osa* (película angustiosa)

El sufijo *-(t)ivo / -(t)iva* y el sufijo *-(t)orio / -(t)oria*

▲ *deporte > deport-ivo* (club deportivo)
▲ *venganza > venga-tivo* (persona vengativa)
▲ *mérito > merit-orio* (trabajo meritorio)

Ambos crean adjetivos derivados de nombres acabados en *-ción*, pero el sufijo *-ción* desaparece al añadirse el sufijo *-tivo* o el sufijo *-torio*:

▲ *educación > educa-tivo* (sistema educativo)

▲ *administración* > *administra-tivo* (secretaria administrativa)
▲ *recaudación* > *recauda-torio* (medidas recaudatorias)

A) SUFIJOS MINORITARIOS

Hay, además, una larga lista de sufijos que forman unos pocos adjetivos. Aquí tienes algunos de ellos.

▲ *-ado / -ada*, usado con los colores: *azul-ado, rosa-ado...*
▲ *-eño / -eña*: *navid-eño, hogar-eño...*
▲ *-erno / -erna*: *pat-erno, mat-erno* y *frat-erno.*
▲ *-icida*, con el significado específico de matar: *patr-icida, hom-icida, infant-icida...*
▲ *-icio / -icia*: *aliment-icio, credit-icio, cardenal-icio...*
▲ *-iento / -ienta*, usado en adjetivos que indican suciedad y estados físicos: *gras-iento, sed-iento, hambr-iento...*
▲ *-ino/-ina*, usado con animales para señalar la especie: *fel-ino, can-ino, bov-ino, taur-ino.*
▲ *-oide*, para señalar la forma: *romb-oide, cristal-oide...*
▲ *-ón / -iona*: *barrig-ona* (que tiene mucha barriga).
▲ *-uno / -una*, para señalar el aspecto de las personas: *hombr-una, caball-uno.*

La creación de adjetivos a partir de nombres propios de persona

Estos adjetivos añaden al nombre al que acompañan la cualidad que tiene la persona sobre la que se ha formado el adjetivo. Naturalmente, estas personas o personajes son siempre famosos y destacan por alguna cualidad.

Una orden *franciscana* es una orden religiosa cuyo santo fundador es san *Francisco* de Asís. Una actitud *donjuanesca* es una actitud mujeriega, semejante "a la del personaje de don *Juan*".

El sufijo *-iano / -iana / -ano / -ana*

Es el sufijo más generalizado. Forma adjetivos a partir de nombres propios de persona:
▲ *Lorca* > *lorqu-iano* (surrealismo lorquiano)
▲ *Teresa* > *teres-iano* (hábito teresiano)
▲ *Orwell* > *orwell-iano* (mundo orwelliano)
▲ *Picasso* > *picass-iano* (cara picassiana)

Un hábito *teresiano* es un hábito de la orden "de santa *Teresa*". Un mundo *orwelliano* es un mundo de una represión totalitaria, "como el mundo que describe *Orwell*" en su famosa novela *1984*.

Este sufijo es muy productivo y forma abundantes neologismos, sobre todo en el campo de la política y las artes: una visión *aznariana* (en referencia al expresidente español *Aznar*), unas reminiscencias *kennedianas* o una derecha *berlusconiana* son ejemplos de estas formaciones.

El sufijo -*esco* / -*esca*
Este sufijo forma adjetivos de relación a partir de nombres propios del campo del arte:

▲ *Quevedo* > *queved-esco* (humor quevedesco)
▲ *Valle-Inclán* > *valleinclan-esco* (estilo valleinclanesco)
▲ *Goya* > *goy-esco* (Madrid goyesco)
▲ *Dante* > *dant-esco* (espectáculo dantesco)

El adjetivo que se forma tiene un valor de semejanza. Un humor *quevedesco* es un humor irónico, como era el tipo de humor "de las obras de *Quevedo*". Un estilo *valleinclanesco* es un estilo crítico que deforma la realidad, "como hacía *Valle-Inclán*" en su literatura. El Madrid *goyesco* es el Madrid típico de la época "que reflejaba *Goya*" en sus cuadros. Un espectáculo *dantesco* es una visión que se asemeja "a la presentada por *Dante*" en la *Divina comedia* y que causa espanto.

Con este carácter de semejanza lo encontramos también en muchas formaciones unido a bases que son nombres comunes:

▲ *burla* > *burl-esco*
▲ *caballero* > *caballer-esco*

El sufijo -*ino* / -*ina*
Es otro de los sufijos que forman un buen número de adjetivos derivados de nombres de persona:

▲ *Colón (Columbus)* > *colomb-ino* (época precolombina)
▲ *Cervantes* > *cervant-ino* (espíritu cervantino)

La época *precolombina* en América es la época anterior "a la llegada de *Cristóbal Colón*". Un espíritu *cervantino* es una forma de ser o actuar semejante "a la de *Miguel de Cervantes*".

El sufijo *-ista*
Este sufijo goza de bastante productividad en el mundo de la política:

▲ *Fidel Castro* > *castr-ista* (época castrista)
▲ *Charles De Gaulle* > *gaull-ista* (partido de corte gaullista)
▲ *Hugo Chávez* > *chav-ista* (líder chavista)

Podemos decir, por ejemplo, que en Cuba no ha terminado aún la época *castrista*, o que en Francia sigue habiendo partidos de corte *gaullista*, o que Maduro es un político *chavista*.

A) SUFIJOS MINORITARIOS
Además de los sufijos presentados, encontramos unos pocos sufijos que forman un reducido número de adjetivos a partir de nombres de persona:

▲ *-eño* / *-eña*: *velazqu-eño, manriqu-eño* (de Velázquez / del poeta Jorge Manrique).
▲ *-eo* / *-ea* (reducido a algunas formaciones clásicas): *apol-ín-eo, hercúl-eo...*
▲ *-ico* / *-ica*: *napoleón-ico, homér-ico...*

Actividades

A) Aquí tienes unas frases. Completa con los adjetivos derivados del verbo que te proponemos.
1. Mi madre siempre está de mal humor, tiene un carácter (**no soportar**) ....
2. El cuento de *La bella* (**dormir**) .... es uno de los preferidos de los niños.
3. Miguel es muy (**persuadir**) .... Siempre convence a todos de lo que quiere.
4. Mi hermano es muy (**enamorar**) .... Ha tenido ya más de cinco novias.
5. El proyecto que ha presentado Andrés está bien, pero creo que es muy (**mejorar**) ....
6. Los niños de ahora se quejan mucho. Son unos (**protestar**) ....

B) Completa con los adjetivos derivados del nombre entre paréntesis. Si el nombre es una palabra que viene del latín o del griego, te señalamos la raíz.
1. Mi tío Pedro tiene un carácter muy (**cólera**) .... Hay que tener cuidado con él para que no se enfade.
2. Mi hija es una niña muy (**infante**) .... Ya tiene doce años y todavía juega con muñecas.
3. Me encanta tu primo Ángel, siempre me hace reír. Creo que es la persona más (**chiste**) .... que conozco.
4. En esta universidad damos mucha importancia a los aspectos (**cultura**) ....
5. Desde que mi padre está (**anemia**) .... tiene un aspecto (**lástima**) ....
6. Mi mejor amigo es muy (**pereza**) .... Todos los domingos se levanta a la hora de comer.

C) Completa las frases con los adjetivos derivados del nombre entre paréntesis.
1. El espíritu (**Quijote**) .... cada vez es más raro en el mundo en que vivimos.
2. Muchas zonas de Siria ofrecen hoy un espectáculo (**Dante**) ....
3. En el siglo XIX se impuso el código (**Napoleón**) .... en toda Europa.
4. Los (**Jacobo**) .... , que toman el nombre del convento de Saint Jacques, en el que se reunían, fueron un grupo muy violento en la Revolución francesa.
5. Donald Trump tiene un aire (**Berlusconi**) .... y Hillary Clinton tiene unas ideas más (**Kennedy**) ....
6. La corriente (**Felipe**, de Felipe González) .... dentro del PSOE ha favorecido la abstención para que se pueda formar un Gobierno de derechas en España.
7. Siempre se ha dicho que la actriz española Rossy de Palma tiene una cara muy (**Picasso**) ....

21. LA FORMACIÓN DE COMPUESTOS

1. Las palabras compuestas que forman nombres

El español, como otras lenguas, crea palabras nuevas a partir de dos palabras ya existentes; es decir, forma palabras compuestas.

Compuestos formados por dos nombres

La unión de dos nombres (N + N) para formar uno nuevo no es tan productiva en español como en otras lenguas cercanas, como el inglés o el alemán; sin embargo, son muchos los nombres compuestos que se han formado y se siguen formando con este esquema.Vamos a ver algunos ejemplos de este tipo de nombres:

▲ *Videoconferencia = vídeo + conferencia* (conferencia que se da y se ve en vídeo)
▲ *Drogadicción = droga + adicción* (adicción a las drogas)
▲ *Radioyente = radio + oyente* (persona que oye la radio)
▲ *Telaraña = tela + araña* (tela que teje la araña)
▲ *Bocacalle = boca + calle* (calle que comienza o termina en otra)
▲ *Baloncesto = balón + cesto* (juego que consiste en meter una pelota en un cesto)

En algunos de estos compuestos encontramos la inserción de la vocal *i.*
Coliflor = col + flor (tipo de verdura)

Sin embargo, en español, la gran mayoría de los compuestos del tipo N + N son compuestos que no están fusionados ni ortográfica ni fonéticamente. Algunos compuestos de este tipo son *reloj despertador* (reloj que sirve para despertar), *barco cisterna* (barco que lleva gasolina para otros barcos), *coche bomba* (coche en el que se ha colocado una bomba para hacer un atentado, para matar a alguien), *ciudad dormitorio* (población cercana a una gran ciudad donde vive mucha gente que trabaja en la gran ciudad), *hombre rana* (buceador), *célula madre* (es la que se reproduce, la que tiene, como la madre, la capacidad de engendrar).

En el reino animal son numerosos los nombres que forman compuestos de este tipo: *pájaro carpintero, oso hormiguero, mono araña, pez espada.*

Un número importante lo forman también aquellos en los que el significado del compuesto se obtiene al unir el significado de ambos nombres. Son habituales los nombres que se refieren a profesiones, como *físico químico, filósofo poeta* o *director actor*; lugares, como *café teatro, salón comedor* o *casa cuartel*; objetos materiales de nueva creación, como *falda pantalón, lavadora secadora* o *grabador reproductor*; términos políticos, como *centro derecha;* y términos que señalan una relación de origen-destino, como en "misiles *tierra-tierra*".

Este grupo de compuestos pueden escribirse con un guion que una los nombres que los integran: *falda-pantalón, librería-papelería...*

Son muchas las palabras que se forman en la actualidad de esta manera: *carril bici, cheque bebé, contrato basura, niño soldado...*

Algunos nombres, como *clave, fantasma, estrella, cumbre, pirata, relámpago, puente* y *piloto,* son especialmente productivos en la formación de nuevas palabras de este tipo. Cada uno de estos nombres modifica al primer nombre del compuesto añadiendo una cualidad.

- ▲ *Clave* (importante): *asunto clave, problema clave, punto clave.*
- ▲ *Fantasma* (falso, irreal): *ciudad fantasma, pueblo fantasma.*
- ▲ *Estrella* (el principal, el más importante): *producto estrella, actuación estrella.*
- ▲ *Cumbre* (prominente, álgido): *momento cumbre, obra cumbre.*
- ▲ *Pirata* (falso, fraudulento): *película pirata, disco pirata.*
- ▲ *Relámpago* (rápido): *actuación relámpago, guerra relámpago.*
- ▲ *Puente* (intermedio): *curso puente, plan puente.*
- ▲ *Piloto* (de muestra): *piso piloto, programa piloto.*

Compuestos nominales formados por un verbo y un nombre

Estos compuestos están formados por un verbo en tercera persona del singular y un nombre en su forma de plural: *cortavientos, metepatas, vendepatrias, lavaplatos, pinchadiscos...*

En todos estos compuestos tenemos un verbo de acción con un complemento: un *cortavientos* corta el viento, un *metepatas* es alguien que mete la pata, un *lavaplatos* es un aparato que lava los platos...

El significado de estos nombres es bastante transparente. En la mayoría de los casos, su referente es una persona o un objeto o instrumento que realiza de manera habitual la acción señalada por la unidad que forma el verbo con el nombre que lo acompaña.

Este tipo de compuestos es extraordinariamente productivo en español, formándose cada día neologismos que designan objetos de nueva creación o comportamientos humanos: *cazacatalentos, vendepatrias, cazaautógrafos, asaltatumbas, chupasangres o destrozamatrimonios.*

Es un tipo de compuesto poco habitual, que se da en español y otras lenguas románicas, como el italiano y el francés.

Otros compuestos formadores de nombres

Hay compuestos en los que se unen distintas categorías gramaticales para formar nombres. Veamos los distintos casos:

A + N: *vanagloria* (arrogancia, falta de humildad), *librepensador* (persona con independencia y libertad de pensamiento), *altavoz* (aparato que amplía el volumen de la voz y los sonidos).

N + A: *camposanto* (cementerio), *aguardiente* (bebida alcohólica de mucha graduación), *aguamarina* (piedra preciosa), *pintarroja* (tipo de pez).

Son especialmente productivos los nombres formados con los adjetivos *malo* y *bueno*, que pueden aparecer contraídos en *mal* y *buen*: *buenaventura, malhumor, Nochebuena, malformación, malasombra.*

Algunos numerales, especialmente *medio*, forman también algunos compuestos: *mediodía, medianoche, medialuna* (tipo de bollo), *ciempiés* (tipo de animal invertebrado), *milhojas* (dulce), *quintaesencia* (lo más puro y acertado).

V + V: *duermevela* (un estado en el que uno no está ni dormido ni despierto), *tejemaneje* (un enredo poco claro que se hace para conseguir algo).

V + Adv: *catalejo* (prismático en forma de cilindro, viene de *catar*, en su acepción de 'ver', y de *lejos*), *mandamás* (la persona que más manda, con sentido peyorativo), *malestar* (estado general negativo), *bienestar* (estado general positivo)...

A + A: *altibajo*, se usa mucho aplicado a las personas para señalar los cambios de humor.

Compuestos oracionales

En español hay un pequeño grupo de compuestos que forman una palabra única, desde el punto de vista ortográfico, y que están integrados por una oración completa que se ha fusionado y se ha convertido en un nombre. La mayoría de estos nombres señalan cualidades de las personas, como *correveidile* (cotilla), *hazmerreír* (persona ridícula de la que todos se ríen), *metomentodo* (persona que da su opinión y trata de mandar en cosas que no le corresponden), *sabelotodo* (persona que presume de saber, pero que en realidad no sabe)...

2. Las palabras compuestas que forman adjetivos y verbos

Compuestos adjetivos

Los compuestos adjetivos del español pueden ser de tres tipos: formados por la unión de dos adjetivos, formados por la unión de un nombre y un adjetivo, o formados por la unión de un adverbio y un adjetivo.

Compuestos formados por dos adjetivos

Son el resultado de la unión de dos adjetivos que pueden aparecer con o sin la vocal de enlace *i*: *sordomudo, pavisoso, azulgrana, verdinegro*...

El significado del compuesto resulta de la unión de los significados de los dos adjetivos que forman el compuesto: una persona *sordomuda* es una persona *sorda* (que no puede oír) y *muda* (que no puede hablar) al mismo tiempo; una persona *pavisosa* es una persona *sosa* (sin gracia), al adjetivo *soso* se une el nombre de *pavo*, usado con valor metafórico para calificar a alguien que tiene tan poca gracia como ese animal; una camiseta *azulgrana* es una camiseta de color *azul* y *grana* (rojo); y en un vestido *verdinegro* los colores que predominan son el *verde* y el *negro*.

Por eso tiene que haber una coherencia y compatibilidad en el significado de los dos adjetivos que se combinan. Ambos tienen que pertenecer a la misma familia. En *sordomudo* tenemos dos adjetivos que se refieren a la privación de sentidos; en *claroscuro*, dos adjetivos que se refieren a la tonalidad; en *agridulce*, dos adjetivos del campo semántico de los sabores; en *rojiblanco*, dos adjetivos que señalan colores; en *maníaco-depresivo*, dos adjetivos que señalan cualidades psíquicas; en *franco-español*, dos adjetivos que señalan la nacionalidad...

En el caso de las combinaciones de colores, los colores obtenidos en estos compuestos son el resultado de la combinación de ambos colores, pero no de la creación de un color intermedio fusionado. Es decir, el objeto al que se refiere el adjetivo presenta los dos colores, separados y diferenciados, y no un color homogéneo resultado de la mezcla de ambos colores. La mezcla homogénea de ambos colores no se designa con un adjetivo compuesto, sino con el grupo formado con el adjetivo de color, al que se añade un modificador adjetivo, derivado de color. Por ejemplo, *rojo amarillento* es un color rojo que tiende al amarillo; un *verde azulado*, un color verde que tiende al azul, etc. El modificador está formado por adjetivos derivados con los sufijos *-áceo* (*rosáceo, grisáceo*), *-oso* (*verdoso*), *-ado* (*azulado, anaranjado*), *-ento* (*amarillento*).

Los adjetivos clasificadores compuestos que adoptan este esquema son especialmente productivos y pueden presentarse con un guion de unión entre los dos componentes. Son especialmente productivos los que pertenecen al campo de las ideologías, la política, la economía y la sociedad, como *social-demócrata, político-económico, político-social, liberal-progresista, histórico-cultural...*; y los que señalan la nacionalidad, como *hispano-portugués, ítalo-argentino...*

En este tipo de compuestos se dan con mucha frecuencia acortamientos o formas especiales del primero de los adjetivos del compuesto. Así tenemos *sadomasoquista*, en lugar de **sádicomasoquista*; *bucodental*, en lugar de **bucaldental*; y *francocanadiense* en lugar de **francéscanadiense*.

Estas formas especiales son habituales en los adjetivos referidos a la nacionalidad. *Inglés* se convierte en *anglo* (*angloparlante, angloamericano*); *italiano*, en *italo* (*italoargentino*); *africano*, en *afro* (*afroamericano*); *francés*, en *franco* (*francoespañol*); *español*, en *hispano* (*hispanoárabe*); *portugués* en *luso* (*lusobrasileño*)...

Compuestos formados por nombre y adjetivo
Entre los compuestos adjetivos del tipo N + A, los más numerosos son los que califican las distintas partes del cuerpo. El nombre ocupa la primera posición en estos compuestos, perdiendo su vocal final, y en la unión con el adjetivo se intercala la vocal de enlace *i*. Las partes más características del cuerpo participan en la formación de estos compuestos.

La mayoría de ellos caracterizan físicamente a las personas y a los animales. El adjetivo califica y el nombre que lo acompaña señala que la cualidad se da en una zona determinada del cuerpo: *patilargo* (largo de pata), *barbilampiño* (hombre que no tiene pelos en la barba), *patizambo* (que tiene las piernas arqueadas), *pelirrojo* (que tiene el pelo de color rojo), *rabicorto* (que tiene el rabo corto), *cejijunto* (que tiene las cejas unidas, sin separación), *cuellicorto* (que tiene el cuello corto)... Otros compuestos se refieren al carácter, la forma de ser o las características anímicas circunstanciales. La mayoría de estos compuestos tienen un significado de tipo metafórico: *manirroto* (persona que gasta mucho dinero), *cariacontecido* (con cara de preocupación), *boquiabierto* (con la boca abierta de sorpresa), *cabizbajo* (con la cabeza agachada por la preocupación), *patidifuso* (paralizado por el asombro), *peliagudo* (difícil de resolver)...

Hay también algunos compuestos de este tipo que crean aditivos de color: *azul cielo*, *verde manzana*, *rojo rubí*... Son adjetivos modificados por el nombre. El nombre matiza el color señalado por el adjetivo. Este matiz viene dado por la característica de color que tiene el nombre que modifica al adjetivo en el compuesto: el *azul cielo* es un *azul* similar al *azul* del *cielo*.

Compuestos formados por adverbio y adjetivo

Los adverbios *mal* y *bien* son los más habituales en este tipo de compuestos: *malhumorado* (con mal humor), *malintencionado* (con malas intenciones), *maloliente* (que huele mal), *malsano* (moralmente perjudicial), *malhablado* (que habla mal, con palabras feas), *bienintencionado* (con buenas intenciones)...

Compuestos verbales

El número de verbos formados por composición en español es bastante escaso, si lo comparamos con la gran cantidad de nombres y adjetivos que se forman con este procedimiento de formación de palabras.

Encontramos algún caso aislado de unión de dos nombres que forman un verbo. Se trata de las palabras *machihembrar* (en bricolaje y carpintería, unir introduciendo un saliente en un hueco) y *salpimentar* (echar en la comida sal y pimienta). En ambos casos tenemos la unión de los dos nombres, *macho* y *hembra*, *sal* y *pimienta*, a la que se añade el sufijo formador de verbos *-ar*:

Algunas de las formaciones son del tipo N + V, como *maniatar* (atar las manos) o *manuscribir* (escribir a mano)...

En otras encontramos un Adv + V, teniendo en cuenta que prácticamente todos ellos se forman con los adverbios *bien* y, sobre todo, *mal*: *bendecir, malvivir, malpensar, maldecir, malcriar, maleducar...*

3. Las palabras compuestas con raíces clásicas

Las raíces clásicas aparecen con mucha frecuencia como elementos en la formación de palabras compuestas en español y otras lenguas románicas. Estas raíces clásicas son palabras del griego y del latín, y tienen la particularidad de no poder aparecer por sí solas como palabras del español, pero sí como bases en la formación de palabras compuestas.

Algunos ejemplos son *analgésico* (de *algia* 'dolor'), 'objeto que quita el dolor'; *bibliófilo* (de *biblio* 'libro' y *filo* 'amor'), 'amante de los libros'; *informe* (con el prefijo *in*, seguido del nombre clásico *forme*), con el significado de 'sin forma'; *ágrafo* (con el prefijo de negación *a* y el nombre clásico *grafo* 'letra'), 'que no sabe escribir'...

Las raíces clásicas en la formación de nombres
Son muchas las raíces clásicas que intervienen en la formación de los nombres compuestos. Estos nombres aparecen con mucha frecuencia en el lenguaje especializado y culto. Algunas de ellas proceden del latín, pero la mayoría son términos griegos.

A) PROCEDENTES DEL GRIEGO
algia, con significado de 'dolor': *neuralgia* (dolor de tipo nervioso), *cefalalgia* (dolor de cabeza)...
arquía (*arca*), con significado de 'gobernar': *monarquía* (gobierno de un rey, o monarca), *oligarquía* (gobierno de unos pocos)...
biblio, con significado de 'libro': *biblioteca* (lugar en el que se guardan los libros), *bibliobus* (autobús convertido en biblioteca)...
bio, con significado de 'vida': *biografía* (historia de la vida de alguien), *biosfera* (conjunto de los seres vivos del planeta y los medios en los que viven)...
clepto, con significado de 'robar': *cleptomanía* (manía de robar), *cleptocracia* (gobierno de los que roban)...
cosmo, con significado de 'mundo, universo': *cosmografía* (descripción astronómica del mundo), *microcosmo* (el mundo en escala reducida)...

cracia, con significado de 'poder': *democracia* (el poder del pueblo)...

crono, con significado de 'tiempo': *cronómetro* (aparato que mide el tiempo), *cronología* (serie ordenada según el tiempo de los acontecimientos históricos)...

eco, con significado de 'casa': *ecosistema* (sistema que forman los seres vivos que comparten un mismo espacio físico), *ecología* (ciencia que estudia los seres vivos que habitan en un medio determinado)...

etno, con significado de 'pueblo' o 'raza': *etnografía* (estudio de las costumbres y tradiciones de los pueblos), *etnología* (estudio de las causas de las costumbres y tradiciones)...

fobia, con significado de 'rechazo, repulsión': *aracnofobia* (odio o repulsión a las arañas), *hidrofobia* (odio o manía al agua)...

fonía (*fono*), con significado de 'hablar': *fonología* (ciencia que estudia los sonidos de las lenguas), *fonógrafo* (aparato que registra las ondas sonoras que producimos al hablar)...

foto, con significado de 'luz': *fotografía* (obtención de imágenes a través de la luz), *fotofobia* (intolerancia a la luz)...

geo, con significado de 'la Tierra': *geología* (estudio de la Tierra), *geografía* (estudio de la forma de la Tierra y sus continentes)...

grafía (*grafo*), con significado de 'describir o escribir': *autógrafo* (breve escrito a mano firmado por su propio autor)...

hidro, con significado de 'agua': *hidroterapia* (curación a base de agua)...

metría (*metro*), con significado de 'medida o medición': *audiometría* (medición del nivel de audición), *cronómetro* (aparato que mide el tiempo)...

neuro, con significado de 'nervio': *neurocirujano* (cirujano del cerebro y el aparato nervioso), *neurología* (ciencia que estudia el sistema nervioso y el cerebro)...

patía (*pata*), con significado de 'sufrir': *cardiopatía* (enfermedad del corazón), *psicópata* (enfermo de la mente)...

scopia (*scopio*), con significado de 'observar': *telescopio* (aparato para observar desde lejos)...

termo, con significado de 'calor': *termómetro* (aparato para medir el calor)...

xeno, con significado de 'extranjero': *xenofobia* (odio al extranjero)...

B) PROCEDENTES DEL LATÍN

cida, con significado de 'matar': *herbicida* (producto para matar las malas hierbas), *parricida* (persona que ha matado a su padre o a su madre)...

cultura, con significado de 'cultivar' o 'cuidar': *horticultura* (se ocupa del cuidado de los huertos), *puericultura* (se ocupa del cuidado de los niños)...

Las raíces clásicas pueden combinarse con palabras del español, como en *neurociencia, flamencología, discografía*..., pero son más habituales los compuestos que están integrados por dos raíces clásicas, como en *grafología, cardiopatía, neuralgia, filosofía, litografía, termómetro...*

Las raíces clásicas en la formación de adjetivos

Las raíces clásicas intervienen también en la formación de muchos adjetivos compuestos del español. La mayoría proceden del latín, a excepción de *fago* y *mano* (de *manía*), que proceden del griego.

cola significa 'que cultiva o cría' lo designado por el nombre al que se une, o que 'habita en el lugar' designado por el nombre: *piscícola* (que cría peces), *vinícola* (que cultiva o produce vino), *cavernícola* (que vive en cavernas), *arborícola* (que vive en los árboles)...

fero significa 'portador' de lo denotado por el nombre del compuesto: *acuífero* (que tiene agua), *petrolífero* (que tiene petróleo)...

filo, con significado de 'amor', forma también adjetivos: *bibliófilo* (que ama los libros), *filántropo* (que ama y ayuda a sus semejantes). Se une de manera muy productiva a nombres que indican nacionalidad: *anglófilo, germanófilo...*

forme significa que el nombre al que se refiere el adjetivo 'tiene la forma' del nombre que aparece en el compuesto: *campaniforme* (que tiene forma de campana), *multiforme* (que tiene muchas formas)...

fago, del griego, y *voro*, del latín, significan 'comedor' de lo denotado en el nombre del compuesto. El tema latino es bastante más productivo que el griego: *antropófago* (que come hombres), *herbívoro* (que come hierba), *carnívoro* (que come carne)...

mano, del griego *manía*, que significa 'locura', forma un gran número de adjetivos que señalan la adicción obsesiva y patológica hacia algo: *melómano* (amante exagerado de la música), *megalómano* (obsesionado con hacer cosas muy importantes), *pirómano* (obsesionado con hacer fuego y provocar incendios)... Es especialmente productivo en los adjetivos del mundo de las drogas: *toxicómano, cocainómano, heroinómano, ...*

Actividades

A) Completa los huecos de las oraciones con un nombre compuesto.
1. Un .... es un tipo de oso que se alimenta de hormigas.
2. Julio es un .... si se entera de algo, a los cinco minutos lo sabe toda la oficina.
3. Vamos a hacer una .... para que todos los alumnos la puedan ver desde cualquier parte del mundo conectados a internet.
4. Me he comprado un piso. Aún no lo han empezado a construir, pero ya he visto el ....
5. La guerra de los Seis Días fue una ....que ganó Israel.
6. El .... se inventó en el siglo XVI. Gracias a él, los marineros podían ver otros barcos que estaban a mucha distancia.
7. Este niño es un .... y un impertinente. A cada cosa que se dice le hace alguna puntualización para demostrar lo mucho que sabe.
8. Los .... son los soldados de la ONU encargados de mantener el orden en las zonas de conflicto.

B) Escribe el adjetivo compuesto correspondiente.
1. De color rojo y blanco: ....
2. De sabor agrio y dulce: ....
3. Persona de buenas intenciones: ....
4. Persona de piernas muy cortas: ....
5. Persona cuya lengua materna es el inglés: ....
6. Mitad español, mitad francés: ....
7. Persona con malas intenciones: ....
8. Que huele mal: ....

C) Coloca cada compuesto al lado de su definición: *dedocracia, filántropo, logopeda, analgésico, alcoholímetro, omnívoro, xenofobia, hidrólisis, grafología, hipódromo.*

DEFINICIÓN	COMPUESTO
1. Odio al extranjero.	1.
2. Amor y entrega al género humano.	2.
3. Medicina para quitar el dolor.	3.
4. Lugar en el que se hacen carreras de caballos.	4.
5. Aparato que lleva la policía para comprobar si una persona ha bebido.	5.
6. Sistema por el que se eligen los cargos por "amiguismo".	6.
7. Persona cuya profesión es tratar a la gente que tienedificultades para hablar.	7.
8. Ciencia que estudia la personalidad a partir de la forma de la escritura.	8.
9. Animal que come todo tipo de alimentos.	9.
10. Desdoblamiento de una molécula por acción del agua.	10.

IV
LÉXICO

22. LOS VERBOS *SER* Y *ESTAR*

1. Usos de *ser* y *estar*

La correcta utilización de los verbos *ser* y *estar*, según el contexto, es una de las cuestiones gramaticales más difíciles del español, es un verdadero reto para todos los estudiantes. ¿Por qué les cuesta tanto a los estudiantes de español utilizar correctamente estos verbos, saber en qué contextos se tiene que usar uno y en qué contextos se tiene que usar el otro? La respuesta es sencilla, aunque la solución es complicada.

Estos dos verbos, *ser* y *estar*, se usan como verbos copulativos. Los verbos copulativos no tienen significado, no nos dicen nada del sujeto al que se refieren. Van acompañando a un predicado de tipo nominal (nombre o adjetivo) que es el que aporta el significado del predicado, el que da la información de lo que se dice del sujeto.

Estos verbos copulativos existen en las lenguas porque las oraciones necesitan tener siempre un verbo. Normalmente, es el verbo del predicado el que aporta el significado central de la acción, situación o estado del sujeto.

▲ *El atleta* **entrena** *cada día.*
▲ *Los niños* **duermen** *la siesta.*

Sin embargo, las oraciones copulativas tienen un predicado de tipo nominal. Es decir, es el nombre o el adjetivo que acompaña al verbo copulativo el que nos da la información que se refiere al sujeto.

▲ *El tren es* **rápido**.
▲ *El agua está* **caliente**.

Rápido (su característica) es la información que damos sobre el tren y *caliente* (su estado), sobre el agua. Los verbos copulativos no aportan ningún significado, pero son necesarios para formar la oración porque son el soporte en el que se indica el número, la persona, el tiempo y el modo, en el caso del español.

La mayoría de las lenguas tienen un verbo copulativo que cumple esta función; pero en español usamos dos verbos en lugar de uno, el verbo *ser* y el verbo *estar*. La complicación se da porque estos dos verbos no pueden aparecer en los mismos contextos, hay oraciones en las que tenemos que usar *ser* de manera obligatoria, en otras solo podemos usar *estar,* y en otros casos podemos usar tanto *ser* como *estar,* aunque el significado de la oración que se forma con *ser* es diferente de la que se forma con *estar.*

Explicaremos en qué situaciones solo se puede usar *ser*, en qué situaciones solo se puede usar *estar*, y en qué situaciones podemos usar ambos, viendo las diferencias de significado que se producen en cada caso.

El verbo *ser* como verbo predicativo

A pesar de que el verbo *ser* es el verbo copulativo por excelencia y que la mayor parte de las veces está usado como verbo copulativo, hay algunos casos en los que aparece como verbo predicativo; es decir, como verbo pleno con un significado. Lo usamos en algunas ocasiones con el valor semántico de 'existir' que tenía en latín, como en el comienzo de los cuentos infantiles:

▲ *Érase una vez una princesa que vivía en un castillo…*

Más habitual son las oraciones en las que tiene el significado de 'suceder', 'ocurrir', 'tener lugar' o 'transcurrir':

▲ *La conferencia es en el piso de arriba.*
▲ *La fiesta fue en mi casa.*

Con este mismo significado aparece en oraciones comunes como las que se usan para informar o preguntar por la hora, o para medir el tiempo:

▲ *–¿Qué hora es?*
▲ *–Son las nueve.*
▲ *Es tarde.*

También aparece con este tipo de significado en oraciones coloquiales con complementos de tipo causal, modal, final…

▲ *Ha sido por mi culpa.* (Valor **causal**. Se utiliza en situaciones en las que se reflexiona sobre algo malo que ha sucedido).
▲ *Es por tu bien.* (Valor **final**. Se usa en situaciones en las que se trata de convencer a alguien para que haga algo que no quiere hacer, que le resulta desagradable).

▲ *Ha sido* sin querer. (Valor **modal**. Para disculparnos de algo malo que hemos hecho sin darnos cuenta, sin haber querido hacerlo. La frase contraria –con voluntad de hacer el mal– sería: "Ha sido aposta" o "ha sido adrede").

A) USOS DE *SER* CON SIGNIFICADO DE *HACER*

También es muy habitual emplear la expresión "**he sido** yo", "**ha sido** Juan"... con el significado de 'lo he hecho yo'. Esta frase se utiliza mucho, pero con un significado acusador de algo malo que ha sucedido, y normalmente en respuesta a la pregunta *¿quién ha...?* Por ejemplo:

▲ –¿Quién **ha roto** la ventana del baño?
▲ –**Han sido** los niños jugando al balón.

El verbo *ser* en esta expresión no tiene un significado preciso, toma su significado del verbo que aparece en la pregunta. El contexto extraoracional, lo que estamos viendo, también sirve para dotar al verbo *ser* de significado en una pregunta tan común como "¿quién ha sido?" Esta pregunta tiene el significado de "¿quién ha hecho lo que estamos viendo que ha sucedido?" Se usa solo para cosas negativas: algo que se ha roto, que se ha estropeado, que se ha ensuciado…, o alguien a quien han pegado, insultado…

B) *SER* PARA PREGUNTAR CUÁNTO TENEMOS QUE PAGAR POR ALGO

Es también habitual preguntar por el precio de lo que hemos consumido en un bar o en un restaurante cuando vamos a pagar:

▲ –¿Cuánto **es**?
▲ –**Son** cinco con veinte.

C) *SER* EN LA ESTRUCTURA ORACIONAL "ES QUE…"

Es una fórmula muy utilizada en el lenguaje coloquial, en el transcurso de una conversación y con carácter enfático. Aunque se puede usar tanto para destacar lo positivo como lo negativo, se usa más cuando reprochamos a alguien su comportamiento o para expresar quejas, para justificarnos…

▲ **Es que** mi nieto es buenísimo, por eso lo quiero tanto.
▲ –¿**Es que** no puedes dejar de moverte?
  –**Es que** estoy nervioso.

El verbo *ser* como verbo copulativo: usos exclusivos de *ser*

Las oraciones copulativas en las que utilizamos el verbo *ser* se clasifican en dos grandes grupos: las de "caracterización" y las de "identificación". Las copulativas de caracterización señalan características del nombre que funciona como sujeto, y lo más habitual es que el atributo esté formado por un adjetivo:

▲ *La casa* **es preciosa**.

En este tipo de oraciones se alternan los usos del verbo *ser* y del verbo *estar*. Solamente las que se forman con un adjetivo de tipo clasificador se construyen solo con el verbo *ser*.

A) COPULATIVAS DE CARACTERIZACIÓN CON ADJETIVOS CLASIFICADORES O NOMBRES QUE SEÑALAN LA PERTENENCIA A UNA CLASE

Forman un grupo de oraciones que solo pueden construirse con *ser*, que no admiten *estar*. Se trata de las oraciones copulativas en las que el atributo es un adjetivo de tipo clasificador o bien un nombre que coloca al sujeto como miembro de una clase. El predicado está integrado por adjetivos o nombres que señalan que el sujeto es miembro de un grupo, ya sea una nacionalidad, una ideología, una religión, una clase social, una profesión, una clase animal...:

▲ *Mi amigo* **es argentino**. (Nacionalidad).
▲ *Los manifestantes* **son socialistas**. (Ideología).
▲ *Los españoles* **son católicos**. (Religión).
▲ *Marta* **es pintora**. (Profesión).
▲ *Las ballenas* **son mamíferos**. (Clase animal).

Este tipo de oraciones aparece normalmente con adjetivos de tipo clasificador o nombres sin determinantes ni artículos, como en los ejemplos que acabamos de ver; pero también pueden aparecer acompañados de un artículo. El artículo suele ser el indefinido *un, una...*, aunque también podemos encontrar el artículo definido *el, la...* Cuando encontramos el artículo, el nombre o adjetivo sustantivado suele ir acompañado de un complemento:

▲ *Tàpies* **es un pintor español muy famoso**.
▲ *Mi amigo* **es un argentino muy simpático**.
▲ *Cervantes* **es el escritor más importante de España**.

B) COPULATIVAS DE CARACTERIZACIÓN QUE SE FORMAN CON LA PREPOSICIÓN *DE* + UN NOMBRE PARA INDICAR POSESIÓN, MATERIA Y ORIGEN

Se construyen con la preposición *de,* y siempre con el verbo *ser,* las oraciones copulativas que indican posesión, materia y origen:

▲ *El coche* **es de mi hermana**. (Posesión).
▲ *La mesa* **es de mármol**. (Materia).
▲ *Yo* **soy de Córdoba**. (Origen).

C) COPULATIVAS DE IDENTIFICACIÓN

Son oraciones en las que se da una identificación entre el término que aparece en la primera posición (normalmente el sujeto) y el término que aparece en la segunda posición, tras el verbo *ser*:

▲ *Carmen* **es** *mi hermana.*
▲ *Ese señor de la boina blanca* **es** *el director de la película.*
▲ *Mi amiga Clara* **es** *la profesora de tu hija.*

En estas oraciones, *Carmen, el señor* y *mi amiga* son los términos que necesitan ser identificados, mientras que los términos que aparecen en segundo lugar (*mi hermana, director, profesora*) son los términos que funcionan como identificadores y forman el predicado nominal.

Estas oraciones solo se construyen con *ser,* y pueden aparecer también en una construcción inversa, en la que el sujeto se coloca detrás. Esto sucede porque los dos términos son equivalentes desde el punto de vista semántico.

▲ *Mi hermana* **es** *Carmen.*
▲ *El director de la película* **es** *ese señor de la boina blanca.*

Estas oraciones de identificación pueden ir acompañadas de un valor de enfatización:

▲ *Tú* **eres** *la persona con la que me quiero casar.*
▲ *Aquí* **es** *donde estudio.*

En todos estos casos que acabamos de mostrar no puede utilizarse el verbo *estar,* debe usarse obligatoriamente *ser.*

El verbo *estar* como verbo predicativo

El verbo *estar* se utiliza mucho como verbo predicativo para señalar la localización de los objetos, el lugar en el que se encuentran. Este uso es constante en la lengua de cada día.

▲ *El libro* **está** *en la estantería.*
▲ *Juan* **está** *en Yucatán.*
▲ *Los niños* **están** *en el colegio.*

Si queremos señalar la causa o la razón por la que una persona se encuentra en ese lugar, lo podemos hacer añadiendo un complemento con la preposición *de*:

▲ *Juan* **está** *de vacaciones en Yucatán.*
▲ *Juan* **está** *en Yucatán de vacaciones.*
▲ *Mi hijo* **está** *de Erasmus en Alemania.*

En alguna ocasión, la localización puede ser también temporal. En estos casos el verbo suele usarse en primera persona del plural.

▲ **Estamos** *en otoño, la estación más bonita del año.*

A) DISTINCIÓN ENTRE LAS ORACIONES PREDICATIVAS CON *SER* Y CON *ESTAR* QUE SEÑALAN TIEMPO Y LOCALIZACIÓN
Como norma general podemos decir que para señalar el tiempo utilizamos oraciones con *ser*, mientras que para señalar el lugar utilizamos oraciones con *estar*.

▲ *Hoy* **es** *lunes.*
▲ **Son** *las tres.*
▲ **Es** *pronto.*
▲ **Es** *primavera.*
▲ *Mi madre* **no está** *en casa.*
▲ *Madrid* **está** *muy lejos de Barcelona.*

De manera excepcional, podemos encontrar *ser* para señalar lugar, pero solo cuando lo señalado es un acontecimiento que "ocurre" o "tiene lugar" en un determinado lugar:

▲ La *conferencia* **es** *en la sala grande.*
▲ *La recepción de los embajadores* **será** *en el hotel Hilton.*

Si nos referimos a un objeto o una persona, no podemos utilizar el verbo *ser* para señalar el lugar en el que se encuentra, solo podemos utilizar *estar*:

▲ *El jarrón* **está** *en la mesa.*
▲ *Pedro* **está** *en Bruselas.*

También de manera excepcional podemos usar *estar* para referirnos al tiempo, pero lo haremos situando siempre un objeto físico, normalmente una persona, en el tiempo. Como señalábamos en el apartado anterior, casi siempre lo haremos en primera persona del plural.

▲ **Estamos** *en mayo.*

El verbo *estar* en construcciones con gerundio

Uno de los usos más habituales del verbo *estar* es el que tiene lugar en las construcciones de gerundio para expresar que la acción está transcurriendo en el momento en que se realiza la afirmación o en el momento en que se sitúa la acción:

▲ *El niño* **está jugando** *en el parque.*
▲ *Ayer* **estuvo lloviendo** *toda la noche.*

En este tipo de oraciones se alternan los usos del verbo *ser* y del verbo *estar*. Solamente las que se forman con un adjetivo de tipo clasificador se construyen solo con el verbo *ser*.

Los verbos *ser* y *estar* en construcciones con participio

Los verbos *ser* y *estar* aparecen como verbos auxiliares en construcciones con participio. El verbo *ser* + participio se utiliza en español para formar oraciones pasivas. Son oraciones en las que normalmente el verbo es un verbo transitivo de acción y el sujeto es un sujeto paciente (que coincide con el complemento directo de la correspondiente oración activa):

▲ *Estos árboles* **fueron plantados** *hace dos años.*
▲ *El ladrón* **fue apresado** *por la policía.* (La policía apresó al ladrón).

Las construcciones con *estar* + participio señalan el resultado de una acción anterior que supone un cambio de estado en el sujeto. Estas oraciones se acercan y llegan a confundirse con las oraciones copulativas:

▲ *El coche* **está** *bien* **aparcado**.
▲ *La fruta* **está lavada**.

En los siguientes ejemplos puedes apreciar muy bien el contraste entre verbo de acción y sujeto pasivo o paciente, que se da con el verbo *ser*, y la expresión del resultado de la acción que se da con el verbo *estar*:

▲ *La casa* **ha sido pintada** *recientemente*.
▲ *La casa* **está pintada**. / *La casa* **está** *recién* **pintada**.

Como señalábamos anteriormente, las oraciones con *estar* + participio se asemejan mucho a las oraciones atributivas porque el participio es como un adjetivo verbal y en muchos casos se convierte en un verdadero adjetivo:

▲ *María* **está arrepentida** / **está** *muy* **arrepentida** / **está arrepentidísima**.

Vemos que en este caso el participio *arrepentida* admite las modificaciones y los modificadores propios del adjetivo.

Ser y *estar* como verbos copulativos

La diferencia de usos que se da entre *ser* y *estar* nace de que ambos verbos se consideran copulativos, pero entre ellos encontramos una sutil diferencia.

El verbo *ser* es estrictamente copulativo, en el sentido de que no establece ninguna limitación a la cualidad que se da con el adjetivo. Es un verbo completamente neutro en cuanto al tiempo y al aspecto. Sin embargo, *estar* es un verbo que impone unas restricciones aspectuales y temporales al predicado que forma. Es un verbo de tipo "perfectivo". Por eso, cuando formamos una oración con *estar* y un adjetivo, la cualidad que expresamos está relacionada con un acontecimiento que impone unas limitaciones en el tiempo al que se refiere la cualidad. Es decir, la cualidad podrá desaparecer cuando el límite de tiempo señalado se cumpla porque las circunstancias cambien:

▲ *Pedro* **está** *feliz*. / Pedro **es** feliz.
▲ *Juan* **está** *muy guapo*. / Juan **es** muy guapo.

En ambas circunstancias los adjetivos *feliz* y *guapo* acompañados del verbo *estar* señalan cualidades transitorias en Pedro y Juan; cualidades que están sujetas a una limitación en el tiempo, que no señalan el estado habitual y cotidiano, sino que establecen una diferencia o desviación frente al estado de felicidad o belleza que normalmente tienen ambos sujetos. Es el contexto lingüístico o situacional el que señala cuáles son esas limitaciones. Tiene que haber una razón para que Pedro esté feliz en este momento. Por ejemplo, está con sus hijos, a los que hacía tiempo que no veía, ha aprobado su examen de español… En el caso de Juan hay también una circunstancia para que se le vea especialmente guapo. Por ejemplo, va a una fiesta y se ha vestido muy bien.

Si el verbo que aparece es el verbo *ser*, las cualidades se ven como inherentes a ambos sujetos. Son cualidades que se dan en la situación habitual y cotidiana, que no están sujetas a limitaciones de tiempo ni circunstancia. Por eso, las gramáticas que explican las diferencias que se dan entre *ser* y *estar* con los adjetivos señalan que las oraciones que se forman con *ser* indican propiedades "permanentes" y las oraciones que se forman con *estar* indican propiedades "transitorias". Esta explicación es bastante útil, en general, pero no debe entenderse de una manera rígida porque en esta vida todos sabemos que nada debe considerarse definitivo, podemos hoy ser felices y ricos y mañana no serlo. Pero lo importante para escoger el verbo *ser* o *estar* son las limitaciones que impone el hablante cuando dice la oración. El hablante expresa en las oraciones formadas con *estar* unas limitaciones espacio-temporales y aspectuales, mientras que en las oraciones que construye con *ser* no expresa ningún tipo de limitación.

Ser y *estar* con nombres o sintagmas nominales

Los adjetivos clasificadores y los nombres solo se construyen con *ser*:

▲ *Maribel* **es** *mi mejor amiga.*
▲ *Mi hermano* **es** *médico.*

La razón es que los nombres que aparecen en el sintagma nominal de las oraciones copulativas indican siempre la pertenencia a una clase (en los ejemplos anteriores, la clase de mis amigos y la clase de los médicos).

No obstante, encontramos dos excepciones a esta norma general:

a) Los numerales que señalan el orden o la posición pueden aparecer con *estar*. La utilización del verbo *estar* indica que la posición es provisional. En el siguiente ejemplo entendemos que la carrera aún no se ha terminado:

▲ *Fernando Alonso* **está** *en segunda posición en la carrera.*

b) Los nombres que indican profesión, cargo, etc., pueden aparecer con el verbo *estar* si indican que el ejercicio de esa profesión es algo transitorio y no habitual.

▲ *Ana es filósofa, pero está de camarera porque no encuentra nada en su profesión.*

La alternacia *ser/estar* con adjetivos

La correcta utilización de los verbos *ser* y *estar* con los adjetivos es uno de los aspectos más estudiados en la enseñanza de español a extranjeros. Hay tres tipos de adjetivos: los que solo se construyen con *estar* (*contento, lleno, desnudo, harto...*), los que solo se construyen con *ser* (*capaz, inteligente, hábil, experto...*) y los que admiten ambos verbos (*gordo, moreno, rojo, amable, feliz...*). Este último grupo es sin duda el más numeroso, y la elección de uno u otro depende de la situación y el significado que queramos transmitir. El grupo de los que se construyen solo con *estar* son en su mayoría participios que señalan el resultado de una acción previa. Su vinculación a una circunstancia y a una limitación en el tiempo explican que se construyan solo con *estar*.

▲ *Rosa está muy contenta porque Damián quiere casarse con ella.*
▲ *Mi vaso está vacío. Alguien se ha bebido mi limonada.*

Hay además un grupo reducido de adjetivos que tienen unas características similares y no admiten limitaciones circunstanciales de ningún tipo que conviertan la cualidad en transitoria. Por esta razón se construyen solo con *ser*:

▲ *Este alumno es muy inteligente.*
▲ *Ángel es experto en astronomía.*

A) ADJETIVOS QUE ADMITEN *SER* Y *ESTAR*

La mayoría de los adjetivos admiten los verbos *ser* y *estar*. Son muchos los adjetivos que señalan cualidades inherentes a los nombres y se construyen normalmente con *ser* (*guapo, rubio, calvo, feo, feliz, nervioso, verde...*). Sin embargo, como señalábamos al principio, si entendemos que esta cualidad es solo transitoria porque se debe a unas circunstancias especiales, usaremos *estar*.

▲ *La gente de Madrid es alegre.* (Característica general de las personas de Madrid).
▲ *La gente de Madrid está alegre porque el Real Madrid ha ganado la Champions.*

Algunos adjetivos que se suelen usar con *estar* pasan a tener un significado metafórico cuando se usan con *ser*. De igual manera, algunos adjetivos que se usan normalmente con *ser* pasan a tener un significado diferente cuando se usan con *estar*:

▲ *Pablo* **está** *despierto.* / *Pablo es un niño muy despierto* (listo).
▲ *La fruta* **está** *madura.* / *Esta niña es muy madura* (responsable).

2. Adjetivos que cambian su significado según se los combine con *ser* o *estar*

Se suele hablar del "contraste entre *ser* y *estar*" como si fueran "dos enemigos irreconciliables", pero esto no es del todo cierto. En muchas ocasiones pueden llegar a ser dos caras de una misma moneda e incluso muchos adjetivos varían su carga semántica, total o parcialmente, según se los combine con uno u otro verbo. Fíjate en los siguientes adjetivos y compara sus significados según se combinen con *ser* o con *estar*.

Adjetivos que cambian totalmente su significado

Ser

▲ *Juan es atento.*
Es cordial y amable.

▲ *El niño es el más listo de la clase.*
Es astuto, inteligente.

▲ *Es un niño muy malo.*
De carácter, de malas intenciones.

▲ *Carlitos es un niño muy despierto.*
Es listo, inteligente.

▲ *¡María es más buena que el pan!*
Es bondadosa y no tiene malas intenciones.

▲ *Los españoles son muy abiertos.*
Se refiere a su carácter extrovertido.

Estar

▲ *Juan está atento.*
Está concentrado en algo.

▲ *La paella está lista.*
Está preparada.

▲ *El niño está muy malo.*
Está enfermo.

▲ *Carlitos está despierto.*
No duerme más.

▲*¡Qué buena está María!*
María es muy atractiva. (Coloquial).

▲ *La puerta está abierta.*
Propiedad transitoria de la puerta que permite pasar.

Adjetivos que cambian solo el matiz

Ser

▲ *Ese niño es muy guapo.*
Atributo físico permanente, en general.

▲ *Mi hermano es muy delgado.*
Atributo físico permanente.

▲ *Era el indio más viejo de su tribu.*
Era realmente viejo.

▲ *Se dice que los hispanos suelen ser muy orgullosos.*
Se refiere al carácter. Es una cualidad que puede ser negativa.

▲ *Juan era ciego de nacimiento.*
No podía realmente ver.

Estar

▲ *¡Qué guapo estás hoy, Teo!*
Está especialmente guapo.

▲ *¡Qué delgado estás! ¿Haces deporte?*
Denota un cambio en su cuerpo.

▲ *Qué viejo está su marido.*
No es realmente viejo, pero lo parece.

▲ *Estoy muy orgulloso de la notas de mi hijo.*
Es una situación concreta. Nos sentimos orgullosos de nuestro hijo.

▲ *Tú estás ciego con esa mujer.*
Se refiere a una persona que se niega a ver lo más evidente.

3. Esquema general de los usos de *ser* y *estar*

USOS EXCLUSIVOS DE *SER*

Usos no copulativos

Con significado de 'tener lugar'.
▲ *La película es en la sala naranja.*
▲ *La fiesta de mi cumpleaños será el miércoles en mi casa.*

Para preguntar o para expresar la hora o el tiempo.
▲ *¿Qué hora es?*
▲ *Son las cinco.*
▲ *Es pronto.*

Con significado de 'ocurrir' o 'suceder'.
▲ *Esto es para que aprendas.*
▲ *Ha sido sin mala intención.*

Usos copulativos

Copulativas con nombres o adjetivos clasificadores que señalan la pertenencia a una clase.
▲ *Yo soy madrileña.*
▲ *Su padre es arquitecto.*
▲ *Inma Cuesta es una actriz muy famosa.*
▲ *Los conejos son roedores.*

Copulativas con la preposición *de* + un nombre, para
indicar origen, materia y posesión.
▲ *Juan es de Perú.*
▲ *El mueble es de madera.*
▲ *Ese abrigo es de Julia.*

Copulativas de identificación.
▲ *El protagonista de la película es Gael García Bernal.*
▲ *Ana es la chica que está sentada en la esquina.*

Copulativas con adjetivos que solo se construyen con *ser*.
▲ *Mi hermano es una persona muy inteligente y trabajadora.*
▲ *Este profesor es experto en física.*

USOS COMPARTIDOS DE *SER* Y *ESTAR* CON ADJETIVOS

Usos copulativos con el verbo *ser*

El hablante percibe la cualidad como permanente.
▲ *Los concursantes que se presentan a concursos de talentos son muy valientes.*
▲ *Todos los seres humanos queremos ser felices.*
▲ *Mi amigo Pedro es muy generoso.*

USOS EXCLUSIVOS DE *ESTAR*

Usos no copulativos

Para indicar el lugar en el que se sitúan las personas o las cosas.
▲ *Las tijeras están en el cajón de la derecha.*
▲ *Mis padres están en el cine.*

Usos copulativos

Estar + participio, para señalar el resultado de una acción que implica un cambio de estado.
▲ *La casa está pintada de azul.*
▲ *La ropa está lavada.*
▲ *Pueden pasar al salón. La comida está servida.*

Copulativas con adjetivos que solo se construyen con *estar.*
▲ *Todos los alumnos están disfrazados de payasos.*
▲ *El vaso está lleno de vino.*
▲ *En las playas nudistas la gente está desnuda.*
▲ *Mi amiga Clara está muy contenta porque ha conseguido trabajo.*

Usos copulativos con el verbo *estar*

El hablante percibe la cualidad como transitoria o especial porque está sujeta a unas circunstancias concretas.
▲ *Mi amiga Julia estaba guapísima el día de su cumpleaños.*
▲ *Pablo está feliz porque por fin ha terminado su tesis.*
▲ *Pedro está muy generoso hoy, parece que le ha tocado la lotería.*

Actividades

A) Rellena los huecos colocando el verbo *ser* y *estar* en la forma y modo adecuados.

1. Nos vamos a ir; ...... muy tarde y mañana hay que madrugar.

2. La casa que me he comprado es preciosa y ...... toda reformada.

3. –¿Sabes dónde ...... la conferencia del rector?

–Sí, ... en el salón de actos.

4. ...... muy nublado. Creo que va a llover.

5. –¿De quién ...... este coche tan bonito?

–...... de mi primo Alfonso, que me lo ha prestado.

6. Mi hermano ...... muy apenado por todo lo que ha sucedido. ...... arrepentido de verdad y dice que nunca más actuará así.

7. Greta ...... alemana y yo ...... danesa. Las dos ...... aquí porque ...... aprendiendo español.

B) Rellena los huecos colocando el verbo *ser* y *estar* en la forma y modo adecuados.

1. Mi prima Ángela se va a casar con ese sinvergüenza que solo quiere su dinero. No sé cómo puede ...... tan ciega.

2. Pedro ...... un niño muy tranquilo, pero hoy ...... muy nervioso porque mañana tiene un examen de inglés.

3. Recoge esa ropa, que ya ...... seca.

4. Mi madre ...... una persona muy seca; parece que siempre ...... enfadada.

5. –¡Qué pelo tan rubio tiene Carmen!

–Pues ella no ...... rubia, ... morena. Parece rubia porque se tiñe el pelo.

6. El jefe ...... hoy muy amable, seguro que quiere algo.

7. Este plátano todavía ...... verde, no se puede comer.

8. El Barça ...... en este momento el primero de la Liga. Es muy posible que sea el ganador.

9. En España ...... muchas las personas que tienen un título universitario, pero ...... haciendo trabajos sin cualificar. Por ejemplo, mi amigo Pepe ...... psicólogo y ...... harto de buscar trabajo en lo suyo y no encontrar nada. Ahora ...... de ayudante de enfermero en un hospital.

10. El avión ...... completamente lleno.

11. Las hojas de este árbol ...... verdes, pero ahora ...... amarillas porque es otoño. En unos días ...... marrones y después se caerán.

12. La semana pasada ...... muy enferma, pero ahora ya ...... buena.

C) **Rellena los huecos colocando el verbo** *ser* **y** *estar* **en la forma y modo adecuados.**

1. –¿Ya ...... de noche?

–Sí, ... todo muy oscuro.

2. Otoño ...... la mejor estación del año para visitar Canadá porque las hojas de los árboles ...... amarillas y marrones, y el campo ...... precioso.

3. –¡Qué elegante ...... hoy! ¿...... que vas a alguna fiesta después del trabajo?

4. Julia ...... una chica muy alegre, pero estos días ...... muy triste porque su madre ...... muy enferma.

5. –Por favor, me puede decir dónde ...... el homenaje a la profesora Pilar Palomo.

– ...... en el salón de actos, que ...... en la planta baja.

6. El jefe ...... muy elegante. Siempre lleva una ropa preciosa y muy acorde con la ocasión.

7. Velázquez y Picasso ...... los pintores más famosos de España.

8. María ...... periodista, pero ahora, como hay tanta crisis, ... de telefonista en una empresa de transportes.

9. –¿Quién ...... tu novio?

– ...... ese chico que acaba de llegar.

10. Son muchas las personas que ...... completamente angustiadas porque tienen miedo de perder su casa.

11. Mi hermano ...... un chico muy maduro. A pesar de lo joven que ......, ... viviendo solo y lleva una vida muy ordenada y responsable.

12. Mi novio ...... una persona muy enfermiza. Tiene que ir siempre muy abrigado para no coger catarros.

13. –¿Dónde ...... tu hermana Gloria? Hace mucho que no la veo.

– ...... de vacaciones en el Caribe.

– ...... muy afortunada. A mí también me gustaría tener unas vacaciones así.

14. –¿Qué hora ......?

– ...... las cuatro en punto.

15. –¡Qué coche tan bonito! ¿ ...... tuyo?

–No, ... de mi amigo Carlos.

16. El hombre ...... un lobo para el hombre.

17. Las calles ...... llenas de gente que pide un cambio en las leyes hipotecarias.

18. Pedro ...... enfermo. Por eso no ha venido a trabajar.

D) Completa el diálogo al teléfono con *ser* o *estar*.

1. Pedro: Hola, ... Juan.

2. Madre: Sí, ahora se pone. ...... Julián, ¿verdad?

3. Pedro: No, ... su hermano, pero nuestra voz ...... muy parecida.

4. Juan: ¡Hola, Pedro! ¿Qué tal? ¿Cómo ...... ?

5. Pedro: Pues, la verdad ...... que ...... un poco malo, tengo fiebre. ¿Sabes que el otro día vi por casualidad a nuestro antiguo compañero de universidad?

6. Juan: ¿Y cómo ...... ?

7. Pedro: Pues, ... muy viejo; y ahora ...... mucho más delgado, antes ...... bastante gordo.

8. Juan: Sí, me acuerdo bien de él. ...... muy listo, siempre ...... de buen humor y ...... muy bondadoso.

9. Pedro: Sí, en cambio su hermano ...... todo lo contrario. ...... un poco tonto. En la clase nunca ...... atento, pero ...... muy atractivo. ¿Te acuerdas de su novia? ¡La verdad es que ...... muy buena!

10. Juan: No me acuerdo. ¿Cómo ...... ?

11. Pedro: Pues, ... morena y más joven que él. Y creo que él ...... decidido a irse a vivir con ella.

12. Juan: Bueno, ¿ ...... mañana en la empresa?

13. Pedro: No, mañana ...... fuera todo el día.

14. Juan: Bueno, te dejo. Un abrazo.

23. VERBOS Y USOS PREPOSICIONALES

1. Las preposiciones *por* y *para*

Esta es una de las preguntas más típicas que los estudiantes de español se hacen a sí mismos y hacen a sus profesores. Somos conscientes de que la respuesta no es fácil y de que el alumno encuentra siempre ejemplos que son difíciles de explicar o de prever. Vamos a tratar de explicar estas diferencias.

Por y *para* vinculados a la causa y la finalidad

La dificultad del uso de *por* y *para* se centra muchas veces en el cruce que se da entre la finalidad, vinculada a la preposición *para*, y la causa, vinculada a la preposición *por*. En muchos casos, el estudiante no es capaz de distinguir si estamos ante una situación de finalidad y tenemos que usar *para* o se trata de una causa y tenemos que usar *por*.

Observemos los siguientes ejemplos:

▲ *María compra flores* **para** *su madre.*
▲ *María compra flores* **por** *su madre.*

En la primera oración, la madre de María es quien va a recibir las flores. Ella, la madre, es lo más importante, el destino o la finalidad de la compra. Sería la respuesta a la pregunta: *¿**para** quién compra María flores?*

En la segunda oración, lo más relevante es la causa, que sobresale por encima de la finalidad. La razón por la que María compra las flores es su madre. María compra las flores a causa de su madre, quizá porque sabe que a ella le encanta que haya flores en casa o quizá porque desde pequeña le inculcó esta costumbre. Solo relegado a un segundo plano queda el hecho de que la madre vaya a recibir las flores. Es más, puede suceder que la madre no vaya a recibir esas flores directamente y que María vaya a colocarlas en la casa porque sabe que a su madre le gustan. Esta segunda oración señala la causa y sería la respuesta a la pregunta: *¿**por** qué compra flores María?*

Si cambiamos el verbo *comprar* por otro que no funcione bien con un complemento de finalidad, la oración resulta incorrecta con la preposición *para*.

Veámoslo en este otro ejemplo:

▲ *Juan estudió piano **por** su padre.*

Esta oración significa que la explicación o la razón de que Juan estudiase piano fue su padre, que posiblemente le inculcó esta afición o le llevó a clases cuando él era pequeño.

Sin embargo, sería incorrecto o incoherente decir: "Juan estudió piano *para* su padre". El padre no puede ser el destinatario o la finalidad del estudio.

▲ *Tenía la boca en continuo movimiento, ya fuera **por** las palabras o **por** el chicle.*

La causa del movimiento de la boca es el chicle que masca o las palabras que dice.

▲ *Sacaba de una bolsa un par de yogures con sabor a fruta **para** sus hijos.*

Los que se benefician de la acción son sus hijos; son la finalidad de la acción de sacar el yogur.

En resumen: *por* indica causa / *para* indica finalidad.

Por y *para* cuando señalan el tiempo

También encontramos las dos preposiciones para señalar el tiempo en el que transcurre o va a transcurrir una acción:

▲ *El artículo tiene que estar listo **para** el jueves.*
▲ *Siempre vuelve a casa **por** Navidad.*

Cuando utilizamos la preposición *para*, nos referimos a un tiempo exacto, mientras que la utilización de la preposición *por* indica un tiempo aproximado.

En el primer caso "el artículo no debe exceder el jueves", que es la fecha límite. Mientras que en el segundo la persona llega a casa en la época de Navidad, pero no se especifica el día determinado en el que llega.

En resumen: *por* indica tiempo aproximado / *para* indica tiempo exacto.

Por y *para* cuando señalan lugar

Ambas preposiciones vuelven a coincidir en estructuras que señalan el lugar. En estos casos la diferencia resulta bastante clara. *Por* se utiliza para señalar movimiento, normalmente dentro de un determinado espacio, y *para* señala siempre la dirección hacia la que se mueve el objeto:

▲ *Los niños van **para** el parque.*
▲ *Los niños van **por** el parque.*

En el primer ejemplo los niños se dirigen al parque. Es decir, se encuentran de camino hacia este. Mientras que en el segundo los niños están ya dentro del parque, en movimiento, jugando o corriendo.

En resumen: *por* señala solo movimiento/*para* señala movimiento con dirección y destino.

Señalando la opinión con *por* y *para*

También podemos dar nuestra opinión, utilizando las preposiciones *por* y *para*:

▲ ***Para*** *mí que Juan sabe la verdad.*
▲ ***Por*** *mí no tiene que decirla.*

En el primer caso, ***para*** *mí* señala el punto de vista de la persona. Ese ***para*** *mí* se podría permutar por desde mi punto de vista o en mi opinión. En el segundo ejemplo, *por* está también señalando opinión, pero está vinculado, como es habitual, a la causa. *Por* se podría permutar por ***por*** *lo que a mí se refiere* o *en lo que a mí concierne* o ***por*** *mi causa*.

2. Las preposiciones *a* y *con*

El español posee verbos, adjetivos y nombres que requieren siempre construirse con una preposición concreta. La selección de la preposición a menudo resulta difícil, pues no es asunto sencillo determinar las reglas por las que un verbo concreto exige una preposición y no otra: ¿por qué decimos "casarse **con** alguien" pero "enamorarse **de** alguien"? En primer lugar, hay que advertir que el mejor consejo que se puede dar para usar apropiadamente los verbos con preposición es leer textos en español, pues este método nos ayuda a familiarizarnos con las expresiones más habituales. Aparte de este pequeño consejo, aquí va una orientación para decidir cuál es la preposición más adecuada según el tipo de verbo. Además de las reglas de uso, ofreceremos una lista de los verbos más utilizados en cada uso. Por desgracia, vamos a comprobar que existen algunos casos, con verbos muy usados y comunes, en los que no es fácil determinar la regla por la que se elige una u otra preposición. Empecemos con los verbos que se construyen con la preposición *a*.

Se construyen con la preposición *a*

A) Los verbos que indican movimiento con una dirección o un destino hacia el que se tiende, en sentido real o figurado, como *acercarse, aproximarse, ascender, bajar, descender, dirigirse, ir(se), llegar, subir, venir, volver, salir...*

Veamos algunos ejemplos:

▲ *Los gimnastas* **llegan a** *dar el triple salto mortal.*
▲ *La epidemia* **se ha extendido** *ahora* **a** *varios países de América Latina.*
▲ *El señor Iván quiere que su hijo* **vuelva a** *los estudios.*
▲ *Hay muchos emigrantes que* **retornan a** *sus países por causa de la crisis.*
▲ *Lo subieron a una camilla y* **pasó a** *la sala de operaciones.*

El verbo *ir* puede construirse con o sin pronombre *se*: *me voy a mi casa* / *voy a mi casa*. Lo interesante es que cuando se conjuga sin el pronombre, la presencia de la preposición es obligatoria:

▲ *Mañana me voy.*
▲ *Mañana voy a ver qué pasa* / a *la oficina* / a *la planta de arriba.*

B) Los verbos que indican un movimiento hacia delante, pero en sentido figurado, no real. Son verbos que indican una intención por parte del hablante de hacer algo: *animarse, arriesgarse, aspirar, atreverse, contribuir, decidirse, dedicarse, enfrentarse, adaptarse...*

Encontramos también algunas expresiones con este tipo de verbos:

▲ *El médico español Ramón y Cajal no fue capaz de* **enfrentarse a** *la emoción de decir adiós a sus alumnos.*
▲ *Mis patines* **se adaptan al** *pie perfectamente.*
▲ *Ramón y Cajal* **se dedicaba a** *la defensa de la teoría neuronal.*

C) Los verbos que expresan una influencia o intención que se ejerce sobre otra persona, como *animar,* a*yudar, incitar, inducir, desafiar, obligar, recurrir...*

▲ *Los esfuerzos anónimos de mujeres y hombres nos* **ayudan a** *desentrañar los secretos de la naturaleza.*
▲ *Dormir un rato por la tarde* **ayuda a** *recuperar una actividad cerebral plena.*
▲ *No quiero* **recurrir a** *los castigos para que se porte bien.*

D) Los verbos seguidos de un infinitivo que expresan el principio o comienzo de una acción: *comenzar, empezar, echarse (a llorar, a reír), ponerse, romper (a llorar), volver (a trabajar)...*

▲ *Ahora que sabe más* **ha empezado a** *hablar sin problemas.*
▲ *Ha* **vuelto a** *decir que está muy cansado.*
▲ *Cuando supo que su padre estaba peor* **se puso a** *llorar.*

E) Otros verbos de difícil clasificación: *acostumbrarse, negarse, oponerse, renunciar, referirse, corresponder, faltar, dignarse, oler...*

Veamos algunos ejemplos:

▲ **Olía a** *rosas.*
▲ *Los habitantes de México no* **renuncian a** *sus costumbres.*

Se construyen con la preposición *con*

La preposición *con* es habitual para señalar compañía o instrumento, y no suele presentar ningún problema su uso con este significado. Sin embargo, saber qué verbos exigen siempre esta preposición puede resultar algo más complicado. Veamos a continuación qué verbos se construyen con esta preposición.

A) Los verbos que implican dos o más personas o cosas, como *asociarse, casarse, combinar, confundir, comparar, compartir, congeniar, competir, convivir, enemistarse, enfadarse, relacionarse, vivir, conectar, charlar, contrastar, coincidir, corresponderse...*

Algunos de los ejemplos encontrados son:

▲ *El circo* **conecta con** *los niños.*
▲ *Me gusta* **charlar con** *mis amigos.*

▲ *El difícil inicio de la cantante Rosalía **contrasta con** el éxito rotundo actual.*
▲ *Siempre me **confunden con** mi hermano.*

Resulta muy curioso el caso de *corresponder*, que va seguido de la preposición *a*, mientras *corresponderse* va seguido de *con*. Esto puede explicarse porque el significado de *corresponder* responde a un punto de vista que se mueve en una sola dirección, mientras que *corresponderse* implica a los dos participantes al mismo nivel. Pero la diferencia es sutil.

▲ *Hay cosas en internet que no **corresponden a** la realidad.*
▲ *Hay cosas en internet que no **se corresponden con** la realidad.*

Una explicación similar nos lleva a entender por qué decimos *casarse con alguien*, *convivir* o *vivir con alguien*: todas estas acciones implican a las dos o más personas que intervienen en la acción. Sin embargo, recordemos que hay que decir *enamorarse de alguien*. En esta última situación, el afecto va en una sola dirección, ya que el hecho de que alguien se enamore de una persona no significa que esa persona le corresponda.

B) Otros verbos de difícil clasificación: *bastar, cumplir, soñar, contar, continuar.*

▲ *Cajal **contaba con** una mente genial. Es una suerte que tras su corta experiencia como zapatero **continuase con** sus estudios.*

3. Las preposiciones *de* y *en*

El español posee verbos, adjetivos y nombres que requieren siempre construirse con una preposición concreta; pero en muchas ocasiones resulta difícil determinar qué preposición debe usarse. Trataremos así de ofrecer algunas pautas y reglas básicas de utilización de las cuatro preposiciones más usadas y los tipos de verbos con los que suele utilizarse cada una. Veremos también que, en muchas ocasiones y con verbos muy frecuentes, no es fácil determinar la regla por la que se elige una u otra preposición.

Se construyen con la preposición *de*

A) Un grupo de verbos que tienen un complemento que expresa el origen o la causa, como *aburrirse, alegrarse, arrepentirse, asombrarse, avergonzarse, burlarse, cansarse, disfrutar, extrañarse, gritar, hartarse, lamentarse, llorar, preocuparse, presumir, quejarse, reírse...*

La mayoría de estos verbos son pronominales (se conjugan con el pronombre *me, te, se...*) y expresan estados psicológicos o sentimientos. Al indicar la causa o el origen del estado, estos verbos tienen la posibilidad de construirse también con la preposición *por*.

Veamos algunos ejemplos:

▲ *Las escuelas de surf **se preocupan de** que los alumnos estén bien atendidos.*
▲ ***Me arrepiento de** mi desafortunada intervención.*
▲ ***No te extrañes de** que no haya venido.*
▲ *Es recomendable **disfrutar del** buen cine en versión original.*

B) Los verbos de movimiento que exigen un complemento que indica procedencia de un lugar o punto de distanciamiento: *alejarse, apartarse, caerse, fugarse, huir, llegar, marcharse, proceder, retirarse, tirarse, quitarse...*

▲ *Cuanto más sofisticadas son las operaciones matemáticas, más **se alejan de** la intuición humana.*
▲ *Luis Buñuel se fue a México **huyendo de la Guerra Civil**.*
▲ *El prisionero **se fugó** de una cárcel de máxima seguridad.*

Hay muchos verbos de movimiento que pueden expresar mediante complementos tanto el origen como el destino, como *ascender, descender, llegar, subir, venir...* Usaremos la preposición *a* para señalar el destino:

▲ ***Ascendimos al** cuarto piso. / **Descendimos al** sótano.*

Usaremos la preposición *de* si queremos indicar la procedencia:

▲ ***Ascendimos del** sótano. / **Descendimos del** ático.*

Cuando queremos expresar en una misma frase el origen o procedencia y el destino o lugar hacia el que nos dirigimos, se prefiere cambiar la preposición *de* por *desde*:

▲ ***Ascendimos al** cuarto piso **desde** el sótano.*
▲ ***Llegamos a** Madrid **desde** Barcelona.*

C) Los verbos que indican procedencia de un lugar, origen o punto de distanciamiento, pero en sentido figurado, sin necesidad de indicar un movimiento real. Los complementos de algunos de estos verbos indican el origen de una idea (*deducir...*), de un líquido (*emanar...*) o de un producto (*surgir, extraer, alimentarse*); la separación de una persona o cosa (*despedirse, desprenderse, divorciarse, prescindir, separarse...*) o la carencia (*carecer, privarse...*).

▲ *Si usted es un sibarita, puede probar el caviar que **se extrae del** esturión en Riofrío.*
▲ ***De** los gestos de mi amiga Clara **deduzco** que no le ha gustado nada que **me despida de** ella tan pronto.*

En algunos casos podemos entender que el complemento con la preposición *de* señala el origen de una sensación o sentimiento (*enamorarse de*), o de un pensamiento (*darse cuenta de, acordarse de, enterarse de, opinar de, hablar de, tratar de*).

▲ *A los jóvenes les gusta **hablar de** política.*
▲ *Mi amiga Clara no **se da cuenta de** que yo también quiero contarle mi historia.*

En el caso de los verbos *hablar, opinar* y *tratar*, el origen es una idea o tema sobre el que se habla, opina o trata; por este motivo, la preposición *de* puede alternar con la preposición *sobre*.

▲ ***Opina de** todo lo que se le ocurre.*
▲ ***Opina sobre** todo lo que se le ocurre.*

D) También llevan la preposición *de* los verbos que tienen como complemento un infinitivo y que expresan el final de una acción: *acabar de, cesar de, dejar de, parar de, terminar de*. Estos verbos junto con el infinitivo forman una perífrasis de infinitivo terminativa; es decir, señalan el final de la acción.

▲ *Tienes que **dejar de** pensar en él a todas horas.*

Hay que tener cuidado de no confundir los verbos *recordar* y *acordarse de*. El primero no lleva preposición: *No recuerdo {nada / la cara de mi amigo}*. El segundo, en cambio, es un verbo pronominal y siempre se construye con la preposición *de*: *No me acuerdo de {nada / la cara de mi amigo}*. Es frecuente en el habla coloquial la confusión debido a que su significado es similar.

Se construyen con la preposición *en* los siguientes verbos

A) Los verbos que expresan lugar o punto exacto en el que se realiza la acción, como *entrar en, introducir en, insertar en, meter en, penetrar en, permanecer en, poner en, quedarse en, encontrarse en...*

▲ *Tuve la oportunidad de* **entrar en** *el hotel.*
▲ *Las frutas ecológicas apenas* **permanecen en** *cámaras frigoríficas.*
▲ *Puede que usted* **se encuentre en** *un error.*

B) Los verbos que indican 'lugar en donde...', pero en sentido figurado. Son verbos que indican el lugar en el que está una idea, un pensamiento o una creencia, como *creer, confiar, pensar, insistir, reafirmarse...*

▲ *Me deprimo* **pensando en** *todas las veces que he actuado mal.*

El verbo *pensar*, al igual que *soñar*, puede construirse con o sin preposición. Así tenemos *Juan piensa una palabra / Juan piensa en una palabra; Luisa sueña una vida nueva y maravillosa / Luisa sueña con una vida nueva y maravillosa.* La diferencia entre el uso con y sin preposición tiene que ver con la duración de la acción: si el pensamiento o el sueño es algo instantáneo que se produce y termina rápidamente, se prefiere no utilizar la preposición: *Pablo, piensa un deseo antes de soplar las velas*; si, por el contrario, el pensamiento o el sueño se prologan, la opción preferida es la de la preposición: *Pablo pensó en su nueva vida durante horas.*

C) Algunos verbos que indican cambio de estado, como *convertirse, transformarse...*

▲ *Ana podría* **convertirse en** *una gran actriz.*

4. Cuándo usar *que* y cuándo usar *de que*

Hay dos construcciones que se confunden con frecuencia en español: *que* y *de que* cuando aparecen iniciando una oración subordinada.

▲ *Me alegro* **de que** *seas feliz.*
▲ *Pienso* **que** *nunca he vivido mejor que ahora.*

Saber cuándo tenemos que poner la preposición *de* delante de *que* y cuándo no tenemos que ponerla puede ser un problema. Incluso, en muchas ocasiones, lo es para algunos nativos.

Vamos a mostrar estas dos estructuras y vamos a dar algunos consejos para su correcta utilización.

Subordinadas sustantivas de sujeto

Cuando la oración subordinada que se forma tras la conjunción *que* es el sujeto de la oración principal, nunca lleva la preposición *de*.

▲ *Me alegra **que** estéis aquí conmigo.*
▲ *Es posible **que** mañana estés mejor.*
▲ *Me preocupa **que** esté enferma.*
▲ *Es un hecho **que** nunca vamos a salir de aquí.*

En estos casos podemos sustituir toda la oración subordinada por el pronombre *eso*. Si hacemos la sustitución, vemos muy bien que no podemos poner ninguna preposición.

▲ *Me alegra eso. / Es posible eso. / Me preocupa eso. / Eso es un hecho.*

Subordinadas sustantivas de complemento directo

Cuando la oración subordinada introducida por *que* es el complemento directo del verbo de la oración principal, tampoco lleva ninguna preposición.

▲ *Pienso **que** estás muy guapa.*
▲ *Me dijo **que** llegaría mañana.*
▲ *Me prometió **que** se portaría bien.*

En estos casos también podemos sustituir toda la oración subordinada por *eso* y vemos también que no se puede poner ninguna preposición.

▲ *Pienso eso. / Me dijo eso. / Me prometió eso.*

Subordinadas sustantivas de atributo

Si la subordinada es una sustantiva de atributo, complemento de *ser*, tampoco puede llevar la preposición *de*.

▲ *Mi intención es* **que** *todos nos llevemos bien.*
▲ *Nuestra mayor alegría es* **que** *nuestra hija se haya recuperado.*

Subordinadas sustantivas de verbos que se construyen obligatoriamente con la preposición *de*

Muchos verbos pronominales se construyen obligatoriamente con la preposición *de* o con otra preposición: *alegrase de, olvidarse de, acordarse de, preocuparse de, fijarse en…* En estos casos, la preposición siempre se conserva.

▲ **Me alegro de que** *hayas aprobado el examen.*
▲ **Me he olvidado de que** *hoy tenía que ir al dentista.*
▲ *Juan* **se preocupaba de que** *a sus hijos no les faltara de nada.*

También hay verbos no pronominales que se construyen de manera obligada con la preposición *de* o con otra preposición: *tratar de, convencer de, renunciar a, insistir en…*

▲ **Me convenció de que** *tenía que visitar a mi tío.*
▲ **Insistió en que** *dijese la verdad.*

En todos estos casos, si sustituimos la oración subordinada por *eso*, vemos que la preposición siempre se conserva.

▲ *Me alegro de eso. Me he olvidado de eso. Me convenció de eso…*

¡Atención! Hay algunos verbos, como *alegrar / alegrarse* o *preocupar/ preocuparse*, que pueden aparecer como pronominales o no.

▲ *Me preocupa algo.* (Uso no pronominal, *algo* es el sujeto, la cosa que me preocupa).
▲ *Me preocupo de algo.* (Uso pronominal, el sujeto es *yo*, y la cosa que me preocupa aparece detrás de la preposición que rige el verbo).

Por eso tenemos que decir *Me preocupa* **que** *María no esté mejor;* pero *Me preocupo* **de que** *mis hijos vayan a un buen colegio.*

Nombres o adjetivos con complementos preposicionales

Cuando un nombre o un adjetivo llevan un complemento en forma de oración, esta siempre lleva delante una preposición.

▲ *Estoy convencido* **de que** *se va a curar.*

▲ *El hecho* **de que** *nos hayamos encontrado ha sido una gran suerte.*

Sin embargo, si construimos esta segunda oración con el mismo significado, pero sin que la subordinada sea un complemento del nombre *hecho*, la preposición desaparece.

▲ *Ha sido una gran suerte* **que** *nos hayamos encontrado.*

Una manera de ver si debemos poner o no la preposición es elaborar una pregunta. Si la preposición *de* se conserva en la pregunta, es que está obligada por el verbo, y debemos conservarla también en la oración subordinada; pero si la preposición desaparece al hacer la pregunta, es que no hay que ponerla tampoco al construir la subordinada:

▲ *-¿Qué te preocupa?*
  -Me preocupa **que** *esté tan lejos.*

▲ *-¿De qué estás segura?*
  -Estoy segura **de que** *el libro está en casa.*

Actividades

A) Coloca la preposición correspondiente. ¿*Por* o *para*?

1. Estuvimos corriendo toda la tarde............... el parque.

2. En España........... el Día de Todos los Santos se hacen unos dulces de mazapán que se llaman "huesos de Santo".

3. .... las nueve estará lista la cena. Antes se servirán unos aperitivos.

4. Las cartas .... el extranjero se depositan en este buzón.

5. ¡Qué bolso tan bonito! Lo voy a comprar .... mi hermana. Pronto es su cumpleaños.

6. Nos enteramos de la noticia .... los niños. Ellos nos lo contaron.

7. Antes de llegar a la cima, cuando subamos .... la montaña, te mostraré qué es un Edelweiss.

8. .... mi cumpleaños quiero que me compres unos zapatos.

B) Selecciona la preposición correcta.

1. La imprenta fue un invento revolucionario (**para/por**)........ la literatura.

2. Ayer por la noche, el presidente del Gobierno pronunció un discurso (**para/por**)........ el pueblo ante las cámaras de televisión.

3. No creo que eso sea verdad. (**Para/por**)........ mí que se lo ha inventado.

4. No tuvimos que declarar en el juzgado (**para/por**)........ una vecina, que aclaró lo sucedido.

5. Si a Juan no le gusta bailar, es mejor que no lo aprenda, (**para/por**)........ lo que puedan decir los demás.

6. Los guerrilleros lucharon (**para/por**)........ su líder, a pesar de que ya había fallecido.

C) Completa con las preposiciones *a, con, de* o *en*, según convenga al verbo.

1. Nos despedimos ...... ellos y nos dirigimos .... casa. Cuando, por fin, entramos ..... la habitación, nos dimos cuenta .... que se había caído la lámpara .... techo.

2. Tienes que animar a Pedro .... que venga con nosotros. Le conviene salir y convivir por unos días ...... otro tipo de gente.

3. Ya me he cansado ...... tus dudas y tus problemas. No quiero volver a preocuparme .... ti nunca más. Así que márchate .... mi casa cuanto antes.

4. -¿Qué te ocurre que no paras ...... reírte?

   -Me río .... las tonterías que hace Pedro.

5. Acuérdate .... felicitar a María por su cumpleaños y .... recordarle que debe decidirse .... aceptar el nuevo trabajo.

6. El Hotel Bauen de Buenos Aires no se parece .... nada ...... un hotel de lujo.

7. No se le mete .... la cabeza que no puede recurrir ...... mí siempre que se mete ..... un lío.

8. Juan no deja .... molestarme, yo no recuerdo .... haberle hecho nada malo.

D) Completa con la preposición adecuada en cada caso, siempre que sea preciso.

1. Debes ir .... (**a/por/con**) solucionar el problema.

2. Todos le incitaron .... (**con/de/a**) estudiar Medicina.

3. En esa casa colaboran unos .... (**con/a/de**) otros y este es el mejor modo de llegar .... (**con/a/en**) conseguir una convivencia pacífica.

4. Este hijo mío no me cuenta .... (**a/con/Ø**) nada y estoy muy preocupada.

5. En la vida es una suerte poder dedicarse .... (**Ø/a/con**) lo que a uno le gusta.

6. Huele mucho ...... (**Ø/a/con**) quemado, creo que nos hemos quedado sin comida.

7. El padre se empeñó en emparentarse .... (**de/a/con**) una de las familias más acomodadas de la ciudad, y no paró hasta conseguir .... (**Ø/a/de**) casar a su hija .... (**Ø/a/con**) un muchacho muy rico.

8. Aunque al comienzo de sus estudios empezó .... (**Ø/a/con**) dudar de su vocación, continuó .... (**en/a/con**) ellos.

9. Yo me voy .... (**en/a/con**) unos minutos. Hoy tengo mucha prisa porque voy .... (**en/a/con**) un concierto.

E) Completa las frases colocando *de* o *de que* en cada caso.

1. Pensamos .... el *Quijote* es la mejor novela de todos los tiempos.

2. Ya estoy harta .... me hagan quedarme a trabajar dos horas más todos los días.

3. Me ha dicho .... no me vaya de aquí hasta que él no venga.

4. Me preocupa mucho .... a mi primo Julio le despidan del trabajo.

5. Se ha olvidado .... hoy era la fiesta de cumpleaños de sus hijos.

6. Me alegro mucho .... estés aquí conmigo.

7. Es un hecho .... todo le sale bien.

24. EL VERBO *HACER*

El verbo *hacer* es uno de los verbos que más variedad de significados puede adoptar en nuestra lengua según el contexto en el que aparezca. Es, además, uno de esos verbos que se vacían de significado en algunas construcciones en las que acompañan a determinados nombres. En estos casos es el nombre el que da el significado léxico a la oración y el verbo asume un papel más bien gramatical.

Hacer con significado léxico pleno

Podemos utilizarlo con un significado pleno, claro y primario, cuando significa 'crear, fabricar o producir algo'. Es estos contextos es un verbo de acción que aparece acompañado de un nombre concreto que señala un objeto que es el resultado de la acción, el objeto creado:

▲ *He hecho una mesa para el salón de casa.*
▲ *Ernesto nos hizo una foto preciosa.*

Hacer con significado general de acción

Hacer es, además, un verbo que agrupa en su significado a todos los verbos de acción. Podemos contemplarlo como una especie de comodín que puede colocarse en el lugar de cualquier verbo que señale una actividad. Es la acción en sí misma, sin ningún tipo de especificación. Por esa razón puede sustituir a un verbo mencionado con anterioridad. En estos casos, el verbo *hacer* puede aparecer con el neutro *lo* o con el adverbio *cómo*. Es decir, pasa a tener el significado del verbo al que se está refiriendo y que hemos mencionado anteriormente.

▲ *Si actúas con prudencia, tus hijos también lo harán.*
▲ *Fíjate cómo me subo en la tabla, haz como yo.*

En esta expresión "lo harán" quiere decir "actuarán con prudencia", igual que "haz como yo" significa "súbete en la tabla como yo".

Este mismo significado general es el que adopta el verbo *hacer* en las preguntas:

▲ *–¿Qué haces?*
   –Estoy comiendo.

En la pregunta, el verbo *hacer* tiene un significado puro de acción sin especificar que solo quedará completado cuando aparezca la respuesta. En el caso del ejemplo, la acción a la que se refiere la pregunta es comer.

Hacer como verbo de apoyo

Son muchas las expresiones en las que nos encontramos con que el verbo *hacer* forma una unidad de significado con un nombre. En estos casos el verbo aporta todos los contenidos gramaticales de tiempo, modo, persona, número y aspecto y el significado general de acción; y el nombre, el significado léxico. El verbo está casi vacío de significado, y la significación específica del grupo verbo + nombre depende exclusivamente del nombre.

Este uso del verbo *hacer* + nombre alterna, en algunos casos, con la utilización de un verbo equivalente que sustituye a la expresión *hacer* + nombre:

▲ *Hacer la comida* (cocinar).
▲ *Hacer un viaje* (viajar).
▲ *Hacer caricias* (acariciar).
▲ *Hacer el tonto* (tontear).

A veces se da la circunstancia de que el verbo *hacer* está tan vacío de significado que la expresión *hacer* + nombre no señala ninguna acción. Son expresiones fijas en las que el verbo *hacer* es solo un soporte gramatical que ni siquiera aporta el significado general de acción.

Es lo que sucede en las oraciones de este tipo que indican tiempo atmosférico y tiempo transcurrido. Son expresiones que no señalan ninguna acción, a pesar de que el verbo *hacer* sea empleado en ellas:

▲ *Hace frío.*
▲ *Hace dos horas.*
▲ *Hacerse tarde.*

Lo mismo sucede en determinadas frases hechas, de uso más o menos cotidiano, que señalan cualidades o situaciones y, a veces, equivalen a expresiones con verbos copulativos.

▲ *Hacer la calle* (ser una prostituta).
▲ *Hacer carrera* (ser una persona triunfadora).

▲ *Hacer* *mal papel* (quedar mal).

Como vemos, se da la paradoja de encontrar expresiones en las que aparece el verbo *hacer*, pero no se produce ningún tipo de acción. Es el significado del nombre que va detrás del verbo *hacer* el que determina si *hacer* será un verbo que exprese acción o no. Si el nombre que acompaña al verbo *hacer* es un nombre concreto que designa un objeto que puede ser creado, el verbo adoptará el significado de 'producir, fabricar o crear', y señalará una acción que tendrá como consecuencia la creación del producto al que el nombre se refiere. Si el nombre es de acción o cualidad, *hacer* pasará a ser un verbo de apoyo y el peso del significado recaerá sobre el nombre.

Ese significado general de acción que acompaña al verbo *hacer* provoca que se dé una interpretación de actividad siempre que sea posible. Siempre que esta interpretación de acción sea compatible con el nombre que aparece en la estructura, esta se dará; pero, si el nombre no permite que así sea, la expresión tomará un valor de proceso o de estado. Podemos decir, pues, que es el significado del nombre que acompaña al verbo el que determina cuál va a ser el significado que va a tener el verbo *hacer* en cada caso.

Estas características del verbo *hacer* van a provocar que sea uno de los más utilizados en las expresiones idiomáticas y las frases hechas:

▲ *Hacer* *de su capa un sayo* (se dice de alguien que hace con sus asuntos cosas que no son prudentes o razonables).
▲ *Hacer* *de tripas corazón* (sobreponerse para hacer algo que cuesta mucho esfuerzo o da repugnancia).
▲ *Hacer* *el bruto* (comportarse empleando la fuerza; se le dice especialmente a los niños cuando juegan peleándose).
▲ *Hacerse* *mala sangre* (pensar mucho en algo que ha pasado enfadándose cada vez más).
▲ *Hacer* *de las suyas* (comportarse mal; suele decirse de alguien que normalmente se comporta mal).
▲ *Hacer* *caso* (prestar atención).

Cuando *hacer* quiere decir 'no hacer'

Son muy interesantes las expresiones en las que *hacer* está usado aparentemente con un significado pleno de verbo de acción y, sin embargo, las expresiones equivalen a decir que no se hace absolutamente nada:

▲ *Hacer* oídos sordos.
▲ *Hacer* castillos en el aire.
▲ *Hacer* que *hace*.

"Hacer oídos sordos" equivale a "no escuchar" y las dos oraciones siguientes equivalen a "no hacer nada". El hecho de ser imposible la primera, hace que le tengamos que buscar un valor metafórico. Se pueden hacer o fabricar castillos, pero no en el aire, donde no pueden sustentarse. Y eso nos lleva a interpretar la frase como "imaginar cosas imposibles sin llevar a cabo acción alguna". La segunda, "hacer que hace", es un derroche de ingenio popular, una doble utilización del verbo *hacer*, que equivale a negar la acción, porque la acción que señala el primer verbo tiene como objetivo negar la acción que señala el segundo. Quiere decir que se aparenta que se hace, pero en realidad no se está haciendo nada. Encontramos en esta expresión una gran similitud con la circunstancia, tan habitual en muchas lenguas, de que dos expresiones negativas equivalen a una afirmación. En este caso vemos que los papeles se invierten, y es la repetición consecutiva de dos afirmaciones la que equivale a una negación.

Actividad

Encuentra los verbos que equivalen a la expresión *hacer* **+ nombre, adjetivo o adverbio.**
1. Hacer una broma = ...
2. Hacer gestos = ...
3. Hacer la digestión = ...
4. Hacer de menos = ...
5. Hacerse rico = ...
6. Hacer burla = ...
7. Hacerse de noche = ...
8. Hacerse de día = ...
9. Hacer el tonto = ...

V
NORMATIVA

25. NORMAS DE ACENTUACIÓN

En el mes de diciembre de 2010 se publicaron las nuevas normas de ortografía del español. La novedad era que ya no son normas preparadas exclusivamente por la Real Academia Española. Son normas elaboradas por la Asociación de Academias de la Lengua Española. Entre otras cosas se han tratado las normas de acentuación de las palabras.

El acento prosódico y el acento ortográfico

La mayor parte de las palabras (nombres, verbos, adjetivos...) tienen un sílaba que se produce con más fuerza y duración que el resto de las sílabas de la palabra. Es como si la palabra se organizase en torno a esa sílaba. Decimos que sobre esta sílaba recae el acento prosódico y la llamamos sílaba tónica o acentuada. La sílaba tónica es la que mejor se percibe porque dura más y se pronuncia con más intensidad.

Hay también algunas palabras que no tienen acento prosódico y se pronuncian uniéndose a la palabra siguiente, aunque las veamos escritas de manera separada porque gramaticalmente son palabras diferentes. Estas palabras que no tienen acento prosódico se llaman palabras átonas y son los artículos, las conjunciones, algunos pronombres (los llamados pronombres átonos) y algunas preposiciones.

En español el acento prosódico diferencia palabras

El acento prosódico del español es un acento móvil, que no aparece siempre en la misma posición. Hay palabras que se acentúan en la última sílaba, las palabras agudas; palabras que se acentúan en la penúltima sílaba, palabras llanas; y palabras que se acentúan en la antepenúltima sílaba, palabras esdrújulas (solo de manera excepcional podemos encontrar palabras que se acentúen en una posición anterior a la antepenúltima sílaba).

▲ Ejemplos de palabras agudas son *canción, comedor, anular, compás, gastó, leeré...*
▲ Ejemplos de palabras llanas son *lobo, come, arte, ángel, tomate...*
▲ Ejemplos de palabras esdrújulas son *música, crítica, álgebra, público...*

Como vemos, la posición del acento varía de unas palabras a otras; pero además encontramos palabras que son idénticas en los sonidos que las forman, pero que se diferencian por la posición de su acento. Por eso se dice que el acento del español sirve también para diferenciar palabras. Decimos que es un acento distintivo. En *práctico, practico* y *practicó* tenemos tres palabras distintas. La primera es un adjetivo, la segunda es la primera persona del singular del presente de indicativo del verbo *practicar* (sinónimo de *realizar*) y la tercera corresponde a la tercera persona del singular del pretérito indefinido (o pretérito perfecto simple) del verbo *practicar*:

▲ *Este teléfono móvil es muy práctico.*
▲ *Yo practico muchos deportes.*
▲ *La doctora Ayuela le practicó a mi madre una operación de urgencia.*

Las reglas de acentuación de palabras del español responden a un principio de economía

El español dispone de unas reglas que sirven para señalar en la ortografía en qué lugar se encuentra el acento prosódico (de acentuación) de la palabra. Estas reglas responden a un criterio de economía. Es decir, se trata de poner solamente aquellos acentos ortográficos o tildes que sean necesarios para que quede perfectamente claro dónde debe recaer el acento prosódico de la palabra.

La mayor parte de las palabras en español son llanas (el acento prosódico recae en la penúltima sílaba) y terminan en vocal. Hay también un grupo numeroso de palabras llanas que terminan en consonante *s* (todas las formas de plural de los nombres y adjetivos) y en consonante *n* (la mayor parte de las formas de plural de los verbos).

Las palabras agudas (en las que el acento recae en la última sílaba) siguen en número a las palabras llanas. La mayor parte de los nombres, adjetivos y verbos formados por palabras agudas acaban en una consonante distinta a la *n* y la *s*. Nombres como *nariz* y *reloj*, adjetivos como *feroz* y *feliz*, y verbos como *cantar* y *romper* son palabras agudas.

Las palabras esdrújulas son muy escasas. La mayor parte de ellas son préstamos o cultismos (palabras que se tomaron directamente del latín a partir del siglo XV).

Las reglas de acentuación están pensadas para que pongamos el menor número posible de tildes o acentos ortográficos.

Las reglas de acentuación

Las palabras llanas se acentúan cuando la palabra termina en una consonante que no sea ni la *n* ni la *s*: *árbol, tórax, lápiz...*

Las palabras agudas se acentúan cuando la palabra termina en vocal o en consonante *n* y *s*: *camión, compás, recogió...*

Las palabras esdrújulas se acentúan en todos los casos: *música, teléfono, óptimo...*

El acento prosódico en los diptongos

Llamamos **diptongo** a la unión de dos vocales que se pronuncian juntas en la misma sílaba. Para que se dé un diptongo en español es necesario que se unan una vocal cerrada y una vocal abierta o media. Las vocales cerradas son la *i* y la *u*. Las vocales medias son la *e* y la *o*. La única vocal abierta del español es la *a*.

Por tanto, una palabra como *poeta* tiene tres sílabas (*po-e-ta*) y una palabra como *aéreo* tiene cuatro sílabas (*a-é-re-o*). Es decir, la unión de sus vocales no forma diptongo y solo lleva acento ortográfico si las normas de acentuación lo piden. Por eso la palabra *aéreo* lleva acento, porque es esdrújula, y la palabra *poeta* no lo lleva porque es llana y acaba en vocal .

Por el contrario, si entre las vocales que se juntan hay una cerrada (*i, u*), las dos vocales caen en la misma sílaba y se forma un diptongo. Así la palabra *farmacia* tiene tres sílabas (*far-ma-cia*) y la palabra *bueno* tiene dos sílabas (*bue-no*).

Ahora bien, si en esta unión de vocales el acento prosódico cae sobre la vocal cerrada, el diptongo no puede formarse y cada una de las vocales se coloca en una sílaba diferente. Por eso la palabra *respondía* tiene cuatro sílabas (*res-pon-dí-a*) y la palabra *ríe* tiene dos sílabas (*rí-e*).

Siempre que se deshace el diptongo se marca colocando un acento en la vocal débil.

Las vocales de las palabras *rueda, puerta, cuanto, guarda, piano, tierra, comieron* o *viaje* forman diptongo. Las vocales de las palabras *recorrían, púa, lío, ganzúa, valdría, río, oí* o *caí* no forman diptongo porque la vocal cerrada recibe el acento prosódico. Por eso esta vocal tónica se marca colocando un acento ortográfico o tilde.

Conviene tener en cuenta que algunas palabras, especialmente formas verbales como *esperáis* o *coméis,* forman diptongos, pero llevan acento porque son palabras agudas que acaban en *s.*

El acento diacrítico

PALABRAS ACENTUADAS	PALABRAS QUE NO LLEVAN ACENTO
tú, pronombre personal **Tú** *no dices la verdad.*	*tu,* determinante posesivo *He perdido* **tu** *pasaporte.*
mí, pronombre personal *No me lo des a* **mí.**	*mi,* determinante posesivo *Se ha llevado* **mi** *abrigo.*
él, pronombre personal **Él** *es un chico estupendo.*	*el,* artículo *Ya me he estudiado* **el** *libro entero.*
sí, afirmación y pronombre personal *Solo se quiere a* **sí** *misma.* *Me ha dicho que* **sí.**	*si,* conjunción condicional **Si** *me dejas un poco más de tiempo, podré terminar el trabajo.*
dé, forma del verbo *dar* *Juan quiere que le* **dé** *un libro.*	*de,* preposición *Este libro* **de** *gramática es muy bueno.*
sé, forma del verbo *saber* *No* **sé** *qué hacer.*	*se,* pronombre *Pedro* **se** *va a Canarias.*
té, nombre de la infusión *Se te va a enfriar el* **té.**	*te,* pronombre *No* **te** *vayas tan pronto.*
aún, con valor temporal (equivale a *todavía*) **Aún** *no sabe qué estudiar.*	aun, cuando equivale a *inclusive* o *aunque* **Aun** *sin haberlo visto, sospecha algo.*
más, adverbio de cantidad *No quiero* **más** *arroz.*	*mas,* conjunción en desuso (equivale a *pero*) *Sé que no te gusta,* **mas** *debes hacerlo.*
qué, pronombre interrogativo o exclamativo *¿***Qué** *me has traído?* *¡***Qué** *horror!*	*que,* pronombre relativo o conjunción *Quiero* **que** *aprendas a escuchar.* *El chico* **que** *viste es mi novio.*
cuál, pronombre interrogativo *No sé* **cuál** *es el mejor.*	*cual,* pronombre relativo *Hace mucho frío, con lo* **cual** *me quedo aquí.*
quién, pronombre interrogativo *¿***Quién** *ha venido?*	*quien,* pronombre relativo *Se lo daré a* **quien** *quiera.*
dónde, adónde, pronombre interrogativo *¿***Dónde** *te alojas?*	*donde, adonde,* pronombre relativo o adverbio *El hotel* **donde** *me alojo es estupendo.*
cómo, cuándo y cuánto interrogativos *¿***Cómo** *has llegado?* *No sé* **cuándo** *saldrá.* *¿***Cuánto** *cuesta?*	*como, cuando y cuanto* no interrogativos *No eres tan alta* **como** *yo.* **Cuando** *llegue Andrés, saldremos a cenar.* *Come* **cuanto** *quieras.*

Es un acento ortográfico que no se coloca porque las normas de acentuación lo exijan, sino para diferenciar dos palabras iguales. Aquí te ofrecemos un cuadro en el que aparecen todas las palabras que tienen acentos diacríticos acompañadas de un ejemplo.

Algunos cambios en la acentuación

En esta última ortografía de la Real Academia se han producido algunos cambios en las normas de acentuación:

La palabra *solo* que se acentuaba cuando era un adverbio que equivalía a *solamente*, ya no se acentúa. Antes era una palabra que llevaba acento diacrítico para diferenciarla de *solo* adjetivo (*estar solo*).

Anteriormente, figuraban en la lista de acentos diacríticos los pronombres *este*, *ese* y *aquel*, que se acentuaban en su uso como pronombres, pero no en su uso como determinantes. Hoy, la Academia aconseja no poner estos acentos.

Anteriormente se consideraba que palabras como *guion* tenían dos sílabas, y por tanto había que acentuarlas por ser una palabra aguda que acababa en *n*. Sin embargo, actualmente, la Academia piensa que la pronunciación en dos sílabas de esta palabra no está generalizada en todo el territorio hispanohablante, hay lugares en los que se pronuncia con diptongo, como un monosílabo. Como los monosílabos no se acentúan, la Academia ha decidido que no se acentúe.

Actividades

A) Coloca el acento cuando sea necesario:

ansiedad	atar	presintio	fronterizo
emocion	pican	mozalbete	atras
rechazo	linterna	aterido	penuria
precoz	puntualidad	colera	fijacion
insoportable	maquillaje	mofletudo	expulsado
fundamental	prismaticos	petrea	locutor
lamentandonos	frotandose	patibulo	callejero
reparar	bullicio	voluntad	veloz
comprometernos	ennegrecido	mugre	atacar

B) Coloca los acentos que faltan:

1. El joven le echo una mirada fria. En sus pupilas habia enojo y asco. ¿Que le ocurria a este imbecil? "Me mira como si yo fuera una alimaña", penso Roger.

2. Quien lo esperaba alli no era su abogado, sino uno de sus ayudantes, un joven rubio y desencajado, de pomulos salientes.

3. Hubiera sido bueno sentir el agua de ese rio mojandole la piel y azulandola de frio.

4. El joven nego con la cabeza. Tomo aire antes de hablar.

C) Coloca el acento cuando sea necesario:

dia	gestoria	perdia
novia	envidiar	infancia
veia	odiar	biografia
menear	crucial	deterioro
acopio	memoria	hincapie
parsimonia	actua	rio
chisporrotea	paulatinamente	colorear

D) Las siguientes frases están escritas sin los acentos correspondientes. Coloca los acentos que faltan:

1. No te fies nunca de el, no es una persona de fiar.

2. - ¿Como me ha dicho que se llama?

    - Ya no se ni cual es mi nombre.

3. Deberias tener mas cuidado con tu portatil.

4. Dile que me de el reloj que tu le regalaste.

5. - ¡Que asco! Aqui huele fatal. Tendrias que comprar un buen ambientador.

    - A mi ya me da igual ese olor. Vosotros teneis que habituaros.

26. USO DE LAS MAYÚSCULAS

El uso de las mayúsculas no coincide en todas las lenguas que usan el alfabeto latino. En alemán, por ejemplo, se escriben con mayúscula todos los nombres, sean comunes o propios. Sin embargo, en la mayoría de las lenguas, como el inglés, el francés o el español, es justamente la mayúscula la que distingue un nombre común de uno propio: los nombres propios se escriben con mayúscula y los nombres comunes con minúscula.

El nombre propio

Recordemos que nombres propios son aquellos que se refieren a un ser único. Un nombre de persona, como *Luis*, siempre va a considerarse propio, mientras que un nombre como *casa* siempre va a considerarse común.

Dicho esto, podríamos entender que en español y en inglés, por ejemplo, el uso de las mayúsculas es idéntico, pero no es así, porque en muchas ocasiones es problemático decidir si un nombre es común o propio.

El caso más típico es el de los días de la semana, los meses del año y las estaciones. En todos los casos podemos decidir que estas denominaciones son únicas, porque no hay más de un lunes en la semana o más de un febrero en el año. Por eso, podrían ser considerados como nombres propios. Pero también podemos argumentar que "hay muchos lunes" a lo largo del año o "muchos febreros" en un siglo.

Esto hace que en estos casos sea difícil decidir. Así vemos que en inglés los días de la semana y los meses del año, por ejemplo, se consideran nombres propios y se escriben con mayúscula, mientras que en español se consideran nombres comunes y se escriben con minúscula.

En líneas generales podemos decir que el español es una lengua con una tendencia muy acusada a restringir el uso de las mayúsculas; es decir, solo usa mayúsculas en casos en los que estamos clarísimamente ante un nombre propio. Mientras que en otras lenguas, como el inglés, tienen la tendencia contraria; esto es, usan mayúsculas en estos casos poco claros.

Los días de la semana, los meses y las estaciones del año
Se escriben siempre con minúscula.

▲ *El **lunes** es el peor día de la semana.*
▲ *En **abril** suele llover mucho.*
▲ *La **primavera** es la época más bonita del año.*

El nombre de los idiomas o de la nacionalidad de las personas
Se escriben siempre con minúscula.

▲ *Mi cuñado habla cuatro idiomas: **inglés, francés, español** y **japonés**.*
▲ *Yo soy **italiana**, mi padre es **español** y mi madre es **alemana**.*

Las mayúsculas en nombres geográficos
Los nombres de accidentes y lugares geográficos se consideran propios y se escriben con mayúscula: *Everest, Amazonas, Gibraltar*… Sin embargo, el nombre genérico que suele acompañar a estos nombres propios se escribe con minúscula.

▲ *El **monte Everest** es el punto más alto del planeta.*
▲ *El **mar Rojo** es el un sitio magnífico para bucear y ver peces preciosos.*
▲ *En el **río Amazonas** hay muchas pirañas.*
▲ *Muchos africanos mueren al intentar cruzar el **estrecho** de **Gibraltar**.*
▲ *La **sierra** de **Guadarrama** está muy cerca de Madrid.*

Pero hay algunos casos en los que se considera que el nombre genérico forma también parte del nombre propio. En estos casos los dos nombres se escriben con mayúscula. Por ejemplo, en *Sierra Nevada* se escriben los dos nombres con mayúscula porque el nombre de la sierra es *Sierra Nevada*, y no *Nevada*.

Este mismo caso es el de otros nombres geográficos como *Cabo Verde* (refiriéndose a la isla), *Montañas Rocosas, Selva Negra, Picos de Europa*…

Esta diferencia se puede ver en el uso del artículo. Cuando el nombre es genérico y no forma parte del nombre propio, hay que usar el artículo, pero, si forma parte del nombre propio, normalmente, no se usa.

▲ *Me fui a esquiar a Sierra Nevada. / *Me fui a esquiar a la Sierra Nevada.*
▲ *Me gusta hacer senderismo en **la** sierra de Gredos.*

Nombres que designan continentes, países y ciudades
Se escriben siempre con mayúscula.

▲ *Estados Unidos está en América.*

Pero el nombre genérico (*ciudad, continente, país...*) que acompaña al nombre propio en algunas ocasiones va siempre en minúscula.

▲ *La ciudad de Buenos Aires es una de las más grandes de Sudamérica.*

En algunos casos la palabra genérica está incluida en el nombre propio. En esos casos ambos se escriben con mayúsculas:

▲ *En los Países Bajos se habla holandés.* (El nombre del país es Países Bajos, no solo Bajos).

Lo mismo pasa en algunos casos con el artículo, que en alguna ocasión puede formar parte del nombre propio, como en *Las Vegas, El Cairo, La Habana...*

▲ *La Habana es la capital de Cuba.*

Las calles y los espacios urbanos
Se escriben siempre con mayúscula. Aunque los nombres genéricos que los acompañan (*calle, plaza, avenida, paseo, glorieta…*) se escriben con minúscula.

▲ *La plaza de la Universidad de Barcelona es muy bonita.*
▲ *Vivo en la calle de Pintor Ribera número 73.*
▲ *La glorieta de Cuatro Caminos esta cerca de la plaza de Castilla.*

Los títulos de los libros o de otras obras de creación
Se escriben solo con mayúscula inicial. Es decir, solo se escribe con mayúscula la primera letra del título. El resto de las palabras se escriben con minúscula, a no ser que alguna de las palabras sea un nombre propio, que por su naturaleza tiene que ir con mayúscula.

▲ **Cien años de soledad** *es la mejor novela escrita en español de todo el siglo XX.*
▲ **Bodas de sangre** *es una obra de teatro de Federico García Lorca.*
▲ *El* **Diccionario de la lengua española** *recoge todas las palabras del español.*

Las ramas del conocimiento y los nombres de las asignaturas

Las ramas del conocimiento se escriben con minúscula.

▲ *Se me dan fenomenal las* **matemáticas**.
▲ *A mí me encanta leer libros de* **historia**.

Sin embargo, el nombre completo de las asignaturas se escriben con mayúscula, aunque estén formados por la misma palabra.

▲ *Este curso he suspendido* **Matemáticas**, *así que voy a tener que pasar todo el verano estudiando.*
▲ *Me han puesto una matrícula de honor en* **Derecho Constitucional**.

Los nombres de las entidades

En los nombres de las entidades (organismos, instituciones, asociaciones, departamentos…), se escriben con mayúscula todas las palabras de significado que integran la denominación:

▲ *La* **Real Academia de Bellas Artes** *se preocupa de todas las obras artísticas.*
▲ *El* **Ministerio de Asuntos Exteriores** *ha convocado unas becas para aprender idiomas.*

Cuando las palabras *estado, gobierno, universidad, policía…* se refieren a la institución, se escriben también con mayúscula, pero se escriben con minúscula en los demás casos.

▲ *La* **Universidad** *española se ha visto gravemente afectada por los recortes.*
▲ *Me voy, que llego tarde a mis clases de la* **universidad**.

Títulos y cargos en las personas

Los títulos y cargos que ocupan las personas se escriben con minúscula. Esto se hace así porque se considera que todos los cargos tienen que tener la misma consideración. Si *secretaria* o *conserje* se escriben con minúscula, no hay por qué escribir *presidente* con mayúscula.

▲ *El* **presidente del Gobierno** *visitará China el mes que viene.*
▲ *El* **duque** *de Medina Sidonia ha venido a la recepción que ha organizado el* **embajador** *de España.*

Los periodos en los que se dividen la historia y la prehistoria, y los grandes movimientos culturales y literarios

Se escriben con mayúscula.

▲ *En el **Neolítico** cambió completamente la forma de vida de los humanos.*
▲ *La **Edad Media** no fue un periodo oscuro de la historia de la humanidad.*
▲ *El **Romanticismo** trajo consigo los sentimientos nacionalistas.*

Actividades

A)¿Mayúscula o minúscula? Escoge la opción adecuada.

1. Este año nos vamos de vacaciones al (**cabo de Gata/Cabo de Gata**) ....

2. He estado en (**Cabo Verde/cabo Verde**) .... y me parece una isla preciosa.

3. El (**sábado/Sábado**) .... que viene nos vamos de viaje al (**río Amazonas/Río Amazonas**) ....

4. ¡Qué largo es el (**invierno/Invierno**) ....!

5. El (**chino/Chino**) .... es el idioma más hablado del mundo.

6. Mis padres son (**ingleses/Ingleses**), ... pero yo soy (**americana/Americana**) ....

B)¿Mayúscula o minúscula? Escoge la opción adecuada.

1. Mi hermano vive en los (**Países Bajos/países bajos**) ....

2. (*El Coronel no tiene quien le escriba/El coronel no tiene quien le escriba/El Coronel no Tiene quien le Escriba*) .... es una novela de Gabriel García Márquez.

3. Vivo en la (**calle Velázquez/Calle Velázquez**) ...., que está muy cerca de la (**plaza del Perú/Plaza del Perú**) ....

4. ¡Con lo bien que se me dan las (**matemáticas/Matemáticas**) ...., no sé cómo me han suspendido en (**física/Física**) .... !

5. La (**Real Academia de España/Real academia de España**) .... se fundó en el siglo XVIII.

6. Mi padre es el (**presidente del Gobierno/Presidente del Gobierno**) ...., pero para mí es, sobre todo, mi padre.

7. La (**edad media/Edad Media**) .... fue un periodo oscuro.

VI
DISCURSO

27. LOS MARCADORES DEL DISCURSO

Se conocen como marcadores del discurso, ordenadores del discurso o conectores a una serie de elementos gramaticales que no cumplen una función sintáctica determinada en las oraciones, pero que nos ayudan a entender mejor el texto o el discurso. La información que aportan está muy relacionada con lo que llamamos las inferencias: las deducciones lógicas que la persona que lee o escucha hace sobre las intenciones del que habla, o la información que no se dice de manera explícita, pero queda implícita en el discurso.

Son expresiones que no tienen que ver con cada una de las oraciones por separado, sino con el texto en su conjunto. Nos sirven para organizar el texto en nuestra mente y para encontrar las unidades o los bloques de sentido y las relaciones de significado que se dan entre estos bloques. Ayudan, por tanto, a dar coherencia y unidad al texto relacionando dos o más partes del discurso.

La mayoría de estos conectores o marcadores se colocan al inicio de la oración y están expresados como incisos. Por esta razón suelen estar separados por una pausa de la oración anterior y también de la oración que introducen. Estas pausas se suelen reflejar en la aparición de un punto, un punto y coma o una coma antes del marcador y una coma después del mismo.

Son muchos los marcadores del discurso que encontramos en español. Vamos a hacer una clasificación de los mismos para aprenderlos de una manera más ordenada y simplificada.

Un primer grupo está formado por los marcadores que ayudan a estructurar el discurso, bien ordenándolo o haciendo comentarios sobre el mismo. Un segundo grupo lo forman los conectores que unen un miembro del discurso con otro. En este grupo la unión puede ir acompañada de otros matices, como la consecuencia o el contraste. Un tercer grupo lo forman los marcadores que introducen una explicación o una nueva formulación de lo dicho anteriormente. Finalmente, el último grupo está formado por los llamados "marcadores conversacionales", que se usan sobre todo en el discurso oral y no tienen un significado concreto.

1. Marcadores que ayudan a estructurar el discurso

Estos marcadores no aportan ningún matiz de significado al argumento o parte del discurso a la que se unen, pero ayudan a ordenar el discurso y a distinguir cada una de las partes y su función en el conjunto. Dentro de este grupo encontramos varios subgrupos que iremos presentando a continuación: los ordenadores del discurso, los de apoyo o refuerzo argumentativo, los que introducen ejemplos y los que introducen comentarios marginales o laterales.

Marcadores que ordenan el discurso

Estos marcadores presentan varios argumentos como unidos, como partes de un comentario único. Además ayudan a presentar cada una de estas partes de una manera clara y ordenada. Son muy utilizados en los textos de tipo argumentativo. Este grupo de marcadores suele basarse en la numeración en el espacio o en el tiempo y forman series que van ordenando los distintos argumentos:

▲ *En primer lugar, en segundo lugar, en tercer lugar..., en último lugar.*
▲ *Primero, segundo, tercero...*
▲ *Primero, después, luego..., en fin, finalmente.*

Algunos de estos marcadores señalan el inicio de la argumentación: *en primer lugar, de una parte, de un lado, primeramente...*

Otros marcadores se utilizan para cerrar los elementos del discurso: *finalmente, por último, en último lugar...*

Veamos un ejemplo de utilización de este tipo de conectores:

▲ *El cuento de Narcisa presenta los problemas con los que viven los emigrantes.* **En primer lugar**, *nos habla de las obligaciones económicas que tienen con sus familias en los países de origen;* **en segundo lugar**, *nos presenta la necesidad de afecto que tienen; y,* **por último**, *el enorme problema de la soledad en la que viven.*

Si el grupo está formado por solo dos argumentos, son típicos los pares correlativos: *de un lado..., del otro; de una parte..., de la otra...; por una parte..., por otra...; por un lado..., por el otro...*

▲ *La energía eólica tiene grandes ventajas.* **Por un lado**, *es una energía limpia y,* **por el otro**, *cada vez es más económica.*

Marcadores de apoyo o refuerzo argumentativo

Este grupo presenta el elemento que introduce un nuevo argumento o comentario a lo dicho anteriormente. En el discurso oral el marcador más frecuente es *pues*, que se usa normalmente en los diálogos al inicio de una intervención:

▲ *–Háblanos del papel del Instituto Cervantes en la formación de profesores.*
  *–***Pues***, es un papel derivado de sus funciones generales como institución pública.*

Otros marcadores de este tipo son *así las cosas, pues bien* y *dicho esto.* Estos conectores se colocan después de afirmaciones que se consideran probadas y aceptadas por la persona con la que hablamos, y sirven para introducir un nuevo comentario relacionado con lo anterior.

▲ *Usted es una persona honrada.* **Pues bien**, *estará de acuerdo conmigo en que robar no está bien.*

Otro grupo sirve para reforzar el elemento discursivo al que se unen. A este grupo pertenecen *en realidad, en el fondo* y *de hecho.*

▲ *Juan opina que lo fundamental del Movimiento 15-M es el hecho de que la juventud empieza a despertar:* **en el fondo**, *todos estamos de acuerdo.*

Marcadores que introducen ejemplos

Estos marcadores presentan el elemento al que acompañan como un ejemplo o una concreción de lo que se ha dicho anteriormente. En primer lugar se dice algo de tipo general y después el marcador introduce un ejemplo que lo concreta. Los marcadores de este tipo más habituales son *por ejemplo, en concreto* y *en particular.*

▲ *Los actuales molinos de viento son capaces de producir mucha energía eléctrica.* **En concreto**, *un aerogenerador de nueva generación produce entre 4 y 6 MW.*

En algunos casos, estos marcadores pueden colocarse en posición final o en el medio de la frase:

▲ *En la canción* Calma pueblo, ***por ejemplo***, *el grupo Calle 13 lanza un ataque frontal al Gobierno de Puerto Rico, su país.*

Marcadores que introducen un comentario

Este grupo introduce un comentario más o menos marginal con relación a lo dicho anteriormente. Los marcadores más utilizados son *por cierto, a todo esto* y *a propósito.* Todos ellos son muy utilizados en el discurso oral:

▲ *Me coloqué al lado de mi novia, que,* ***por cierto***, *estaba guapísima.*

2. Conectores

Son marcadores que unen dos miembros del discurso y proporcionan una información que nos ayuda a encontrar las deducciones lógicas o inferencias que se dan entre las partes. En algunas ocasiones sirven para rectificar algunas deducciones que deberían darse, pero que no se dan.

Según el significado podemos distinguir tres grupos de conectores: los conectores aditivos, los conectores consecutivos y los conectores contraargumentativos.

Conectores aditivos

Unen dos miembros del discurso que tienen una misma línea argumentativa. Ayudan, por tanto, a realizar deducciones y a extraer conclusiones. Los más importantes son *además, encima, aparte, por añadidura, es más* e *incluso.*

Además es el conector de este tipo más utilizado; aporta una información que apoya la línea de argumentación de lo expresado anteriormente, siendo esta una información importante y no fácilmente deducible de lo dicho anteriormente.

▲ *Rafael Mayordomo es director de la empresa española de energía fotovoltaica Solucciona.* ***Además****, trabajó previamente en este campo en otras empresas, como BP Solar.*

Aparte o *aparte de* y *por añadidura* son muy similares a *además.* El primero es solo habitual en la lengua coloquial, mientras que el segundo es muy poco frecuente y solo se emplea en la lengua escrita.

▲ **Aparte de** *ser una amenaza para toda la sociedad, la violencia vinculada al narcotráfico se ensaña con las mujeres.*

Encima es muy parecido a *además,* también apoya lo señalado anteriormente; pero se diferencia en que *encima* implica que lo señalado en el primer miembro sería más que suficiente para tener una conclusión. La información que se presenta con el conector *encima* intensifica enormemente esta conclusión, y suele encontrarse con más frecuencia en argumentaciones que presentan características negativas. Además, este conector puede presentar una conclusión opuesta a la que se esperaba, como vemos en el segundo ejemplo:

▲ *Ha llegado tarde; y,* **encima***, se está quejando por todo.*
▲ *Has estado durmiendo toda la mañana, y,* **encima***, dices que estás cansado.*

Incluso y su variante *inclusive* y *es más* y su variante *aún es más* son también conectores de tipo aditivo que tienen la particularidad de señalar que el argumento informativo que introducen es más importante que el anterior.

▲ *Debemos saber lo que nos resulta satisfactorio,* **incluso***, podemos hacer una lista con todo aquello que nos gusta.*
▲ *La corrupción es muy grande entre los funcionarios;* **es más***, también se da en miembros del Gobierno.*

Conectores consecutivos

Este grupo presenta el argumento del discurso que introducen como una consecuencia de lo dicho anteriormente. Los más importantes son *pues, así pues, por consiguiente, de ahí, en consecuencia, de resultas, así* y *entonces.*

Pues y *así pues* se limitan a presentar el miembro del discurso que introducen como una consecuencia del miembro anterior.

▲ *Si alguien busca en el diccionario la palabra* simpapeles, **pues***, resulta que no la encuentra.*

Por tanto, por consiguiente y *de ahí* añaden la necesidad de hacer un razonamiento para extraer la consecuencia.

▲ *Las emociones nos avisan de que no hemos descansado y,* **por tanto***, sentimos ansiedad, malhumor y cansancio.*

▲ *Hay muchos más millones de hablantes de español al otro lado del Atlántico.* **Por consiguiente**, *lo importante ahora es hacer una norma de normas.*

En consecuencia y *de resultas* presentan una situación que es el resultado del estado de cosas que se muestra en el miembro anterior del discurso.

▲ *Las mujeres y los niños son los elementos más débiles de la sociedad.* **En consecuencia**, *en situaciones de violencia son ellos los que más sufren.*

Así y *así pues* son muy similares a los anteriores, pero el resultado aparece como una conclusión de la situación expresada anteriormente. *De este modo, de modo que, de esta manera* y *de esta suerte* pueden aparecer también usados como conectores del mismo tipo.

▲ *Tenemos que conseguir que nuestro ánimo mejore para que,* **así**, *recuperemos el optimismo.*
▲ *Con las placas solares, la energía que no usamos se devuelve a la red.* **De este modo**, *podemos después tomar energía gratis cuando la necesitemos.*

Entonces es un conector que se utiliza muchísimo en el discurso oral. Tanto que, a veces, se convierte en una verdadera "muletilla" (una palabra que se repite en exceso sin ninguna razón). Su característica de presentar una consecuencia está muy atenuada, y por eso se puede utilizar simplemente para introducir nuevos argumentos y nuevas informaciones.

▲ *Si hacemos grandes cambios en la ortografía, todo el mundo va a protestar.* **Entonces**, *yo soy partidario de ir haciendo pequeñas reformas.*

Conectores contraargumentativos
Con este tipo de conectores logramos que el segundo de los miembros del discurso que se une aparezca como un argumento contrario que anula o atenúa lo dicho en el primero. Los más importantes son *en cambio, por el contrario, sin embargo, no obstante, con todo* y *ahora bien.*

En cambio y *por el contrario* presentan al miembro que introduce como contrario a lo dicho anteriormente.

▲ *Mi padre solo tiene hermanos.* **En cambio**, *mi madre solo tiene hermanas.*

Sin embargo, no obstante, con todo, con todo y con eso y *pese a todo* introducen un argumento que elimina una conclusión que podría deducirse de lo dicho anteriormente.

▲ *En la fabricación de energía, un importante problema es el transporte.* **Sin embargo***, la energía solar se puede consumir en el mismo lugar en el que se genera.*

▲ *Los carteros nunca se equivocan. Su mujer,* **no obstante***, podría escuchar mal y decir al cartero que ahí no era.*

Ahora bien presenta una objeción que elimina alguna de las conclusiones que se podrían obtener de lo dicho en el miembro anterior del discurso.

▲ *Ha logrado aprobar el examen.* **Ahora bien***, eso no quiere decir que sepa conducir.*

3. Reformuladores explicativos

Estos marcadores de tipo explicativo introducen una oración que aclara o explica lo dicho anteriormente. El hablante piensa que lo que ha dicho no ha quedado bien expresado y añade, por eso, una nueva oración. Los reformuladores explicativos más importantes son *o sea, es decir, esto es, a saber, dicho de otro modo* y *en otras palabras*.

▲ *El día de Nochevieja,* **o sea***, el último día del año, se queman miles de muñecos.*

▲ *Los países emergentes tienen mucha importancia para la economía mundial;* **es decir***, lo que sucede en sus economías nacionales tiene repercusiones muy importantes a nivel global.*

▲ *Algunos países, como China, se han convertido en nuevas potencias económicas;* **en otras palabras***, el orden económico mundial está cambiando.*

Reformuladores rectificativos

Presentan la oración que introducen como una corrección o una mejor formulación de lo dicho en la oración anterior. Los más importantes son *mejor dicho* y *más bien*.

▲ *Hago dieta porque quiero dejar de estar gordo;* **mejor dicho**, *porque quiero estar delgado.*

▲ *Cuando estás a dieta, echas de menos muchos alimentos que no puedes comer;* **más bien**, *echas de menos todos los alimentos.*

Reformuladores de distanciamiento

Estos marcadores indican que lo que se dice en la oración anterior no es relevante, lo que de verdad importa y se ha de tener en cuenta es lo que se dice en la oración que ellos introducen. Los más importantes son *en cualquier caso, en todo caso, de todos modos, de todas formas, de todas maneras, de cualquier forma, de cualquier manera* y *de cualquier modo.*

▲ *Es posible que tenga que operarse.* **En cualquier caso**, *no tiene que preocuparse porque la operación es muy sencilla.*

▲ *Los países emergentes son un grupo estable.* **De todos modos**, *no todos tienen la misma fuerza y no siempre coinciden en sus intereses.*

▲ *El protagonista no me ha gustado nada.* **De todas maneras**, *la película es estupenda.*

Reformuladores recapitulativos

Presentan la oración que introducen como una conclusión, recapitulación o resumen de lo dicho anteriormente. Los más importantes son *en suma, en conclusión, en resumen, en una palabra, en síntesis, en resumidas cuentas, a fin de cuentas, en definitiva, en fin, total, al fin y al cabo* y *después de todo.*

Los cinco primeros son más habituales en el discurso escrito y suelen cerrar una serie de argumentos.

▲ *Para ser actriz tienes que ser alta, delgada y tienes que tener encanto personal;* **en resumen**, *tienes que ser una chica atractiva.*

▲ *Don Quijote ayudaba a los débiles para que no hiciesen cosas que no querían hacer;* **en una palabra**, *Cervantes pensaba que lo más importante en el hombre era su libertad.*

El resto de los reformuladores presentados pueden aparecer con bastante frecuencia en el lenguaje oral, sobre todo *total*.

▲ *Este año los presupuestos están muy ajustados.* **Total***, que no hay dinero para nada.*

▲ *Me da mucho miedo montar en avión, pero poco a poco me voy tranquilizando;* **a fin de cuentas***, es casi imposible que vaya a pasar nada.*

Los marcadores *al fin y al cabo* y *después de todo* indican que el miembro discursivo en el que se encuentran tiene más fuerza argumentativa que los otros argumentos presentados anteriormente.

▲ *Los Reyes Magos compiten con Papá Noel en muchos países, pero,* **al fin y al cabo***, lo importante es que alguien les traiga regalos a los niños.*

La reformulación en la conversación

En el transcurso de una conversación puede suceder que sea el interlocutor la persona que hace la reformulación de lo dicho por el otro hablante:

▲ *–No me parece bien que reduzcan el número de profesores en los colegios públicos.*
  *–***O sea***, que no estás de acuerdo con los recortes del Gobierno en educación.*

Actividades

A) Señala los marcadores del discurso que encuentras en este fragmento de una entrevista a Luis García, experto en energía eólica:

"Pues, son tres las claves, la principal es la creación de un marco regulatorio (marco legal) que ha apoyado al sector desde un principio. Luego, la apuesta decidida de las empresas del sector, que han invertido más de 25 000 millones de euros. Podemos decir, para que tengamos una idea comparativa de esa cifra, que es el PBI (Producto Bruto Interior) de muchos países de Centroamérica. Y, por último, podemos identificar que es el apoyo decidido de la sociedad, que ha visto en la generación por fuentes renovables, en concreto, en eólica, una solución a todo lo que tenga que ver con los temas de contaminación".

B) Sustituye los marcadores del discurso señalados en negrita en las siguientes frases por otros que aporten un significado similar.

1. La economía en España está a punto de entrar en recesión; **es decir**, va a empezar a decrecer.

2. Uno no debería salir a la calle con este frío. Pero, **en fin**, qué le vamos a hacer.

3. La energía eólica no contamina y está empezando a ser muy rentable. **En suma**, es una energía limpia y barata.

4. En España el 22 de diciembre, cuando vemos que no nos ha tocado la lotería, todos pensamos que, **después de todo**, lo importante es tener salud.

5. Hay muchas cosas de otros lugares de España que me gustaría tener en Madrid, por ejemplo, el mar. Pero, **en definitiva**, mi ciudad es la que más me gusta, sobre todo por la alegría de la gente.

C) Escribe un resumen y comentario crítico sobre un tema de actualidad. Presenta tus ideas utilizando conectores.

28. LOS MARCADORES CONVERSACIONALES

En la conversación encontramos a dos o más hablantes que intercambian información de manera informal y por turnos, hablando primero uno, luego otro… Pero la conversación, además de esa transmisión de información, tiene una función "interactiva" en la que cada interlocutor comparte con los demás no solo la información, sino también las sensaciones, las emociones, etc., que dicha información provoca. Por eso, hay toda una serie de expresiones que ayudan a dejar claro al hablante y al oyente que el mensaje se ha comprendido, que hay acuerdo con la opinión anterior, que queremos continuar con nuestro turno de palabra, que vamos a iniciar o terminar nuestra intervención… *Hombre, claro, bueno, mira, oye, ya* y *vale* son marcadores de este tipo. Podemos agrupar estos marcadores en tres tipos fundamentales: los marcadores de modalidad, los marcadores de "alteridad" (los que centran su atención en el oyente) y los marcadores "metadiscursivos", que son meros soportes conversacionales sin significado.

1. Marcadores de modalidad

Entendemos modalidad como la actitud subjetiva que toma el hablante ante el enunciado, ante la afirmación que se hace y la información que se transmite. Dentro de este grupo encontramos varios tipos: los que tienen que ver con la evidencia de la información, los que tienen que ver con la posibilidad de verdad y los que tienen que ver con la voluntad y con lo afectivo.

Marcadores de modalidad relacionados con la evidencia

En este grupo se encuentran un amplio número de marcadores que sirven para que el hablante señale la información que va a dar o la que previamente ha dado el otro hablante como clara y evidente. Estos marcadores son muy importantes desde el punto de vista pragmático porque ayudan a que la conversación fluya de manera amistosa, ya que cada hablante valora positivamente y como importante y evidente lo que ha dicho el otro. Señalan el intento de cooperación que se da entre los hablantes para que la conversación evolucione de manera favorable.

▲ –**Desde luego**, *cada vez hay menos trabajo.*
 –**Claro**, *con la crisis cada vez cierran más empresas.*

Los principales marcadores que señalan la evidencia son *en efecto, efectivamente, desde luego, por supuesto, naturalmente, claro* y *sin duda.*

Todos ellos tienen un comportamiento y una función muy similar, y todos, menos *en efecto* y *efectivamente,* aparecen con frecuencia reforzados por *que,* especialmente en respuestas a preguntas para reforzar la respuesta.

▲ –*¿Nos vamos a dar un paseo por la playa?*
 –**Claro que** *sí.*

Pueden aparecer respondiendo a preguntas. En estos casos pueden aparecer como respuesta a la pregunta ellos solos o seguidos de una oración que refuerce y justifique la respuesta.

▲ –*¿Vas a tomar café?*
 –**Desde luego**.

▲ –*¿Vas mañana a trabajar?*
 –**Claro**. *Los lunes siempre trabajo.*

Estos marcadores se suelen emplear también para señalar y dar respuesta a una posible objeción que pensamos que podría plantear la persona que nos escucha. Veamos el siguiente ejemplo.

▲ –*Hay bailaores gitanos, incluso gente que no es profesional, que tienen una gracia especial para bailar.* **Naturalmente**, *no hace falta ser gitano para bailar bien flamenco…*

Vamos a ver cada uno de ellos por separado.

En efecto / efectivamente
Se refiere a lo dicho anteriormente señalando su veracidad, y lo refuerza porque añade una nueva información o un nuevo argumento que lo apoya.

▲ –*Te has vuelto muy ahorradora.*
 –**Efectivamente** / **En efecto**; *apenas salgo para no gastar dinero.*

Desde luego

Marca un acuerdo cooperativo con el oyente porque señala la evidencia de lo dicho según nuestra propia percepción y experiencia. Damos así la razón a nuestro interlocutor y reforzamos lo que él ha dicho.

▲ –*Tarantino hace cada vez mejores películas.*
–***Desde luego**, Django Unchained es magnífica.*

Por supuesto

Es otro marcador de este tipo que tiene la particularidad de poderse enfatizar con el sufijo –*ísimo* (*por supuestísimo*). Refuerza y ratifica, como todos los de su grupo, lo dicho anteriormente, mostrándolo como evidente.

▲ –*¿Quién tuvo más influencia en tu educación, tu padre o tu madre?*
–*Mi madre, **por supuesto**.*

Naturalmente

Es un reforzador de la afirmación que introduce una respuesta tajante; como si la persona que la emplea no entendiese que el hablante se pueda cuestionar algo así.

▲ –*¿Sabes hacer paella?*
–***Naturalmente**; soy española.*

Claro

Es el marcador más frecuente en la conversación cotidiana. A menudo se emplea como equivalente a *sí* o acompañado de *sí*. En estos casos refuerza la respuesta positiva haciéndola más amigable.

▲ –*¿No es estupendo que vayamos a pasar todos juntos las vacaciones?*
–***Claro** que sí. Va a ser muy divertido.*

Es también frecuente emplearlo precedido de *pues* (*pues claro*).

▲ –*No nos han dejado entrar a la fiesta sin la invitación.*
–***Pues claro**. ¿Qué te pensabas? Para eso dan las invitaciones.*

Marcadores de modalidad que ponen en duda la fuente del mensaje

Estos marcadores tienen que ver con el compromiso que el hablante toma con la veracidad de lo que va a decir. Señalan que el hablante ha oído la información que va a transmitir, pero no sabe de manera clara cuál es la fuente del mensaje. Por tanto, no se compromete con que esta información sea verdadera. El marcador más habitual con esta función es *por lo visto*, aunque también podemos encontrar el marcador *al parecer*.

▲ *–Por lo visto, hay muchos más alumnos matriculados que el año pasado.*
▲ *–Me han dicho que este año vamos a ir de viaje de fin de curso a Roma.*
  –Por lo visto.
▲ *–Al parecer, las clases acaban el 30 de mayo.*

En algunas ocasiones, este marcador puede tener un matiz irónico y peyorativo. Por ejemplo, unos padres enfadados porque ninguno de sus hijos colabora en limpiar la casa les dicen:

▲ *–Por lo visto, aquí no se limpia.*

Marcadores de modalidad relacionados con el acuerdo y la voluntad

En este grupo encontramos unas palabras que indican si la persona que habla acepta, admite, está o no de acuerdo, etc., con lo que acaba de escuchar.

▲ *–Puede usted pasar y sentarse tranquilamente. En seguida bajará el Sr. González.*
  –Bueno, muchas gracias.

Vemos como *bueno* está indicando la aceptación y el acuerdo con lo que se acaba de escuchar. Es una manera más amigable y educada que decir simplemente *sí*, que puede sonar más brusco, más seco.

Los principales marcadores relacionados con esta modalidad son *bueno, bien, vale* y *por favor*.

Bueno / bien

Señalan que el hablante acepta, admite o está de acuerdo con lo que se ha dicho anteriormente. Estos marcadores se emplean especialmente en las peticiones, propuestas o sugerencias. Además, ayudan a establecer estrategias de cooperación con el interlocutor, o sea, con la persona con la que se habla. Son estrategias o normas de cortesía que ayudan a que la conversación sea más agradable porque refuerzan la imagen positiva de la persona que escucha. *Bueno* y *bien* tienen un significado muy similar, pero encontramos alguna diferencia en el uso. *Bueno* es más coloquial y se emplea mucho más, y con más matices diferentes. Como veremos más adelante, lo vamos a encontrar también como marcador de la alteridad.

Imaginemos una propuesta como esta.

▲ *–Pondremos el despertador a las cinco para no llegar tarde al aeropuerto.*
  *–**Bueno**.*

Es muy habitual añadir algún tipo de explicación como "me parece bien", "de acuerdo"… La respuesta podría haber sido la siguiente:

▲ *–**Bueno**. Me parece muy bien.*
▲ *–**Bien**. De acuerdo.*
▲ *–**Muy bien**. No se hable más.*

En su uso como marcador conversacional, podemos reforzar *bien* con *muy*. Podemos decir *muy bien*, pero no *muy bueno*.

Estos marcadores que indican la aceptación pueden usarse en contextos muy similares, y con un significado muy parecido a algunos de los marcadores de evidencia (*por supuesto, desde luego, claro*). En general, los marcadores de evidencia se pueden usar tanto en contextos de petición como de apoyo a una opinión. Sin embargo, los marcadores relacionados con la voluntad se usan especialmente como respuesta a peticiones o sugerencias.

Otro rasgo que diferencia a los marcadores de evidencia frente a los de voluntad es que los primeros se pueden reforzar con *que*, pero no los segundos:

▲ *–No sé si te apetecerá venir a mi fiesta de cumpleaños.*
  *–**Desde luego que** sí. Iré encantada.*

Pero no se podría contestar:

▲ **–**Bueno** / **bien** que sí. Iré encantada.*

Vale / de acuerdo

Estos dos marcadores se usan también con mucha frecuencia para señalar nuestro acuerdo en la respuesta a una petición, una propuesta o una sugerencia. A diferencia de *bueno* y *bien*, que pueden aparecer con otro tipo de significado, como veremos más adelante, *vale* y *de acuerdo* se usan solo con este significado. *Vale* se usa muchísimo hoy en el lenguaje coloquial. Sobre todo, lo usa la gente joven. No es normal encontrarlo en un lenguaje más formal o con gente a la que no conocemos mucho.

▲ *–¿Vamos de excursión a Toledo?*
   –Vale.
▲ *–Creo que deberíamos empezar ya a preparar el trabajo.*
   –De acuerdo.

Todos estos marcadores se pueden utilizar uniendo unos a otros para reforzar el acuerdo. Ante las preguntas anteriores, mostramos a continuación algunas de las respuestas más habituales que encadenan estos marcadores: *Vale, muy* bien. / *Bueno, de acuerdo.* / *Bueno, bien, de acuerdo…*

Por favor

Este marcador, como ya sabemos, se usa para suavizar las peticiones. Es una manera educada de pedir algo.

▲ *–¿Me puede dar un vaso de agua, por favor?*

Pero, actualmente, también lo podemos encontrar con mucha frecuencia para responder manifestando nuestro acuerdo o aceptación ante determinadas peticiones. Este uso de *por favor* es bastante formal.

▲ *–¿Podría coger un bombón?*
   –Por favor.

¿Cómo señalamos el desacuerdo o nos negamos a aceptar una petición o una sugerencia?

Señalar el desacuerdo o negarnos a una petición es mucho menos habitual que señalar el acuerdo y aceptar la petición. Nos cuesta mucho menos trabajo aceptar una petición que rechazarla. Por eso, algunos de estos marcadores no nos sirven para señalar el desacuerdo ni para rechazar peticiones, y en otros tenemos que modificar su estructura. *Bien* y *bueno* solo sirven para el acuerdo, para la aceptación. No se les puede añadir partículas o expresiones negativas (*no, de ninguna manera...*) para señalar el desacuerdo, y tampoco pueden señalar el desacuerdo sus antónimos *mal* y *malo*. *Vale* y *de acuerdo* pueden ser usados en su forma negativa para señalar el desacuerdo con una opinión, pero no para rechazar una petición. La negación de *vale* se puede encontrar en algunas ocasiones para señalar el desacuerdo (*no vale*). Este uso es más propio del lenguaje infantil y juvenil. En el caso de *de acuerdo* tenemos que colocar obligatoriamente el verbo *estar.*

▲ –*No estoy de acuerdo con lo que acabas de decir.*

Si queremos rechazar una petición, una sugerencia o un ofrecimiento, lo más habitual es utilizar la negación *no* u otra expresión más educada que implique la negativa (*lo siento mucho*), seguida inmediatamente de una disculpa y una explicación que haga que nuestro interlocutor no se sienta ofendido por esta negativa.

▲ –*¿Me puede dar un vaso de agua,* por favor?
   –*Lo siento mucho, pero nos acaban de cortar el agua.*
▲ –*¿Quieres tomar un café?*
   –*No, muchas gracias. Me acabo de tomar uno hace un momento.*

2. Enfocadores de la alteridad

En este grupo encontramos unos marcadores que señalan estrategias de cooperación entre los hablantes. Se trata de intentar mostrar un acercamiento y una relación cordial y amistosa con la persona con la que hablamos, a pesar de que no coincidamos completamente con su punto de vista. Son marcadores que se vinculan a las estrategias de cortesía que manejan los hablantes. Es típico que aparezcan con una entonación exclamativa. Los marcadores más habituales de este tipo son *hombre, bueno, vamos, mira, oye...*

Hombre
Este nombre pierde su significado cuando se usa con este valor pragmático de atenuación del desacuerdo con lo que se acaba de escuchar. Por esta razón, lo usamos por igual cuando nos dirigimos a hombres y a mujeres. Le añade un tono amistoso y cordial a la conversación, y ayuda a que la relación sea más familiar y relajada, a pesar de que la opinión que se va a dar después contradiga la que se acaba de escuchar. Se trata de predisponer a nuestro interlocutor para que

escuche con agrado lo que le vamos a decir, aunque nuestra opinión no coincida con la suya. Vamos a mostrar algunos usos típicos de este marcador.

Cuando no estamos de acuerdo con la opinión que ha dado nuestro interlocutor, pero no queremos que aparezca una oposición clara:

▲ *–No sabemos hasta dónde vamos a llegar con tanta gente sin trabajo. Esta sociedad es un verdadero desastre.*
  *–**Hombre**, no seas pesimista. Ya verás como todo se arregla.*

Cuando entendemos que la persona con la que hablamos está exagerando en su opinión.

▲ *–¡Qué vestido tan bonito llevas! Estás guapa, guapísima.*
  *–**Hombre**, no es para tanto.*

También es muy habitual usarlo al inicio de una oración para manifestar nuestra alegría y sorpresa.

▲ *–Santiago, ¡qué casualidad encontrarte por aquí después de tanto tiempo!*
  *–**Hombre**, ¡qué alegría más grande!*

Se usa también al final de la oración cuando tratamos de calmar a nuestro interlocutor porque se ha enfadado o está nervioso o asustado por algo.

▲ *–¡Esto es intolerable! Llevamos aquí sentados una hora y todavía no nos han traído la comida.*
  *–No te pongas así, **hombre**. Seguro que la traen en un minutito.*

En muchas de las ocasiones y ejemplos presentados tiene un uso de vocativo. En esos casos se puede sustituir por mujer si nuestro interlocutor es de sexo femenino.

▲ *–No te pongas así, **mujer**. Seguro que la traen en un minutito.*

Bueno
Este marcador conversacional es uno de los más versátiles. Señala el acuerdo con nuestro interlocutor; pero, también, *bueno* puede aportar un matiz que rectifica o contradice lo dicho por nuestro interlocutor, aunque siempre suavizando dicha intervención. Por esta razón lo incluimos también en este grupo.

▲ *–¡Qué bien te veo! Parece que los años no pasan por ti.*
  *–**Bueno**, no te creas. Se me ve muy bien, pero tengo problemillas de salud.*

Incluso, en algunos contextos, *bueno* puede llegar a indicar desaprobación. Es decir, justo lo contrario de lo que indica normalmente. En estos casos el tono con el que se dice es diferente. Suele ser más alto y más firme, y es muy habitual que aparezca repetido cuando tiene este significado:

▲ *–Ya estoy harta de que nadie tenga en cuenta mis opiniones.*
  *–**Bueno**, **bueno**. No te pongas así, que no tienes razón.*

Vamos

Es un marcador muy frecuente en el habla conversacional. El hecho de ser una forma de primera persona de plural hace que el oyente se sienta incluido en la opinión que se emite. Naturalmente, su significado original vinculado al verbo *ir* ha desaparecido.

Muchas veces se usa para recalcar los efectos de una afirmación anterior.

▲ *–En los años cincuenta y sesenta surgió un grupo de cantantes que logró que la música se convirtiera en un fenómeno de masas. **Vamos**, que nunca hasta entonces había sucedido nada parecido.*

En otros casos introduce una frase que atenúa las consecuencias de una afirmación anterior.

▲ *–Nunca me has ayudado de verdad cuando he tenido problemas. **Vamos**, por lo menos, eso me ha parecido a mí.*

Es muy frecuente que aparezca seguido de la conjunción *que*, sobre todo cuando tiene un valor explicativo que aparece a modo de conclusión de lo dicho anteriormente.

▲ *–Siempre he cantado muy mal y tampoco he sido capaz de tocar ningún instrumento. **Vamos**, que no estoy dotada para la música.*

Mira / mire

Es otro marcador, que procede también de una forma verbal. Con *mira* (*mire*, para tratamiento con usted) se introduce algo que se considera importante para el oyente.

▲ –**Mira**, *tú piensa en lo que te he dicho y luego me das una respuesta.*

Con mucha frecuencia se emplea para introducir una explicación o justificación de lo dicho anteriormente.

▲ –*A mí me enseñaron a bailar flamenco los gitanos.* **Mira**, *yo nací en Málaga en un barrio muy humilde y tenía muchos amigos gitanos.*

En otras ocasiones introduce una réplica a lo escuchado anteriormente.

▲ –*Es una pena que haya venido tan poca gente a la función de teatro.*
–**Mira**, *ya te dije que era muy mala idea poner la actuación un jueves por la noche. La gente tiene que madrugar al día siguiente y no quiere acostarse tarde.*

En muchas ocasiones lo encontramos unido a otros marcadores.

▲ –*¿Qué tiene de bueno soñar?*
–*Pues* **mira**, *soñar es muy necesario porque la cosa de todos los días es muy prosaica y ramplona. A mí la escritura me permite soñar.*

Oye / oiga
Oye (*oiga*, para tratamiento de usted) es un marcador muy similar a *mira*, y se combina con este último con mucha frecuencia.

▲ –*Hemos estado de vacaciones en un hotel lujosísimo de Canarias.*
–*Pues* **oye**, **mira**, *no me parece bien que os hayáis gastado tanto dinero en eso.*

En muchas ocasiones se utiliza para introducir un enunciado con un tono agresivo que trata de cortar un abuso o una circunstancia en la que nos hemos visto agredidos. En estos casos se combina muy a menudo con *tú* o con *usted*.

▲ –*Tienes que darme dinero para ir a cenar y al cine con mis amigos.*
–**Oye**, *tú te has creído que yo soy el Banco de España.*

Ves / verás
Este marcador se utiliza para introducir una explicación, y alterna con *mira* cuando este último tiene ese uso. Aporta un matiz de familiaridad y confianza.

▲ –*Mamá, me he caído y me he hecho daño en el brazo.*
–**Ves** *como no tienes que correr. No sé por qué no me haces caso.*

Puede utilizarse al mismo tiempo que *mira*.

▲ *–**Mira**, **ves** como no tienes que correr. No sé por qué no me haces caso.*

Apéndices comprobativos

Estos marcadores se sitúan al final de una intervención. Con ellos el hablante busca comprobar si el oyente acepta o no el segmento del discurso que se acaba de producir. Sin embargo, estos elementos no exigen una respuesta real del oyente, ni siquiera esta respuesta es esperada por el hablante.

¿No?

Este marcador es el más frecuente de los que aparecen en el discurso oral, hasta el punto dc convertirse en una verdadera muletilla en muchas personas. Veamos algunos ejemplos de este marcador sacados de entrevistas reales.

▲ *–Al final, la literatura se basa en el conflicto, **¿no?***
▲ *–La lectura de un escritor es muy personal; no hay una biblioteca esencial, **¿no?***
▲ *–Parece que en el caso de la mujer, el trabajo le da libertad, **¿no?***

¿Verdad?

Su uso es muy similar al de *¿no?*, aunque menos frecuente. También se distingue del anterior en que se acerca más al de una pregunta indirecta, por lo que en algunas ocasiones se puede entender que el hablante espera una respuesta por parte del oyente.

▲ *–La Barcelona que todos conocíamos ya no existe, **¿verdad?***
▲ *–Parece que está mejorando el tiempo, **¿verdad?***

¿Eh?

Tiene un carácter más informal que los dos anteriores, y normalmente no espera ningún tipo de respuesta.

▲ *–Te has vestido muy bien para la boda, **¿eh?***

Es habitual su valor de interjección cuando se usa al inicio de la oración.

▲ *–**¡Eh!**, calma, que ya llegan los artistas y va a empezar el espectáculo.*

3. Marcadores metadiscursivos

Este grupo de marcadores interviene directamente en los procesos y estrategias que utilizan los hablantes para ir estructurando su discurso. Suelen aparecer al inicio de las intervenciones como una especie de preámbulo que señala el comienzo y dan tiempo al hablante para estructurar lo que va a decir, para organizar sus ideas. Además, estos marcadores muestran que el hablante ha escuchado y reflexionado sobre lo que le acaban de decir y va a iniciar su intervención vinculándola directamente a lo que acaba de escuchar. Marcan, por tanto, el inicio, y a veces también el cierre, de las intervenciones. En otras ocasiones aparecen en medio del discurso para dar tiempo a pensar y reestructurar lo que estamos diciendo. Pertenecen también a este grupo los marcadores que indican que estamos siguiendo la intervención del otro interlocutor. *Bueno, ya, sí, bien* y *este* son los marcadores de este tipo más habituales.

Ya / sí

Son marcadores que indican simplemente que el mensaje se está recibiendo y que estamos atentos a él. También pueden marcar el cambio de turno entre los interlocutores.

Ya indica la recepción del mensaje, sin más. En este sentido es bastante neutro. Sin embargo, el tono con el que se dice y el gesto que lo acompaña puede dar idea de la aceptación, sorpresa, rechazo, contrariedad, etc., con la que se recibe lo escuchado.

▲ *–Parece que la mercancía va a tardar un poco más de tiempo del que pensábamos.*
   *–**Ya**. Espero que no sea demasiado.* (Contrariedad).
▲ *–¿Dónde está el dinero que te han dicho que nos iban a dar por ayudarles?*
   –Todavía no me lo han dado.
   *–**Ya**.* (Sorpresa y desaprobación).

El uso de *sí* es muy similar al de *ya*. Tanto el uno como el otro pueden aparecer intercalados por el oyente en el discurso del hablante, no tanto para tomar el turno de intervención como para señalar que el discurso se está siguiendo y aceptando.

▲ *–Mi sobrina Clara se va a casar por fin.*
   *–**Sí**.*

▲ –*Han escogido un pueblecito en la montaña para la boda.*
–**Ya**. *¡Qué bien!*

Sí, al igual que sucedía con *ya*, puede indicar e iniciar el cambio de turno en la intervención. Pero se diferencia de este en que tiene un valor más colaborativo y de aprobación de lo dicho por el oyente.

▲ –*Perdón, creí que no había nadie. Como estaba la puerta abierta…*
–**Sí**, *estoy yo.*

Sí es también una forma habitual de contestar el teléfono.

Bueno

Encontramos de nuevo este marcador conversacional tan versátil utilizado como marcador metadiscursivo. Es el más frecuente en el habla más formal. En estos casos aparece al inicio de la intervención, como recapitulando todo lo que se ha dicho anteriormente y dando tiempo al nuevo interlocutor para organizar de una manera coherente y estructurada su discurso. Indica, por tanto, operaciones vinculadas a la recepción del mensaje y a la apertura y organización del nuevo turno en la conversación. Aparece con mucha frecuencia en las entrevistas para iniciar la intervención.

▲ –*¿Qué es el lunfardo?*
–**Bueno**, *el lunfardo es un vocabulario de términos de diverso origen que se da en Buenos Aires.*

En muchos casos aparece también en el medio de una intervención para recapitular lo anteriormente dicho, presentar un resumen o conclusión y hacer avanzar la conversación.

▲ –*Yo creo que hay ciertos roles que no son ni masculinos ni femeninos. Mi idea es…, **bueno**, la esencia del hombre no existe y la de la mujer tampoco, lo que existen son actitudes.*

Puede ir unido a otros marcadores metadiscursivos.

▲ –*¿Por qué es tan importante el* Quijote*?*
–**Bueno**, *claro. El* Quijote *es muy importante por muchísimas razones.*

Bueno aparece frecuentemente unido a *pero* para demostrar sorpresa o enfado.

▲ –*Pero, **bueno**, qué haces aquí todavía. Por qué no te acuestas ya.*

Bueno es la partícula preferida para indicar que queremos cortar ya una conversación, que ya no queremos seguir hablando o que queremos marcharnos. Se usa con mucha frecuencia cuando se habla por teléfono.

Bueno es también una manera muy habitual de contestar el teléfono en México.

Bien
Usado como marcador metadiscursivo tiene un uso muy similar al de *bueno*, aunque menos frecuente y más formal.

Es muy habitual utilizarlo solo, o acompañado de *muy* para señalar el final de una conversación, a modo de despedida.

▲ –*Muy **bien**. Muchas gracias por su tiempo.*

Es menos amigable que *bueno*, y por eso se usa más cuando hay menos confianza. Resulta típico en el inicio de un encuentro y cuando queremos terminar una conversación si no conocemos bien a la persona.

▲ –*Y **bien**, ¿qué desea usted?* (Preguntando a una persona que entra en un despacho).
▲ –***Bien**, ya hemos terminado.* (Dice el jefe cuando ha terminado la reunión, por ejemplo).

Eh / este
Son marcadores metadiscursivos que aparecen con mucha frecuencia. No tienen ningún valor especial. Se usan para hacer una pequeña pausa en la intervención, que sirve para organizar y hacer progresar el discurso. En algunas personas se puede convertir en una verdadera muletilla que se repite continuamente.

▲ –*Esto no depende de mí… **eh**. Deberías hablar directamente con el responsable de la empresa, **eh**.*

Este es muy habitual en algunos lugares de Hispanoamérica, como Argentina, Uruguay y México.

▲ –*Ya no me acuerdo de nada.., **este**… Es todo muy confuso…, **este**. Quizá mañana tenga todo más claro.*

Actividades

A) Aquí tienes algunos fragmentos de conversación que aparecen en el libro *El Jarama*, de Rafael Sánchez Ferlosio. Rellena los huecos con el marcador adecuado. Para facilitar la tarea y reducir el número de marcadores posibles, hemos indicado entre paréntesis el número de palabras que debe tener.

1. –¿Dónde andarán los otros?

   –¡Ah, esos; a saber! ¿Seguro que venían?

   –.............................. (2 palabras) sí. En el tren.

2. –Acaban de venir otros amigos de la chica, ... (3 palabras).

3. –¡Qué blanquito!

   –........................ (1 palabra), vosotros vais a las piscinas. Yo nunca tengo tiempo.

4. –Pues esta tarde me voy a ver negro para poder atender al público.

   –............................... (2 palabras). Ya verás la cantidad de gente que viene. Hace mucho calor.

5. –Oye, ¿qué hacemos con la bicicleta de Paula? ¿Se la llevamos?

   – .... (1 palabra). ¿Cómo va a llegar a casa si no?

6. –No le dio más detalles. ¿Le dijo si era de Madrid?

   –................................ (2 palabras), señor Juez. Dijo que era de Madrid.

7. –¿Les decimos que nos hagan unas fotos?

   –Estos te sacan fatal. Es tirar el dinero.

   –Estos ni hablar, ... (2 palabras). Pero llevarse unas fotitos no estaría mal.

8. –La Guardia Civil nos paró ahí. .... (3 palabras) no puede una circular como le da la gana.

9. –No veo a los otros.

   –¿Y para qué los quieres?

   –Sí, ... (2 palabras). Como mejor estamos es tú y yo solos.

10. –¿Tú quieres, Ali? (Ofreciendo un cigarrillo).

   –........................... (1 palabra), sí, pues dame.

11. –Mamá, que venga usted a comer.

   –........................ (1 palabra), pues ahora mismo voy.

12. –¡Vamos a meternos en el agua!

   –¡No .... (1 palabra)! Esperaos a que lleguen. ¡Tiene que ser todos juntos! Si no, no tiene gracia.

13. –¿Nos vamos a dar un paseo?

   –........................... (1 palabra). Lo que a ti te apetezca.

14. –Dos están en blanco y uno lleva una cruz. Al que le toque la cruz, sube a buscar la comida.

   –.................................. (2 palabras).

15. –¿Podemos irnos, mamá?

–........................ (1 palabra). Está .... (1 palabra). Pero muchísimo cuidado de moveros de donde me habéis dicho.

B) Completa los huecos con el marcador conversacional que mejor se adecue a la situación que presentamos.

1. –Este autor hace un uso muy raro de las metáforas. Quiero decir, ... que no las usa de manera convencional.

2. –.............................. no te pongas a llorar ahora que seguro que llegan a tiempo.

3. –Mira qué nubes tan negras, seguro que vamos a tener tormenta.

–.........................., suele pasar las tardes de verano.

4. – ...., yo opino que los políticos de esta legislatura están bajo sospecha de corrupción.

5. –¿Sabes ya qué vas a estudiar?

–.........................., la verdad es que aún me lo estoy pensando.

6. –¡Vaya! Otra vez se han dejado todas las luces encendidas.

–........................, la gente no tiene conciencia de la importancia del ahorro energético.

7. –........................, con esto concluimos el temario de la asignatura.

C) Aquí tienes algunos fragmentos de conversación. Completa los huecos con el marcador conversacional que mejor se adecue a la situación que presentamos.

1. –Me parece que la cena no ha ido muy bien.

–.............................., poner cocido madrileño para cenar en pleno agosto no ha sido una buena idea.

2. –No tendrías que haberte puesto sandalias con este tiempo.

–.............................., ¿y por qué no me dijiste eso antes?

3. –María, ¡menudo bolso llevas!, te habrá costado carísimo.

–.............................., no te creas, lo he comprado en las rebajas.

4. –¡Ha sido la mejor representación del año!

–.............................., no ha sido para tanto. Ha estado bien, pero no ha sido la mejor.

5. –Estoy muy enfadado con Antonio, le he enviado tres mensajes y aún no me ha respondido.

–No te enfades, ... Piensa que anda muy atareado con los exámenes. Seguro que no tarda en responderte.

6. –Más de 240 000 personas han firmado la petición para salvar la investigación en España.

–..................................., que no se puede decir que no haya tenido un gran apoyo popular.

7. –Yo he hecho esto cientos de veces.

–..................................., o lo haces así, o no te saldrá bien.

8. –Por lo que veo, nunca te has visto en una situación parecida.

–..........................., que te vas a tener que esforzar mucho si quieres sacar el proyecto adelante.

9. –Al final me han dado el ascenso que pedí.

–........................ como yo tenía razón. Deberías ser más positivo y confiar más en tus posibilidades.

29. ESTILO DIRECTO FRENTE A ESTILO INDIRECTO

Todas las lenguas son capaces de reproducir las palabras escuchadas de una manera literal, exacta, o de una manera indirecta que pasa por la adaptación que hace de las mismas el hablante o el narrador. A la reproducción directa de las palabras escuchadas lo llamamos estilo directo. A la expresión, ligeramente alterada, que trata de explicar lo que se dijo, lo llamamos estilo indirecto. Este último, el estilo indirecto, es el más habitual cuando contamos a otros lo que hemos oído o lo que hemos dicho nosotros mismos.

En el estilo directo hay un verbo que introduce una "cita textual" directamente, sin que medie ninguna conjunción; aunque el verbo introductorio puede situarse también al final, a modo de aclaración. En el estilo indirecto siempre hay una conjunción: *que,* o *si* en las oraciones interrogativas.

Los verbos que introducen, tanto el estilo directo como el indirecto, son *decir* o similares (*pensar, intuir, asegurar, afirmar...*) para las oraciones afirmativas o negativas; *preguntar* o similares (*cuestionar, inquirir, indagar...*) para las oraciones interrogativas, y *pedir* o similares (*exigir, ordenar, mandar, rogar...*) para las oraciones imperativas.

▲ *Todos los días miro a los vendedores con asco y compasión, asegura el protagonista.* (Estilo directo).
▲ *El protagonista asegura que todos los días mira a los vendedores con asco y compasión.* (Estilo indirecto).
▲ *El fotógrafo me ha dicho: "Te dejo todas las fotos por diez euros".* (Estilo directo).
▲ *El fotógrafo me ha dicho que me dejaba todas las fotos por diez euros.* (Estilo indirecto).

Como estamos viendo, el paso del estilo directo, que es el primero, al estilo indirecto presenta una serie de cambios que varían de unas lenguas a otras y que pueden resultarle difíciles al estudiante de español. Estos cambios se producen en los tiempos de los verbos, en las palabras relacionadas con el espacio (*aquí, ahí...*), en las palabras relacionadas con el tiempo (*hoy, mañana...*), en los pronombres personales (*yo, tú...*) y en el sistema de determinantes (*mis, estos...*).

1. Frase dicha y frase reproducida en el presente

Si el discurso directo y el indirecto se sitúan ambos en el presente, el tiempo del discurso indirecto no varía. Pero lo escuchado en discurso directo tiene que ser repetido en discurso indirecto inmediatamente después de ser escuchado para que se considere presente. En esta situación, el tiempo empleado para introducir el estilo indirecto puede ser el presente, aunque es más habitual usar el pretérito perfecto, que señala una acción terminada dentro de los límites del presente.

Supongamos una situación de una conversación telefónica, por ejemplo. María habla con Pedro y Pedro va contándole a su amigo Luis lo que María le está diciendo. María le dice a Pedro: "*Ya he llegado a Canarias y hace un tiempo estupendo. Voy a descansar un poco y mañana iré a la playa*". (Lo que le dice María a Pedro está en estilo directo y Pedro se lo irá contando a Luis en estilo indirecto).

▲ *María dice que ha llegado a Canarias y que hace un tiempo estupendo, que va a descansar un poco y mañana irá a la playa.*

Lo normal es que, si se lo cuenta inmediatamente después de colgar el teléfono, lo diga utilizando el pretérito perfecto.

▲ *María ha dicho que ha llegado a Canarias y hace un tiempo estupendo, que va a descansar un poco y mañana irá a la playa.*

Estilo directo frente a estilo indirecto en las oraciones interrogativas

En las preguntas tampoco se producen cambios en el tiempo verbal, y la conjunción que introduce el estilo indirecto es *si*, que opcionalmente puede ir acompañada de *que*.

▲ *¿Conocéis a la señora de la foto?* (Estilo directo)
▲ *Les he preguntado que si conocen a la señora de la foto / Les he preguntado si conocen a la señora de la foto*. (Estilo indirecto)

Si en la pregunta aparece un pronombre interrogativo (interrogativas parciales), entonces la conjunción *si* no aparece, y la conjunción *que* es opcional.

▲ *¿Dónde hay un buen restaurante?* (Estilo directo)
▲ *Me ha preguntado (que) dónde hay un buen restaurante.* (Estilo indirecto)
▲ *¿Qué quieres comer hoy?* (Estilo directo).

▲ *Me ha preguntado (que) qué quiero comer hoy.* (Estilo indirecto).

Estilo directo frente a estilo indirecto en las órdenes o mandatos

En las órdenes, el verbo aparece en imperativo en el estilo directo:

▲ *–**Lléva**me a la casa de la señora de la foto, le pide el chico.*

Sin embargo, en el estilo indirecto no podemos usar el imperativo, y este es sustituido por el subjuntivo:

▲ *El chico le pide que le **lleve** a la casa de la señora de la foto.*

2. Frase dicha en el pasado y reproducida en el presente

Las frases dichas en el pasado y reproducidas en el presente conllevan cambios en los tiempos verbales, y el verbo que las introduce (*decir* o similares) suele ir en pretérito indefinido, pretérito imperfecto o pretérito perfecto. Entonces el presente se suele convertir en pretérito imperfecto en el estilo indirecto.

▲ *¿Qué **quieres**?* (Estilo directo).
▲ *Mamá me ha preguntado (que) qué **quería**.* (Estilo indirecto).
▲ *Creemos que **se trata** de nuestra vecina de enfrente.* (Estilo directo).
▲ *Los chavales dijeron que creían que **se trataba** de su vecina.* (Estilo indirecto).

Si lo dicho es una orden tendremos que pasar del imperativo al pretérito imperfecto del subjuntivo.

▲ ***Déja**me ver las cosas del trastero.* (Estilo directo).
▲ *Le he pedido que me **dejara** / **dejase** ver las cosas del trastero.* (Estilo indirecto).

Como vemos, el pretérito perfecto (*he dicho*) puede introducir el estilo directo en una situación de presente, si lo dicho se ha producido inmediatamente o muy poco después de lo escuchado (*María ha dicho que está de vacaciones*), o en una situación de pasado, si ha transcurrido un tiempo mayor entre lo escuchado y lo dicho (*María ha dicho que estaba de vacaciones / María dijo que estaba de vacaciones*).

3. Cambios en los pronombres personales

Se puede dar la situación de que el hablante y el oyente sean la misma persona, tanto en el discurso directo como en el indirecto. Es decir, que el hablante reproduzca en estilo indirecto sus propias palabras dichas en el pasado. En este caso no habrá ningún cambio:

▲ *Te lo advierto:* **yo** *no quiero verte más.* (Estilo directo).
▲ *Te advertí que* **yo** *no quería verte más.* (Estilo indirecto).

Cuando ni el hablante ni el oyente del estilo indirecto coinciden con el hablante y el oyente del estilo directo, los pronombres utilizados son los de tercera persona; y si cambia uno de los dos (hablante u oyente) solo el que cambia pasará a tercera persona.

▲ *El abuelo le chillaba: "¡Ariel!* **Yo** *no he traído una especialista para que luego se ponga la última".* (Estilo directo).
▲ *El abuelo le chillaba que* **él** *no había traído una especialista para que luego se pusiera la última.* (Estilo indirecto).

Cambios en el sistema de determinantes

Los cambios más habituales se dan en los demostrativos y los posesivos. Los demostrativos de cercanía en el discurso directo, *este* y *ese*, pasan a ser *ese* y *aquel* en el discurso indirecto. Los posesivos de primera y segunda persona *(mis, míos, nuestro, tus, tuyos, vuestro...)* en el estilo directo pasan a posesivos de tercera persona *(su, sus, suyo...)* en el estilo indirecto.

▲ *Vicente me dijo: "***Esos** *caballos los van a llevar a Jaén".* (Estilo directo).
▲ *Vicente me dijo que* **aquellos** *caballos los iban a llevar a Jaén.* (Estilo indirecto).
▲ *María dijo: No he visto a* **mi** *caballo en el grupo.* (Estilo directo).
▲ *María dijo que no había visto a* **su** *caballo en el grupo.* (Estilo indirecto).

Cambios en las palabras relacionadas con el espacio

Los adverbios *aquí* y *acá* del estilo directo pasan a ser *allí* y *allá* en el estilo indirecto. Los verbos *venir* y *traer* en el estilo directo suelen convertirse en *ir* y *llevar* en el estilo indirecto, debido al cambio en el punto de vista de la persona que habla con respecto al desplazamiento.

▲ *María dijo: "**Aquí** en el campo la vida es muy divertida".* (Estilo directo).
▲ *María dijo que **allí** en el campo la vida era muy divertida.* (Estilo indirecto).
▲ *Siempre que **llego** a casa mi hijo me pregunta: "¿Qué me **traes** mamá?"* (Estilo directo).
▲ *Siempre que **llego** a casa mi hijo me pregunta que qué le **llevo**.* (Estilo indirecto).
▲ *El abuelo me dijo: "**Ven** conmigo a dar un paseo".* (Estilo directo).
▲ *El abuelo me dijo que **fuese** con él a dar un paseo.* (Estilo indirecto).

Cambios en las palabras relacionadas con el tiempo

TÉRMINOS QUE SE REFIEREN AL PASADO
Ayer en estilo directo pasa a ser *la víspera* o *el día anterior* en estilo indirecto.
El (día de la semana, mes, año) *pasado* en estilo directo pasa a ser *el... anterior* en estilo indirecto.

TÉRMINOS QUE SE REFIEREN AL PRESENTE
Ahora en estilo directo pasa a ser *entonces* en estilo indirecto.
Hoy en estilo directo pasa a ser *aquel día* en estilo indirecto.
Actual en estilo directo pasa a ser *de entonces* en estilo indirecto.

TÉRMINOS QUE SE REFIEREN AL FUTURO
Mañana en estilo directo pasa a ser *el día siguiente* en estilo indirecto.
El (día de la semana, mes, año) *que viene / próximo* en estilo directo pasa a ser *el... siguiente* en estilo indirecto.
Dentro de (unos días, meses, años) en estilo directo pasa a ser *al cabo de* en estilo indirecto.

Veamos algunos ejemplos:

▲ *"**Ayer** fue mi cumpleaños", nos confesó Julián.* (Estilo directo).
▲ *Julián nos confesó que el **día anterior** había sido su cumpleaños.* (Estilo indirecto).
▲ *El abuelo dijo: "¡**Hoy** también llegas tarde, Iván!"* (Estilo directo).
▲ *El abuelo le dijo a Iván que **aquel día** también llegaba tarde.* (Estilo indirecto).
▲ *"El **lunes que viene** empezaré mis vacaciones", anunció Pilar.* (Estilo directo).
▲ *Pilar anunció que el **lunes siguiente** empezaría sus vacaciones.* (Estilo indirecto).

Actividad

A) Convierte las siguientes oraciones, dichas en estilo directo, en oraciones en estilo indirecto realizando los cambios necesarios según el tiempo empleado.

1. "Dame cien euros y te doy más información sobre las fotos", dijo el fotógrafo.
....

2. "¿Conoces a la señora de la foto?", preguntaron los niños.
....

3. "¿Te importa/importaría acompañarme?", preguntó la señora.
....

4. La señora Marisol dijo: "Ahora el barrio está muy bien y ha cambiado mucho".
....

5. La señora dijo: "Mi hijo es de la piel del diablo".
....

6. Mi hermano me acaba de decir: "Trae pan para la comida, que a mí se me ha olvidado comprarlo".
....

7. Al terminar el Tour de Francia, Contador dijo: "Mañana empezará mi descanso".
....

8. "Dentro de dos meses nacerán los pollitos", me advertiste.
....

9. Irene Benito afirmó: "Aquí, en Buenos Aires, están los taxistas mejor informados del mundo".
....

10. Juan le propuso: "Vente conmigo esta noche y te divertirás un montón".
....

11. Ante las manifestaciones de protesta, el alcalde de la ciudad dijo: "Yo no sé qué hacer en esta situación. Dentro de unos días tomaré una decisión".
....

CONJUGACIÓN DEL VERBO EN ESPAÑOL

1. Verbos regulares

AMAR Verbo modelo de la 1.ª conjugación (son los acabados en -ar).

INDICATIVO

TIEMPOS SIMPLES

presente	pretérito imperfecto	pretérito perfecto simple	futuro	condicional simple
amo	amaba	amé	amaré	amaría
amas (amás)	amabas	amaste	amarás	amarías
ama	amaba	amó	amará	amaría
amamos	amábamos	amamos	amaremos	amaríamos
amáis	amabais	amasteis	amaréis	amaríais
aman	amaban	amaron	amarán	amarían

TIEMPOS COMPUESTOS

pretérito perfecto compuesto	pretérito pluscuamperfecto	pretérito anterior	futuro compuesto	condicional compuesto
he amado	había amado	hube amado	habré amado	habría amado
has amado	habías amado	hubiste amado	habrás amado	habrías amado
ha amado	había amado	hubo amado	habrá amado	habría amado
hemos amado	habíamos amado	hubimos amado	habremos amado	habríamos amado
habéis amado	habíais amado	hubisteis amado	habréis amado	habríais amado
han amado	habían amado	hubieron amado	habrán amado	habrían amado

SUBJUNTIVO

TIEMPOS SIMPLES

presente	pretérito imperfecto	futuro
ame	amara o amase	amare
ames	amaras o amases	amares
ame	amara o amase	amare
amemos	amáramos o amásemos	amáremos
améis	amarais o amaseis	amareis
amen	amaran o amasen	amaren

TIEMPOS COMPUESTOS

pretérito perfecto compuesto	pretérito pluscuamperfecto	futuro compuesto
haya amado	hubiera o hubiese amado	hubiere amado
hayas amado	hubieras o hubieses amado	hubieres amado
haya amado	hubiera o hubiese amado	hubiere amado
hayamos amado	hubiéramos o hubiésemos amado	hubiéremos amado
hayáis amado	hubierais o hubieseis amado	hubiereis amado
hayan amado	hubieran o hubiesen amado	hubieren amado

IMPERATIVO

ama (amá), amad

FORMAS NO PERSONALES

infinitivo		participio	gerundio	
SIMPLE	COMPUESTO	amado	SIMPLE	COMPUESTO
amar	haber amado		amando	habiendo amado

TEMER Verbo modelo de la 2.ª conjugación (son los acabados en -er).

INDICATIVO

TIEMPOS SIMPLES

presente	pretérito imperfecto	pretérito perfecto simple	futuro	condicional simple
temo	temía	temí	temeré	temería
temes (temés)	temías	temiste	temerás	temerías
teme	temía	temió	temerá	temería
tememos	temíamos	temimos	temeremos	temeríamos
teméis	temíais	temisteis	temeréis	temeríais
temen	temían	temieron	temerán	temerían

TIEMPOS COMPUESTOS

pretérito perfecto compuesto	pretérito pluscuamperfecto	pretérito anterior	futuro compuesto	condicional compuesto
he temido	había temido	hube temido	habré temido	habría temido
has temido	habías temido	hubiste temido	habrás temido	habrías temido
ha temido	había temido	hubo temido	habrá temido	habría temido
hemos temido	habíamos temido	hubimos temido	habremos temido	habríamos temido
habéis temido	habíais temido	hubisteis temido	habréis temido	habríais temido
han temido	habían temido	hubieron temido	habrán temido	habrían temido

SUBJUNTIVO

TIEMPOS SIMPLES

presente	pretérito imperfecto	futuro
tema	temiera o temiese	temiere
temas	temieras o temieses	temieres
tema	temiera o temiese	temiere
temamos	temiéramos o temiésemos	temiéremos
temáis	temierais o temieseis	temiereis
teman	temieran o temiesen	temieren

TIEMPOS COMPUESTOS

pretérito perfecto compuesto	pretérito pluscuamperfecto	futuro compuesto
haya temido	hubiera o hubiese temido	hubiere temido
hayas temido	hubieras o hubieses temido	hubieres temido
haya temido	hubiera o hubiese temido	hubiere temido
hayamos temido	hubiéramos o hubiésemos temido	hubiéremos temido
hayáis temido	hubierais o hubieseis temido	hubiereis temido
hayan temido	hubieran o hubiesen temido	hubieren temido

IMPERATIVO

teme (temé), temed

FORMAS NO PERSONALES

infinitivo		participio	gerundio	
SIMPLE	COMPUESTO	temido	SIMPLE	COMPUESTO
temer	haber temido		temiendo	habiendo temido

PARTIR Verbo modelo de la 3.ª conjugación (son los acabados en -ir).

INDICATIVO

TIEMPOS SIMPLES

presente	pretérito imperfecto	pretérito perfecto simple	futuro	condicional simple
parto	partía	partí	partiré	partiría
partes (partís)	partías	partiste	partirás	partirías
parte	partía	partió	partirá	partiría
partimos	partíamos	partimos	partiremos	partiríamos
partís	partíais	partisteis	partiréis	partiríais
parten	partían	partieron	partirán	partirían

TIEMPOS COMPUESTOS

pretérito perfecto compuesto	pretérito pluscuamperfecto	pretérito anterior	futuro compuesto	condicional compuesto
he partido	había partido	hube partido	habré partido	habría partido
has partido	habías partido	hubiste partido	habrás partido	habrías partido
ha partido	había partido	hubo partido	habrá partido	habría partido
hemos partido	habíamos partido	hubimos partido	habremos partido	habríamos partido
habéis partido	habíais partido	hubisteis partido	habréis partido	habríais partido
han partido	habían partido	hubieron partido	habrán partido	habrían partido

SUBJUNTIVO

TIEMPOS SIMPLES

presente	pretérito imperfecto	futuro simple
parta	partiera o partiese	partiere
partas	partieras o partieses	partieres
parta	partiera o partiese	partiere
partamos	partiéramos o partiésemos	partiéremos
partáis	partierais o partieseis	partiereis
partan	partieran o partiesen	partieren

TIEMPOS COMPUESTOS

pretérito perfecto compuesto	pretérito pluscuamperfecto	futuro compuesto
haya partido	hubiera o hubiese partido	hubiere temido
hayas partido	hubieras o hubieses partido	hubieres temido
haya partido	hubiera o hubiese partido	hubiere temido
hayamos partido	hubiéramos o hubiésemos partido	hubiéremos temido
hayáis partido	hubierais o hubieseis partido	hubiereis temido
hayan partido	hubieran o hubiesen partido	hubieren temido

IMPERATIVO

parte (partí), partid

FORMAS NO PERSONALES

infinitivo		participio	gerundio	
SIMPLE	COMPUESTO	partido	SIMPLE	COMPUESTO
partir	haber partido		partiendo	habiendo partido

2. Principales verbos irregulares

SER

INDICATIVO

presente	pretérito imperfecto	pretérito perfecto simple	futuro	condicional simple
soy	era	fui	seré	sería
eres (sos)	eras	fuiste	serás	serías
es	era	fue	será	sería
somos	éramos	fuimos	seremos	seríamos
sois	erais	fuisteis	seréis	seríais
son	eran	fueron	serán	serían

SUBJUNTIVO

presente	pretérito imperfecto	futuro
sea	fuera o fuese	fuere
seas	fueras o fueses	fueres
sea	fuera o fuese	fuere
seamos	fuéramos o fuésemos	fuéremos
seáis	fuerais o fueseis	fuereis
sean	fueran o fuesen	fueren

IMPERATIVO

sé (sé), sed

FORMAS NO PERSONALES

infinitivo	participio	gerundio
ser	sido	siendo

ESTAR

INDICATIVO

presente	pretérito imperfecto	pretérito perfecto simple	futuro simple	condicional simple
estoy	estaba	estuve	estaré	estaría
estás (estás)	estabas	estuviste	estarás	estarías
está	estaba	estuvo	estará	estaría
estamos	estábamos	estuvimos	estaremos	estaríamos
estáis	estabais	estuvisteis	estaréis	estaríais
están	estaban	estuvieron	estarán	estarían

SUBJUNTIVO

presente	pretérito imperfecto	futuro simple
esté	estuviera o estuviese	estuviere
estés	estuvieras o estuvieses	estuvieres
esté	estuviera o estuviese	estuviere
estemos	estuviéramos o estuviésemos	estuviéremos
estéis	estuvierais o estuvieseis	estuviereis
estén	estuvieran o estuviesen	estuvieren

IMPERATIVO

está, estad (El imperativo de la 2ª persona del singular solo se usa en forma pronominal *estate*: *Estate quieto*).

FORMAS NO PERSONALES

infinitivo	participio	gerundio
estar	estado	estando

IR

INDICATIVO

presente	pretérito imperfectos	pretérito perfecto simple	futuro	condicional simple
voy	iba	fui	iré	iría
vas (vas)	ibas	fuiste	irás	irías
va	iba	fue	irá	iría
vamos	íbamos	fuimos	iremos	iríamos
vais	ibais	fuisteis	iréis	iríais
van	iban	fueron	irán	irían

SUBJUNTIVO

presente	pretérito imperfecto		futuro
vaya	fuera o fuese		fuere
vayas	fueras o fueses		fueres
vaya	fuera o fuese		fuere
vayamos	fuéramos o fuésemos		fuéremos
vayáis	fuerais o fueseis		fuereis
vayan	fueran o fuesen		fueren

IMPERATIVO

ve (*no tiene forma propia de voseo; en su lugar se usa* andá, *imperativo de* andar), id

FORMAS NO PERSONALES

infinitivo	participio	gerundio
ir	ido	yendo

3. El voseo: una forma especial de conjugar el verbo

El voseo es uno de los rasgos más característicos del español de Argentina, Uruguay y Paraguay. Aunque se asocia casi siempre al español de estos países, lo cierto es que el voseo se produce en muchas otras zonas de Hispanoamérica, como Chile, la mayor parte de los países de Centroamérica e, incluso, en regiones de Colombia, Ecuador o México, entre otras. Llamamos "voseo" al uso del pronombre *vos* para la segunda persona del singular; es decir, se utiliza el pronombre *vos* en lugar del pronombre *tú*. El voseo afecta tanto a los pronombres como a las formas verbales, utilizándose para la segunda persona del singular formas modificadas de la segunda persona del plural: vos cantás, en lugar de vos cantáis. Esta es la forma característica de Argentina, Uruguay y Paraguay.

Pero no en todos los países o regiones donde se da el voseo, este se produce de la misma manera. Además de lo señalado para Argentina, Uruguay y Paraguay, hay zonas en las que se usa el pronombre tú con las formas verbales del voseo (*tú cantás*); otras donde se utiliza el vos con las formas verbales de la segunda persona del singular (*vos comes*); e, incluso, hay zonas donde alternan el uso de vos (registro informal y familar, de cercanía) y de tú (formalidad intermedia). La consideración social del voseo como uso culto o popular y rústico varía notablemente dependiento del país y la región.

Vos se utilizaba en España como variante de cortesía en los siglos XVI y XVII, y es el producto de la abreviación de *vosotros*. En aquella época la forma del verbo que se utilizaba era la que correspondía a la segunda persona del plural: vos amáis (en lugar de tú amas).

Veamos el contraste entre las formas del verbo que corresponden a la segunda persona (*tú*), y las formas especiales de segunda persona (voseo) que corresponden a *vos*.

SEGUNDA PERSONA DEL SINGULAR ESPAÑOL ESTÁNDAR	SEGUNDA PERSONA DEL SINGULAR VOSEO
presente *(tú) bailas* *(tú) comes* *(tú) sales* *(tú) eres*	**presente** *(vos) bailás* *(vos) comés* *(vos) salís* *(vos) sos*
imperativo *baila* *come* *sal*	**imperativo** *bailá* *comé* *salí*
subjuntivo / imperativo negativo *no bailes* *no comas* *no salgas*	**subjuntivo / imperativo negativo** *no bailés* *no comás* *no salgás*

SOLUCIONES A LAS ACTIVIDADES

I. CLASES DE PALABRAS

1. USO DEL ARTÍCULO
A) 1: la - un 2: la - un 3: unas 4: Los 5: las - Ø 6: un 7: Ø - una 8: Ø - un 9: Ø
B) 1: Ø 2: Ø 3: Ø 4: Ø- una 5: los 6: Ø - Ø 7: el - Ø 8: los - el 9: Ø - el - al 10: lo - Ø 11: lo - lo

2. USOS DEL PRONOMBRE PERSONAL
1: Ø 2: Ø - yo 3: Ø - Ø 4: yo 5: yo - tú 6: Ø - tú 7: tú 8: Ø - ella

3. LOS NOMBRES: EL GÉNERO Y EL CAMBIO DE SIGNIFICADO
A) 1: mucha fruta 2: una tila calentita 3: los tilos 4: lomos 5: la punta - sacapuntas
6: la política - buenos políticos 7: barca 8: bolso 9: los lilos 10: una anilla 11: anillos 12: todos los cerezos
B) 1: barro 2: cuadras 3: el medio 4: un velo 5: palas 6: rayos 7: un bonito puerto deportivo
8: mucho rato 9: paja 10: los garitos 11: medias 12: la foca

4. LOS VERBOS PRONOMINALES
A) 1: sincerarse 2: aburguesados 3: acurrucarme 4: se ensañan 5: se fuguen 6: atreverse 7: te esfuerzas
8: se les antoja
B) 1: ocupa 2: conformarse 3: se fríen 4: se llenaron 5: reúne 6: han contagiado 7: se preocupa 8: valerse

5. *ME, TE, SE...* CON EL VERBO *IR, VENIR* Y OTROS VERBOS DE MOVIMIENTO
1: a 2: b 3: a / b 4: a 5: b 6: b

6. VARIACIONES DE SIGNIFICADO ENTRE EL VERBO *QUEDAR* Y *QUEDARSE*
1: quedemos 2: (a) ha quedado / se ha quedado / (b) me he quedado 3: nos quedamos 4: quede
5: (a) quedar / (b) quedarse 6: me quede 7: (a) he quedado o quedé / (b) quedar 8: queda

7. EL VERBO *TIRAR*
1: tirando por lo alto 2: tirarse los trastos a la cabeza 3: tirar por la borda 4: tirándole los tejos
5: tirando la casa por la ventana

8. LAS PERÍFRASIS VERBALES
A) 1: han vuelto a 2: sigo / estoy 3: llegó a 4: lleva 5: se echó a / rompió a / empezó a 6: acabó
7: dejar de 8: acababa de 9: llevo 10: vamos 11: acabo de 12: voy / estoy
B) 1: debían de / tenían que 2: deberías 3: teníamos que 4: debía de 5: había que /tenían que 6: pueden

9. EL TIEMPO
A) a. 1: iba 2: perdí 3: preocupaba 4: llamé 5: acudió 6: vi 7: tenía 8: se trataba 9: hice 10: seguí
b. 1: venían 2: leían 3: dudaba 4: esperaba 5: se iban 6: dijeron.
c. 1: era 2: arrojó 3: abandonó 4: encontró 5: recomendó 6: tenía 7: soñaba 8: comentó 9: replicó
d. 1: era 2: se daba 3: bastaba 4: empezó 5: vivió 6: ganaban 7: era 8: poseía 9: comprendí 10: estaba
11: se nutría 12: se creía 13: se echó 14: se encontró 15: obtuvo 16: horrorizaban 17: significaban
B) 1: comprendió 2: han sido consideradas 3: ha sido 4: quiso - han visto 5: ha circulado 6: vinieron
7: se ha inspirado / se inspiró 8: llegaron - encontraron

10. MODO: EL SUBJUNTIVO
A) 1: tengas - mereces 2: pienses - duele 3: quisiera 4: haga - tengamos / tenga 5: esté / está
6: esté / está - preocupes 7: escuches - hablo - entra - sale 8: pases - acuerdes - date - tomes 9: disculpe - puede
B) 1: sigas 2: viven 3: sean 4: haya cometido 5: tuviese 6: es 7: fuese 8: hablase 9: hubiese dejado
10: vaya 11: sea 12: son

II. SINTAXIS Y USOS VERBALES

11. EL MODO EN LAS ORACIONES SUBORDINADAS SUSTANTIVAS
A) 1: había dicho / decía 2: iba / fuera / fuese 3: vayan 4: tiene 5: tocara / tocase 6: sé 7: ha oído
8: estábamos 9: suben / subirán - vaya 10: tocara / tocase
B) 1: se acercaba - pedía / pidiera / pidiese 2: hayas suspendido / suspendieras / suspendieses 3: es
4: digas 5: venía 6: tienen que pedir 7: ha oído 8: era / fuera / fuese 9: digo 10: toque
C) 1: es 2: sea 3: estamos 4: se había acabado 5: es 6: está - se atreva 7: pasa 8: trabaja - pienso - trabaje
9: sea / es - sea / es 10: nos hemos quedado 11: es / era 12: sea
D) 1: estaban - tenían 2: tenga - salieras / salieses 3: acaba 4: ayude 5: tomen 6: me case
7: haya apagado 8: vaya - lleve 9: vengas 10: prepare - dice 11: ha sido / fue / es 12: fumen - sirva
E) 1: resultan - aprendan 2: estarán - lleguen 3: estaba - cambiásemos/cambiáramos 4: estabas - se acercaba
- era 5: llevase/llevara - dejase/dejara 6: he encontrado - durar 7: hablaban - se lamentaba - decían
F) 1: que me devuelvas 2: tener 3: saber 4: no debe - no asista 5: cuide 6: hablarme / que me hables
7: robar / que robaba 8: encontrar / que encuentre - sea 9: que sea 10: haber terminado / que haya
terminado / que ha terminado

12. EL MODO EN LAS ORACIONES SUBORDINADAS DE RELATIVO
A) 1: empezaba / empieza 2: está 3: esté 4: recuerdan 5: coma - esté 6: impartía 7: hayan 8: ha cambiado
9: quiera 10: contenga 11: aconsejaste
B) 1: está 2: sea 3: haya

13. EL MODO EN LAS ORACIONES SUBORDINADAS TEMPORALES
A) 1: recibió 2: leía 3: hiciese / hiciera - llenase / llenara 4: permitiesen / permitieran 5: está
6: vaya enfriando 7: vaya 8: salen - pagan 9: empezara / empezase 10: diga 11: encontraron
12: se convierta 13: vengas 14: descubriera / descubriese
B) 1: a / b 2: a 3: a 4: a / b

14. EL MODO EN LAS ORACIONES SUBORDINADAS CAUSALES
1: esté 2: caminan 3: tomó / tomara / tomase / había tomado / hubiera / hubiese tomado / tomaba
4: necesitas 5: apetezca - te quedes 6: es - resulta 7: llegues - eres

15. EL MODO EN LAS ORACIONES SUBORDINADAS DE CONSECUENCIA
1: parezca 2: ha pronunciado / pronunció 3: consiga 4: se ha convertido / se convirtió 5: prefirió
6: tengan 7: se asombraban 8: impidiese / impidiera 9: se acuerde

16. EL MODO EN LAS ORACIONES SUBORDINADAS CONCESIVAS
1: vista 2: estudie 3: es / sea (dando por hecho que se sabe que es español) 4: hace 5: tuvo - era / es
6: decía / dijese / dijera 7: preocupásemos / preocupáramos 8: preocupamos / preocupemos 9: es
10: aportó 11: tengamos / tenemos

17. EL MODO EN LAS ORACIONES SUBORDINADAS FINALES
A) 1: vea 2: vayas 3: pudiese / pudiera 4: casarse 5: falte 6: es / sea 7: fue / va 8: pensaba 9: jugar
10: hubiera / hubiese desaparecido - fueron 11: se dio cuenta 12: volviese / volviera - se dedicaba
B) 1: hacía - cogíamos - íbamos 2: estuviese / estuviera - iría 3: tocara / tocase - dejaría 4: das 5: te esfor-
zaras / te esforzases - hubieras / hubieses perdido 6: os portéis 7: hubieras / hubieses cogido - estarías 8:
fuera / fuese - volvería

18. EL MODO EN LAS ORACIONES SUBORDINADAS CONDICIONALES
A) 1: hacía 2: ha entendido 3: vengas 4: bebes 5: se vaya 6: ayudéis 7: ponen 8: llueva 9: es
B) 1: hacía - cogíamos - íbamos 2: estuviera / estuviese - hubiese estado / hubiera estado - iría / habría
ido 3: tocara / tocase - dejaría 4: das 5: te hubieras esforzado / te hubieses esforzado - habrías perdido
6: os portéis 7: hubieras cogido / hubieses cogido - estarías 8: fuera / fuese - volvería 9: hubiera sido /
hubiese sido - habría llegado

19. LAS ORACIONES COMPARATIVAS
1: bueno / mejor - malo / peor 2: mejor / bueno 3: que menos - que más 4: más - más 5: mejor
6: menos 7: más / menos 8: peor

III. MORFOLOGÍA

20. LOS SUFIJOS FORMADORES DE PALABRAS

1. Los sufijos creadores de nombres

A) 1: serio 2: dulzura / dulzor 3: altura / altitud 4: pequeño 5: gordo 6: responsabilidad 7: tontería 8: gentil 9: utilidad 10: espesor / espesura 11: valiente 12: genialidad 13: rebeldía 14: estúpido 15: joven

B) 1:coincidir 2: compra / comprador 3: compositor / composición 4: aterrizar 5: respetar 6: armar 7: rodeo 8: freír 9: ladrido 10: ascensor / ascenso / ascensión 11: cerrar 12: venganza / vengador 13: trascendencia

C) 1: pedrada 2: platonismo 3: hormiguero 4: portazo 5: joyero 6: cortinaje 7: portal 8: izquierdismo 9: papado 10: panadería 11: militarismo 12: maletero 13: manotazo

2. Los sufijos creadores de verbos

A) 1: rentable 2: bucear 3: pacificar 4: estorbo 5: pálido 6: idealizar 7: flexibilizar 8: trozo 9: utilizar 10: espesar 11: color 12: glorificar 13: secar 14: monopolio 15: chantaje

B) 1: papel - perder un papel porque se pone en un sitio en el que no debe estar 2: agrandar - hacer que algo se haga más grande 3: abaratar - cambiar el precio a algo para que sea más barato 4: deuda - empezar a tener deudas 5: rojo - ponerse rojo 6: aprisionar - meter en prisión; apretar algo mucho para que no se mueva 7: destrozar - hacer algo trozos, romperlo en pedazos 8: tierra - meter bajo tierra 9: embellecer - hacer que algo esté más bello, más bonito 10: destronar - echar a un rey de su trono; hacer que alguien deje de ser rey 11: reja - colocar una reja 12: desmigar - convertir el pan en migas 13: trasladar - llevar algo de un lugar (lado) a otro 14: peña - caerse desde lo alto de unas rocas 15: corto - cortar algo para que sea más corto

3. Los sufijos creadores de adjetivos

A) 1: insoportable 2: durmiente 3: persuasivo 4: enamoradizo 5: mejorable 6: protestones

B) 1: colérico 2: infantil 3: chistosa 4: culturales 5: anémico - lastimero 6: perezoso

C) 1: quijotesco 2: dantesco 3: napoleónico 4: jacobinos 5: berlusconiano - kennedianas 6: felipista 7: picassiana

21. LA FORMACIÓN DE COMPUESTOS

A) 1: oso hormiguero 2: correveidile 3: videoconferencia 4: piso piloto 5: guerra relámpago 6: catalejo 7: sabelotodo 8: cascos azules

B) 1: rojiblanco 2: agridulce 3: bienintencionado 4: paticorto 5: anglohablante /angloparlante 6: franco-español / hispanofrancés 7: malintencionado 8: maloliente

C) 1: xenofobia 2: filántropo 3: analgésico 4: hipódromo 5: alcoholímetro 6: dedocracia 7: logopeda 8: grafología 9: omnívoro 10: hidrólisis

IV. LÉXICO

22. USOS DE *SER* Y *ESTAR*

A) 1: es 2: está 3: es - es 4: Está 5: es - Es 6: está - Está 7: es - soy - estamos - estamos

B) 1: estar 2: es - está 3: está 4: es - está 5: es - es 6: está 7: está 8: está 9: son - están - es - está - está 10: está 11: son - están - estarán 12: estuve - estoy

C) 1: es - está 2: es - están - está 3: estás - es 4: es - está - está 5: es - es - está 6: es 7: son 8: es - está 9: es - es 10: están 11: es - es - está 12: es 13: está - está - es 14: es - son 15: es - es 16: es 17: están 18: está

D) 1: está 2: eres 3: soy - es 4: estás 5: es - estoy 6: está 7: está - está - estaba / era 8: era - estaba - era 9: era - era - estaba - era - estaba 10: era 11: era - estaba 12: estás / estarás 13: estoy / estaré

23. VERBOS Y USOS PREPOSICIONALES

A) 1: por 2: por / para 3: para 4: para 5: para 6: por 7: para 8: por / para

B) 1: para 2: para 3: para 4: por 5: por 6: por

C) 1: de - a - en - de - del 2: a - con 3: de - de (por) - de 4: de - de 5: de - de - a 6: en - a 7: en - a - en 8: de - Ø

D) 1: a 2: a 3: con - a 4: Ø 5: a 6: a 7: con - Ø - con 8: a - con 9: en - a

E) 1: que 2: de que 3: que 4: que 5: de que 6: de que 7: que

24. EL VERBO *HACER*

1: bromear 2: gesticular 3: digerir 4: menospreciar 5: enriquecerse 6: burlar 7: anochecer
8: amanecer 9: tontear

V. NORMATIVA

25. NORMAS DE ACENTUACIÓN

A) emoción - lamentándonos - prismáticos - frotándose - presintió- cólera - pétrea - patíbulo -
atrás - fijación.
B) 1: El joven le echó una mirada fría. En sus pupilas había enojo y asco. ¿Qué le ocurría a este
imbécil? "Me mira como si yo fuera una alimaña", pensó Roger. 2: Quien lo esperaba allí no era su
abogado, sino uno de sus ayudantes, un joven rubio y desencajado, de pómulos salientes. 3: Hubiera
sido bueno sentir el agua de ese río mojándole la piel y azulándola de frío. 4: El joven negó con la
cabeza. Tomó aire antes de hablar.
C) día- veía - gestoría - actúa - perdía - biografía - hincapié - río
D) 1: fíes - él 2: Cómo - sé - cuál 3: Deberías - más 4: dé - tú 5: Qué - Aquí - Tendrías - mí - tenéis

26. USO DE LAS MAYÚCULAS

A) 1: Cabo de Gata 2: Cabo Verde 3: sábado - río Amazonas 4: invierno 5: chino 6: ingleses -
americana
B) 1: Países Bajos 2: *El coronel no tiene quien le escriba* 3: calle Velázquez 4: matemáticas - Física
5: Real Academia de España 6: presidente del Gobierno 7: Edad Media

VI. DISCURSO

27. LOS MARCADORES DEL DISCURSO

A) pues - luego - por último - en concreto
B) 1: o sea / esto es / a saber / dicho de otro modo / en otras palabras 2: en resumidas cuentas / a fin
de cuentas / en definitiva / total 3: en conclusión / en resumen / en una palabra / en síntesis
4: al fin y al cabo 5: a fin de cuentas / en fin / total

28. LOS MARCADORES CONVERSACIONALES

A) 1: claro que 2: por lo visto 3: claro 4: desde luego 5: naturalmente / claro 6: en efecto 7: por supuesto
8: Por lo visto 9: desde luego 10: claro / sí 11: claro / sí 12: hombre 13: bueno / claro /sí
14: bueno / bien 15: de acuerdo
B) 1: bueno 2: bueno / oye 3: vale 4: claro (bueno / bien) 5: bueno 6: desde luego 7: bueno (vale) - bien
[La primera de las soluciones es la preferida por el autor, las que están entre paréntesis son expresiones
que también podrían haberse usado].
C) 1: Mira / Hombre 2: Oye / Bueno / Hombre 3: Hombre / Bueno 4: Hombre / Bueno / Pues
5: hombre 6: Vamos 7: Mira 8: Vamos 9: Ves

29. ESTILO DIRECTO FRENTE A ESTILO INDIRECTO

A) 1: El fotógrafo dijo que le diera / diese cien euros y me daba/daría más información sobre las fotos.
2: Los niños preguntaron (que) si conocía a la señora de la foto. 3: La señora me preguntó (que) si
me importaba acompañarla [la forma *importaría* es de cortesía y, por tanto, se comporta como un
presente]. 4: La señora Marisol dijo que ahora el barrio estaba muy bien y que había cambiado mucho.
5: La señora dijo que su hijo era / es de la piel del diablo [utilizaremos *es* si su hijo aún está vivo y sigue
siendo pequeño, y utilizaremos *era* si ha muerto o ya es mayor]. 6: Mi hermano me acaba de decir que
traiga pan para la comida, que a él se le ha olvidado comprarlo [*acaba de decir* equivale a *me ha dicho
hace un momento*]. 7: Al terminar el Tour de Francia, Contador dijo que al día siguiente empezaría
su descanso. 8: Me advertiste que al cabo de dos meses nacerían los pollitos. 9: Irene Benito afirmó
que allí, en Buenos Aires, estaban los taxistas mejor informados del mundo. 10: Juan le propuso que
se fuese con él esa / aquella noche y se divertiría un montón. 11: el alcalde de la ciudad dijo que él no
sabía qué hacer en esa / aquella situación y que al cabo de unos días tomaría una decisión.